《大学语文论丛》顾问委员会

主　任

谭　帆（华东师范大学教授）

委　员（以姓氏拼音为序）

陈　洪（南开大学教授）　　　　　尚永亮（武汉大学教授）

孙玉文（北京大学教授）　　　　　王灿龙（中国社会科学院语言研究所研究员）

张福贵（吉林大学教授）

《大学语文论丛》编辑委员会

主　任

万明明（湖北大学文学院）

委　员（以姓氏拼音为序）

毕　耕（华中农业大学文法学院）　　陈　鑫（湖北大学文学院）

杜朝晖（湖北大学文学院）　　　　　韩建立（吉林大学文学院）

何二元（杭州师范大学人文学院）　　胡向东（华中师范大学文学院）

姜新祺（华中科技大学出版社）　　　李军湘（中南财经政法大学新闻与文化传播学院）

刘继林（湖北大学文学院）　　　　　邱庆山（湖北大学文学院）

石　锓（湖北大学文学院）　　　　　王光和（湖北大学文学院）

吴跃平（武汉职业技术学院）　　　　熊海英（湖北大学文学院）

杨建波（湖北大学文学院）　　　　　余兰兰（湖北大学文学院）

余迎胜（湖北大学文学院）　　　　　张鹏飞（湖北大学文学院）

周金声（湖北工业大学外国语学院）

大学语文论丛

第1辑·第2卷（总第2卷）

湖北大学文学院
湖北省大学语文研究会 ◎主　办

杨建波　石　锓　张鹏飞 ◎主　编

陈　鑫　李军湘 ◎副主编

华中科技大学出版社
http://www.hustp.com
中国·武汉

内 容 简 介

《大学语文论丛》主要登载学者专家、大学语文教师和其他教师关于大学语文方面及新文科建设方面的学术成果与教学成果,突出理论性与实践性,以期构建大学语文完整的理论体系与教学体系、构建符合汉语特点的中国大学语文教育体系。

图书在版编目(CIP)数据

大学语文论丛.第1辑.第2卷:总第2卷/杨建波,石锓,张鹏飞主编.—武汉:华中科技大学出版社,2021.12
　ISBN 978-7-5680-7837-5

Ⅰ.①大… Ⅱ.①杨… ②石… ③张… Ⅲ.①大学语文课-教学研究-文集 Ⅳ.①H193-53

中国版本图书馆 CIP 数据核字(2021)第 268466 号

大学语文论丛(第1辑·第2卷　总第2卷)　　杨建波　石　锓　张鹏飞　主编
Daxue Yuwen Luncong(Di 1 Ji·Di 2 Juan　Zong Di 2 Juan)

策划编辑:周晓方　宋　焱
责任编辑:刘玉美
封面设计:原色设计
责任校对:张汇娟
责任监印:周治超
出版发行:华中科技大学出版社(中国·武汉)　　电话:(027)81321913
　　　　　武汉市东湖新技术开发区华工科技园　　邮编:430223
录　　排:华中科技大学惠友文印中心
印　　刷:湖北恒泰印务有限公司
开　　本:787mm×1092mm　1/16
印　　张:15.5　插页:2
字　　数:320千字
版　　次:2021年12月第1版第1次印刷
定　　价:88.00元

本书若有印装质量问题,请向出版社营销中心调换
全国免费服务热线:400-6679-118　竭诚为您服务
版权所有　侵权必究

总序

课程·学问·能力·责任[①]

大学语文是一门课程,研究大学语文是一门学问,教好大学语文是一种能力,为大学语文争取发展空间是一份责任。

作为一门课程,大学语文自1978年恢复高考,重新开设以来,已走过四十余年历程,并取得了世所瞩目的成就。然而,伴随着社会形势的急遽变化以及由此带来的不可避免的升沉起伏、荣辱毁誉,大学语文的发展过程也备历艰辛。从总的方面看,贯穿其间的一个核心问题,是如何为这门课程准确定位、如何使之成为一门独立学科。定位不准,就难以对教学内容、教学目标等予以科学的设计;不能成为独立学科,就始终处于"妾身未分明"的状态,只能在夹缝中讨生活。由湖北省大学语文研究会组编,我和杨建波教授主编的《大学语文》[②]的"前言"中,有这样一段话:

> 大学语文是一门关注普及而旨在提高的语言文化课程,其突出特点,在于把母语教育和人文教育有机地结合起来,通过提高运用语言、品味文学、诠释经典之能力来提高学生的综合人文素质。这里,运用偏重于工具层面,品味偏重于审美层面,阐释偏重于文化层面;运用是基础,品味、阐释是提高。倘若脱离了工具性,便失去了这门课程的基础;倘若脱离了人文性,便迷失了这门课程的方向。因而,如何使学生通过文本学习,既强化语言的理解运用能力,又提升经典解读和美学感悟能力,最终由技进道,使语言的工具性借助人文性得以高层次

[①] 本文作者尚永亮:武汉大学教授,长江学者,教育部高等学校中国语言文学类专业教学指导委员会前副主任委员,湖北省大学语文研究会名誉会长。

[②] 尚永亮,杨建波.大学语文[M].3版.北京:中国人民大学出版社,2020.

的转换和升华,便成为教育者特别值得关注的问题。

这里所说几点是否准确,还可再议,但突出强调这门课程的工具性和人文性,却是大体无误的。由此出发,深入探讨与之相关的学科内涵、外延、人才培养类型、培养方式和目标,以及谋划与之配套的高层级的研究生教育等举措,提出一个具有科学性、体系性的建设方案,似乎应是构成独立的大学语文学科的必由之路。

就学问、学术而言,大学语文研究理应具有自身的鲜明特点。一方面,其范围是广阔的,举凡文、史、哲、艺等人文科学的领域均可自由出入,任意驰骋;另一方面,其对象又是具体的,有针对性的,重在从学科关联角度细读文本,发现问题。一方面,这种研究应具相当的学理性,倘欠缺学理性,少了严密的论证环节和思想、理论的映射、抽绎,研究便会流于简单化和平面化——这乃是当下大学语文研究常为人诟病的一大痼疾;另一方面,它又应具有较强的实用性,是对教材编写、教学过程中所遇难题的研探,对教学艺术、教学手段的切磋,对课程内容、学科建设等一系列问题的商讨——这是大学语文研究的传统和特色,自当坚持并大力发扬之。如此说来,大学语文研究应该既有广阔的研究领域,以开阔视野,又在此一领域有所抉择,深耕细作;既注重学理阐发和综合思考,强化问题意识和理性思维,又彰显其实用特色,以个案研究带动面与线的开展,坚决杜绝游谈无根的空泛议论和概念游戏。这对大学语文研究者来说,较之其他单一学科或许是一个足可施展才华的机遇,同时也是一个难度不小的挑战。

说到能力,这似乎是所有问题的重中之重。一门课程教学效果的好坏、影响力的大小乃至教育质量的高低,固然与多方面因素有关,但首要因素是教师的综合能力,并集中体现在学术和教学两大层面。学术偏于知,教学偏于行;行而少知,则势难致远;知不及行,则易蹈虚空。进一步说,倘无学术能力,欠缺丰厚的知识储备、广阔的学术眼光、发现问题和解决问题的能力,一堂课纵你口若悬河,学生所得怕也寥寥无几;倘无教学能力,缺乏开启思维、授人以渔的科学方法,饶你学富五车,教出的弟子也未必高明。因而,如何使受教育者既知其然又知其所以然;既学习既有的知识,又善于举一反三、从已知推知未知;既打牢语言的功底,又养成对文学的敏感;既具丰厚的学养,又有动手能力,写得出好的文章,这些对大学语文教师乃至每一位高校教育者都是一种真正的考验。这是一个高标准,但只有取法乎上,身体力行,识能兼备,知行合一,才能提升一门课程或学科的层级和段位,才能做到"强将手下无弱兵"。

至于发展空间问题,是每一学科都会面临的问题,而于大学语文尤为迫切。回首历史,早在大学语文课程恢复之初,匡亚明、徐中玉等前辈学者便以不同形式振臂高呼,为其学科筹划、教材编纂、研究会组建导夫先路;此后数十年中,更有谭帆、杨建波等大批学者躬践其事,备历辛劳;时至2019年,又有全国政协委员王灿龙就大学语文课程改革及其现实境遇提交提案,直抒己见。实事求是地说,这些年,大学语文教师的地位是不高的,在项目申报、职称评审等方面都受到若干不公平的对待。大学语文课程也频频受到来自应用写作、通识教育之类课程的冲击,课时减少,教学人员流失,有些高校甚至取消了大学语文课程。这里有各种因素在起作用,但根本原因在于教育高层的政策导向。面对此一局面,求生存,谋发展,既向外用力,通过多方宣传、呼吁以争取话语空间和应有地位,又向内用力,夯实课程基础,深化学术内涵,提升自我水准,便显得格外重要了。

大概正是有鉴于此,全国大学语文研究会和湖北省大学语文研究会于2016年联合创办了《大学语文论坛》辑刊,由华东师范大学出版社连续出版四辑,产生了不小的影响。现由湖北大学文学院、湖北省大学语文研究会与华中科技大学出版社合作,以系列丛书的形式,每年推出两辑《大学语文论丛》,内设"课程与教学""教材与教法""教师与学生""学科探源""学术集萃""文艺争鸣""佳作咀华""微型论坛"等板块。这是继《大学语文论坛》之后大学语文界的又一盛事,它既是为大学语文教学与研究增添活力的平台,又是向外展示大学语文实力的窗口,更是争取大学语文发展空间的得力举措,而从根底处说,其中流露的乃是以杨建波会长为代表的一批大学语文教育工作者在艰难环境中不懈努力、自强不息的生命激情、敬业精神和社会责任感。对此,我深表敬意,并预祝《大学语文论丛》继往开来,彰明学术,在风雨兼程中成为可供大学语文教育工作者和广大读者游弋栖息的精神家园。

2021年3月于武汉大学

目录

本辑特稿

2 | 张福贵 … 新文科建设背景下大学语文的学科自信

第一章 课程与教学

7 | 毕耕 … 把大学语文课程建设成思政教育的新阵地
13 | 余兰兰　周丹丹 … 课程思政与大学语文教学的有效融合探究
22 | 高竞艳 … 应用写作课程的教学困境与优化策略——基于课程思政角度的思考
27 | 韩建立 … 大学语文教什么,怎么教
35 | 王桂宏　尹春霞 … 线上线下整合的大学语文金课建设探究
42 | 张剑平　杨丽 … 大学生母语能力形成性评价研究
48 | 彭飞 … 以人文应用为导向的本科职业院校大学语文教学改革研究
57 | 颜清 … 以《致傅聪》为例浅谈大学语文的教学策略——从"兴发感动"说联想到的
63 | 庞凤琴 … 《最后一课》中韩麦尔先生的人格魅力对教育教学的启示

第二章 教材与教法

70 | 王妍 … 对《四书章句集注·大学》的教学建议与文本解读

| 78 | 刘颖 … 对《永别了,地坛》的教学建议与文本解读 |

第三章　教师与学生

| 87 | 王先霈 … 她在学生心中播下爱的种子——吴满珍《师生情缘录》序 |
| 90 | 毕娇娇 … "从学生中来,到学生中去"——也谈我的教书育人体会 |

第四章　学科探源

99	周金声　戴汝潜 … 从辨识"语文"到构建"中华语文学"
109	何二元 … 民国大师论大学国文(四则)
116	王春雨 … 20世纪40年代关于大学国文选目论争的学科史意义

第五章　学术集萃

124	杨建波 … 神仙传说与黄鹤楼诗词
131	郭巧瑜 … 试论鲁迅小说《孤独者》中的隐含作者
138	周作菊 … 《听听那冷雨》中"雨"的意象溯源
145	黄蕉凤 … 人文式的还是神文式的:再论墨家"天志"的两种理解路径
153	陈道雷 … 中国古代自然观的画面与当代价值
161	[美]杨志翔 … 儒家经世致用传统对清末民初留美学生之影响——以胡适、蒋梦麟为例
171	宋云云　张益鸣 … 常用中成药和西药名称的语言学比较

第六章　文艺争鸣

| 184 | 张国光 … 论《长恨歌》对杨玉环的美化(节录) |
| 189 | 陈志伟　陈晓玲 … "母语高等教育"批判 |

第七章　佳作咀华

| 200 | 李凤兰 … 池莉长篇小说《所以》的女性主义解读 |
| 206 | 窦旭峰 … 品味《水浒传》中的"浪子"形象 |

第八章　微型论坛

| 213 | 曾凡云 … 找准"痛点",提高大学语文的教学效能 |
| 216 | 赵淑莲 … 爱是通往教育成功的桥梁——简析电影《芬芳》中蕴含的教育理念 |

220	周治南 ⋯	实现大学语文与人文通识教育的无缝连接——在《大学语文论丛》首发式上的发言
225	郭素媛 ⋯	完美武将赵子龙
228	何立明 ⋯	波德莱尔为什么会"把穷人打昏"
231	赖若良 ⋯	第八届全国高校大学语文、写作与通识教育高级研讨会发言集萃

本辑特稿

张福贵：新文科建设背景下大学语文的学科自信

新文科建设背景下大学语文的学科自信

张福贵[①]

谢谢谭帆会长,还有李文革副总编、詹丹老师,特别向何二元老师表示敬意!也谢谢各位老师!

其实我这个发言和题目有一点不同,因为我一直觉得大学语文创建40年了,我们首先要向那些为大学语文教育做出卓越贡献的前辈和同仁表达敬意,向我们非常熟悉的、做过我们吉林大学校长的匡亚明先生,以及徐中玉先生和王步高先生等先贤致敬。

正像谭帆会长刚才所讲的那样,我觉得大学语文这40年不容易,因为谭帆会长讲得很悲壮,当然也让我们充满了希望。中国学术和学科40年的发展可以说是天翻地覆的,今天这个状况,我们在40年前是不可想象的,然而大学语文的发展在这40年中又明显落在其他学科的后面。今天我们赶上一个非常好的时代,特别是在新文科这样一个大的背景、大的前提下,可以说为大学语文的发展提供了一个很好的契机。因为大学语文本身就是新文科的一个示范,应该说它具有了我们人文学科的几乎所有的元素。那我们今天新文科的发展究竟以什么为标准、为框架,其实在理论上,在实践操作上,包括在政策机制上,我们并不是十分清楚。我对新文科的理解其实就是两个循环的词。一个是新之文科,即新文科,一个是文科之新。对于新之文科来说,大家都非常熟悉,那就是如何在现有学科的基础上,创建和融合新的学科。比如大家现在熟悉的数字人文、医学伦理、科技人文,以及人工智能和人文的结合,等等。我觉得文科之新相对前者来说更加复杂一些。对于前者,大

[①] 本文据张福贵教授在"大学语文40年:课程与教学高端论坛"上的主题发言整理。张福贵:吉林大学资深教授,教育部高等学校中国语言文学类专业教学指导委员会主任委员,全国大学语文研究会副会长。

家的认识是比较一致的,也比较清晰,但是对于后者,即文科之新,是一个什么样的内容,甚至我们很少从这样一个角度去思考新文科。我认为,文科之新对于不同的学科和不同的专业,是有不同的价值取向和操作方式以及思路的。对于一些应用的学科,一些新兴的学科,它一定要注重技术,注重跨学科,这是它的新;而对于我们中文教育,包括文史哲这些传统的基础学科,我觉得更要守正创新。像古典文学研究,像带有历史学、文献学性质的基础学科,可能往往越旧也越新。因为我们都知道,从中学教育到大学教育,甚至包括研究生教育,很多学生是不读经典、不读原著的,那么我们今天主张文科之新就是关于如何回到原点进行学习和教育。我想这是新文科对于传统基础学科来说非常重要的一个价值取向,一个操作方向。

在这样一个前提下,我们大学语文该如何做,我想是需要我们认真思考的。这些年来关于大学语文的学科属性和专业定位,包括其功能的讨论始终没有间断,学界不断掀起一个个不大不小的高潮,这从20世纪80年代直到今天,一直没有停息过。这一方面说明这个问题非常重要,可是几十年来我们一直在讨论,是否另一方面也说明我们的讨论还没有实现我们的最终目的呢?因为我认为,一种思想或者理念,如果仅仅停留于理论层面的探讨,最终是难以真正实现预期目的的,这也是有关理论与实践的一个老问题。包括我自己在内,以前发表的几篇相关文章和发言,着重讨论的是概念和理论层面的问题,或者说是学理逻辑问题。我今天就想在新文科的背景下,着重探讨一下我们大学语文教学与研究的知识性问题和技术性问题。

我前面说过,我们今天赶上了一个新的时代,特别像习近平总书记在哲学社会科学工作座谈会上所提出的那样,我们要大力发展哲学社会科学。习总书记在清华大学考察的时候,又谈到了"四新"的问题,包括新文科,在这样一个大的前提下,对我们大学语文增强学科自信,发展我们自身,应该说是一个非常好的机遇。我注意到我们以往的讨论,其实主要是向外的一种呼吁和向上的一种建议,而关于如何完善和强化自身的建设,应该说还没有引起我们足够的注意,我们没有达到一个应有的境界。今天我就想从知识性和技术性的角度来探讨一下,在新文科的背景下我们这门尚未明晰、尚未确认的课程也好,专业也好,应该如何实践,也就是如何让我们大学语文教育由课程到专业或者到学科,实现我们这样一个非常完善的升华。

我认为一个完整意义的学科和专业,应该具备这样几个条件。

第一个,一个完整意义的学科和专业应该有一个严密的学科概念和一个对象边界。应该说这些年来我们很多文章、论著探讨的都是这类问题。这里涉及许多问题,如学科归属等老问题,还有我们课程内容的一些结构问题等。因为大家讨论得比较多,我对此就不多说了。

第二个,我认为一个完整的成熟的学科和专业,应该有一个完整的课程体系。这个课程体系包括本科通识教育和研究生专业教育两个系统。对于本科教育的课程来说,现在大学语文课程是一门综合的多样的组合课程。虽说名称上是一门课程,但实质上包含了多种课程,其中有的课程是有本质差异的。我想应该包括这样几个层面,一是文学史概况、文学赏析;二是大学写作,大学写作应该包含文学写作、应用写作;三是语言表达、语言知识、言语训练,包括演讲与辩论,甚至包括贯穿于我们这些层面的一个基本的原理,那就是逻辑学的原理。大学语文应该把逻辑学纳入我们的课程之内。因为无论写作还是演讲,逻辑学原理都是不可缺少的。而我们都知道,现在大学的公共课极少开设逻辑学。对于研究生教育的课程来说,我们可以分为大学语文本体研究和专题研究这样两个层面。比如,大学语文教育史、大学语文教学方法、写作学、中学语文与大学语文比较、大学语文教学实践以及我们中文专业的一些简化的课程,比如文学史、文学理论和中外文化比较,等等。这是我设想的大学语文的课程体系。

  第三个,一个完整的成熟的学科和专业还应该有公认的规范化的教材。刚才谭帆会长讲,华东师范大学编了新中国第一部大学语文教材,应该说功莫大焉,直到今天这个教材还是一部非常典范的教材。我们现在的大学语文教材数量、种类非常多,它的基本框架和属性应该是一致的。但是,当你浏览了这些大学语文教材之后,你会发现,其实差异是非常大的。我想一个学科的公共的规范化教材应该具有本质的同一性,就好像我们讲古代文学史、现当代文学史一样,应该有属于公共的一些知识,至于你如何评价这种文学史,有一种什么样的观点和理念,那是因人而异。我们大学语文教材,是否应该向这个方面努力?我觉得大学语文教材应该针对非中文专业的所有学科专业,包括理工科在内,包括一些社会科学在内,这个教材应该说要做到"大同小异",它不应该有本质性的差别,但你可以看到我们编了各种类型的教材,所以我认为大学语文教材是需要有权威性的,而且是具有普遍适用性的规范化教材。这一点可能最近教育部在做一些工作,包括设想把大学语文教材纳入马克思主义理论研究和建设工程教材系统之中。

  第四个,一个完整的成熟的学科和专业,应该有专业化的师资队伍。关于这一点,刚才谭帆会长讲得非常深刻。我可以概括为三个字,就是"不容易"。我们大学语文教师这么多年来,不容易,不容易。我们现在的大学语文教师的构成,大家都是知道的,几乎都是有中文背景的。但我觉得,我们大学语文教师的队伍应该是大学语文专业,而不是中文其他二级专业的教师队伍。我们增强专业化,不是说把我们的学术方向向我们中文专业其他的二级专业靠拢,以此来增强我们大学语文的学科性、学术性。我倒觉得,我们应该逐渐地培养一支非常专业化的队伍,教师就是大学语文专业毕业的,就是专门研究大学语文的,就是从事大学语文教育的,不是我们中文教育的副产品,也不是我们中文教育改行的这样一些老师。这中间有一个过渡阶段,我们可能有这个过程,但是我觉得我们应该逐渐向真正的专业化过渡。应该说,很多老师放弃了原有的专业,能加入到大学语文教师队伍里来,从事这样一个像谭帆会长所讲的很不容易的,甚至有时候费力而不讨好的教学工作,真的是令人肃然起敬。我们知道,在相当多的学校里,我们大学语文教师评奖、评优、评职称,其实往往都不占据中心位置,或者说白了,其实都是处于边缘位置。所以我想,如果我们有一支非常专业化的大学语文教师队伍,我们有自己非常自信的这个大学语文专业,包括我们的心理,包括我们的学术理念,我想这种边缘化的状况是会改变的。我们甚至可以建立大学语文教师独有的一种评价机制和评价方法,这是我认为一个成熟的学科和专业应该具有的第四个特征。

第五个,我们不要忘记,一个学科和专业的成熟是需要学界和社会支撑的。一个是社会影响力的问题,一个是学界认可度的问题,就是说我们要有优秀的学术经典或者学术成果,从而得到学界的认同,在社会上具有一定的影响力。这一点我觉得特别重要。现在翻开我们大学语文教师的一些研究论著来看,其实有相当多属于中文专业的二级专业的研究成果,为中文专业的发展做出了一定的贡献。但是我觉得与此同时,我们是否也要兼顾一下,或者说转移一下,除研究中文专业中的二级专业之外,我们还应针对大学语文学科、大学语文教育以及大学语文实践这些方面做一些深入的研究。现在在你看多数大学语文教师的教学和其研究方向其实是相对分离的,我们特别缺少大学语文本体研究的成果。我最近对何二元老师特别关注,他也一直受到人们的关注,他自称是大学语文义工,真的是模范义工。他的投入令人惊叹,按理说他应该是颐养天年的这样一个时候了,但依然那么热心地、孜孜不倦地为大学语文学科的发展操劳。因为我看到他有一个统计,他说从1904年开设了大一国文之后,到了一百多年之后的2007年,才出现了第一部专门研究大学语文的专著(据韩建立老师的研究,大学国文课的始设时间应为1908年,大一国文课的始设时间是1929年[①]),其后以每年一两种、两三种的速度递增,至今已有四五十种。但即便如此,我们的研究成果无论从数量,还是从学术影响力来说,和我们中文专业的任何一个二级专业相比,应该说都有不小的差距。古代文学、现当代文学研究领域的硕士论文、博士论文,那是汗牛充栋的、数不胜数的,而我们的专业性的学术研究成果明显不足。我说过,一个学科和专业的成熟度,是要有学术成果做支撑的,而这种学术成果是应该进入中国学术史的,那现在我们应该说还有一个不小的空间需要开拓,不小的距离需要追赶,我觉得这是势在必行的。我们向外的呼吁、向上的建议,都是一种外围活动,都是为大学语文的发展创造一种条件,但是我们自身能做什么,能做得怎么样,我想这可能是今后我们大学语文研究、大学语文教育需要讨论的问题。

以上是我对于会议给我的命题作文的一个简单的答案,可能有不准确的,希望各位真正的内行和专家批评。

谢谢大家!

---

① 韩建立.大学语文课始设时间考[G]//谭帆,杨建波.大学语文论坛(第2辑).上海:华东师范大学出版社,2018:21-24.

第一章　课程与教学

毕耕：把大学语文课程建设成思政教育的新阵地

余兰兰　周丹丹：课程思政与大学语文教学的有效融合探究

高竞艳：应用写作课程的教学困境与优化策略——基于课程思政角度的思考

韩建立：大学语文教什么，怎么教

王桂宏　尹春霞　杨丽：线上线下整合的大学语文金课建设探究

张剑平：大学生母语能力形成性评价研究

彭飞：以人文应用为导向的本科职业院校大学语文教学改革研究

颜清：以《致傅聪》为例浅谈大学语文的教学策略——从「兴发感动」说联想到的

庞凤琴：《最后一课》中韩麦尔先生的人格魅力对教育教学的启示

把大学语文课程建设成思政教育的新阵地

毕 耕[①]

摘要：在全国高等院校普遍开展课程思政与新文科建设的时代背景下，从立德树人的教育目标出发，对大学语文课程教学进行系统全面的改革创新，积极开展和大力实施课程思政教育，既有重要性，也有必要性，更有可行性。全体大学语文教师必须做到与时俱进，切实树立课程思政教育的新理念，彻底转变传统观念和教学模式，积极开展课程思政教学改革的探索，从而使传统的大学语文课程浴火重生，转变成为思政教育的新阵地。

关键词：大学语文；课程；思政；教育

大学语文作为全国各级各类高等院校普遍开设的一门重要课程，具有基础性、实用性和人文性等诸多特点，既肩负着传授语言文学知识和传承民族文化的重要使命，也具备思想教育与道德教化的多重功能，可以培养大学生正确的世界观、人生观、价值观，全面提升他们的人文素质，实现立德树人的教育目的。当前，在全国各类高校普遍开展课程思政与新文科建设的时代背景下，牢固树立课程思政的新理念，积极开展大学语文课程的思政教育新探索，无疑有着极其重要的理论价值和现实意义，并可为大学语文教学改革提供新选择和新机遇，从而使传统的大学语文课堂浴火重生，转变为思政教育的新阵地。

[①] 毕耕：华中农业大学文法学院教授，中华文化传播研究中心主任，湖北省大学语文研究会秘书长，武汉地区大学语文研究会会长，湖北省中国特色社会主义理论体系研究中心特约研究员。

一、大学语文课程思政的重要性、必要性与可行性

（一）重要性

大学语文课程思政的重要性，主要体现在立德树人方面，即为国家培养德智体美劳全面发展的高素质建设人才。由于科学技术的迅猛发展和现代社会的急剧转型，大学语文课程教学不仅面临着重要的历史机遇，而且也存在诸多亟待解决的问题。如何在新的历史时期，认真贯彻落实党的教育方针，培养德智体美劳全面发展的优秀人才，是摆在全体大学语文教师面前的一个重大问题。为此，习近平总书记曾在全国高校思想政治工作会议上指出，"要坚持把立德树人作为中心环节，把思想政治工作贯穿教育教学全过程，实现全程育人、全方位育人"[①]。中共中央、国务院在《关于加强和改进新形势下高校思想政治工作的意见》中提出："全面贯彻党的教育方针，坚持社会主义办学方向，扎根中国大地办大学，以立德树人为根本，以理想信念教育为核心，以社会主义核心价值观为引领，切实抓好各方面基础性建设和基础性工作。"[②]因此，在大学语文课堂中开展思政教育，不仅是认真践行习近平总书记重要讲话精神的生动实践，而且是贯彻落实党中央、国务院关于思政工作意见的重要任务，有利于大学语文教学与思政课程同向同行，形成协同效应，构建起全员、全过程、全方位育人的新体系与大格局。

（二）必要性

尽管大学语文是一门重要的基础性课程，经过数十年漫长的实践探索和经验积累，我国大学语文教育教学水平不断提升，并有力地促进了素质教育的全面普及与发展，但整体而言，大学语文课程还是有很多亟待解决的问题，面临着非常严峻的挑战。在当前新的时代条件下，随着我国高等教育教学改革向纵深发展，大学语文课程的教学改革也势在必行，必须突破传统规范，探索新的模式，做到与时俱进，不断改革创新。一方面，现代科技的迅猛发展，大数据、云计算与云存储得以广泛应用，为学生获取知识提供了多种多样的新选择，书本知识与课堂教育早已不能满足学生的学习需求，迫切需要探索新方法、开辟新途径。另一方面，大学语文课程的目标定位、教学模式和学习方法千差万别，而且以考试为指挥棒的应试教育模式也始终没有改变，从而导致大学语文教学效果不能尽如人意，甚至还被认为是"高四语文"，进而遭遇各种"尴尬"局面，学生混分数和教师不愿教的现象普遍存在。

---

① 习近平.把思想政治工作贯穿教育教学全过程 开创我国高等教育事业发展新局面[N].人民日报，2016-12-09(1).

② 中共中央、国务院印发《关于加强和改进新形势下高校思想政治工作的意见》[N].光明日报，2017-02-08(1).

为了解决这些现实难题,大学语文教师必须彻底转变观念,紧紧抓住全国高校广泛开展新文科建设的新机遇,借助"大思政"的时代东风,积极与党和国家的方针政策相呼应,进一步深化大学语文课程的教学改革,大力加强社会主义核心价值观的传播,助力人文素质教育不断向前发展。

(三) 可行性

无论是从历史还是现实的角度来看,在大学语文课堂中进行思政教育,不仅具有重要性和必要性,而且还具有可行性。因为这既符合我国古代的"诗教"传统,也符合立德树人的现代教育理念,同时还契合教学改革的实际需要,因而是非常必要和切实可行的。所谓"诗教",即由《诗》引申出关于社会与人生的根本意义,并以此作为道德教化的重要途径。孔子曰:"小子!何莫学夫《诗》?《诗》可以兴,可以观,可以群,可以怨。迩之事父,远之事君。多识于鸟兽草木之名。"①《毛诗序》亦云:"故正得失,动天地,感鬼神,莫近于诗。先王以是经夫妇,成孝敬,厚人伦,美教化,移风俗。"②由此推而广之,无论是诗词歌赋,还是戏曲小说,以及其他文艺体裁,都被古人赋予了道德教化的特殊功能。自近代以来,从民国时期分门别类的"国语""国文",到现代合二为一的语文课程,都是通过教授古今中外的文学经典来传播文化,以实现"以文化人"的目的。由此可见,在大学语文课堂上开展思政教育,既有历史传统可资借鉴,又有国家政策指引和现实的需要,故必须尽快付诸实施,并不断向前推进和加以深化。

二、大学语文课程思政的实施途径

(一) 做好整体规划

大学语文课程的教学体系非常完善,既包括课程性质、目标定位、教学理念和教学方法等理论方面,也包括教学大纲、讲授篇目、参考资料、课后作业与实践活动等具体内容。虽然教育部要求各高等院校必须开设大学语文课程,但由于各校办学层次不一,授课对象千差万别,师资水平也参差不齐,更没有全国统一的教学大纲和教材教参,所以在开展大学语文课程思政的过程中,必须根据各校的具体条件与实际情况,进行整体规划和顶层设计。各院校要根据大学语文课程的性质、定位和要求,确定课程思政的主要任务目标,并通过新的教材、教参与教学大纲的编写,对教案、讲稿与课件的更新优化,对教学内容、过程与方法的巧妙设计等,将思政教育深度嵌入课程教学的全部环节与过程之中,最终实现大学语文教学与课程思政

---

① 孔子.论语[M].济南:济南出版社,2008:158.
② 曾亦.中国社会思想史读本[M].上海:上海人民出版社,2007:21.

的有机统一,实现知识传授与素质培养的完美融合。

(二)注重资源开发

习近平总书记在庆祝中国共产党成立95周年大会上的讲话中指出:"在5000多年文明发展中孕育的中华优秀传统文化,在党和人民伟大斗争中孕育的革命文化和社会主义先进文化,积淀着中华民族最深层的精神追求,代表着中华民族独特的精神标识。"①这些优秀的传统文化、革命文化与先进文化,通常蕴含于古往今来数以万计的文学作品之中,并具有感人至深的艺术魅力,因此,要充分发掘大学语文课程中所蕴含的丰富的思政资源,并加以认真筛选、深度挖掘和系统开发,最后实现综合利用。同时,还应借助互联网、大数据、云存储等现代科技手段,构建以"互联网+"为特征的课程思政资源的公共平台,为丰富教学内容与形式提供资源保障,同时也可供大学生课外学习交流使用。

(三)改革教学方法

以教书育人为职的大学语文教师,不仅要有全面扎实的专业知识和爱岗敬业的精神,同时还要掌握先进的教学理论与方法。教师在进行课程思政的教学活动中,要大力开展大学语文课程的教学改革实践,彻底摒弃传统的填鸭模式和题海战术,积极采用启发式、讨论式、案例式、探究式、情景式和模块式等多种方式方法,不断激发大学生的求知欲和好奇心,努力培养大学生分析问题与解决问题的能力。同时,要通过开展课外阅读、会议报告、专题讲座、文学创作、参观访问、田野采风等实践活动,把大学语文学习与思政教育有机结合起来,并且从教材延伸到教参,从课堂延伸至课外,从校园延伸到生活,真正实现语文教育生活化和社会化。

(四)加强教材建设

虽然全国高校大学语文课程教学没有统一的教学大纲和教材教参,但随着"新文科""大思政"的全面施行与推进,教学理念与任务目标的变革也必然会导致教学内容以及教材与教参的变革。因此,为了在大学语文课程中强化思政教育与价值引领,有必要按照新的目标要求重新编写教材,或者对过去传统的教材进行修订,以及以编写乡土教材作为补充等。在编写新教材、新教参的过程中,要严格按照思想性、审美性和可操作性相统一的原则,精心选择古往今来的经典文学作品,并着重突出蕴含其中的思想文化意义,以便学生在"虚心涵泳、切己体察"中感受艺术魅力,培养家国情怀,增强文化自信。

---

① 习近平.在庆祝中国共产党成立95周年大会上的讲话[N].人民日报,2016-07-02(2).

三、大学语文课程思政的注意要点

（一）彻底转变观念

所谓观念，既是人们在长期的生活和生产实践当中形成的对客观事物总体的综合性的认识，也是对客观事物的主观认识与客观认识系统化的集合体。例如，在开展大学语文学科建设的实践中，积极倡导建设以弘扬和传播荆楚文化为特征的湖北学派，即是体现大学语文教学改革的新理论与新观念的代表。因此，要实行大学语文课程思政的教学改革，首先必须彻底转变观念，做到与时俱进，充分发挥人的主观能动性，高度重视大学语文课程的思政教育功能，积极开展"三全育人"，大力加强文化素质教育，实现大学语文课程思政的改革创新。

（二）坚守语文本位

语文是"国语"和"国文"合二为一的简称，包括汉语、汉字、文学与文化等重要内容，是实施母语教育、传承民族优秀文化和传播人类文明知识的重要载体。因此，在大学语文课程中实施思政教育，必须坚守语言文学的课程本位，始终坚持用优美的文学作品来教育人，以生动的艺术形式来感染人，用正确的价值观念来引导人，绝不能为思政而思政，导致舍本逐末，买椟还珠。

（三）克服两个极端

开展大学语文课程的思政教育，必须高度警惕并坚决防止两种极端化倾向：一是把大学语文教学与课程思政混为一谈，以思政教育代替语文教育，以政治说教代替审美熏陶；二是谈政治就变色，只重视语文知识传授，而把思政教育拒之门外。这两种极端倾向都是不正确、不合理的，必须采取有力措施加以预防和制止。

总而言之，在全国高校广泛开展课程思政与新文科建设的时代背景下，全体大学语文教师必须不断与时俱进，牢固树立立德树人的教育理念，正确把握大学语文的课程性质与功能定位，充分开发和利用语言文学中的思政资源，坚持不懈地开展课程思政的实践探索，大力促进大学语文课程教学的改革创新，从而不断推进人文素质教育的蓬勃发展，培养德智体美劳全面发展的中国特色社会主义事业的建设者和接班人。

参考文献

[1] 习近平.把思想政治工作贯穿教育教学全过程 开创我国高等教育事业发展新局面[N].人民日报,2016-12-09(1).

[2] 中共中央、国务院印发《关于加强和改进新形势下高校思想政治工作的意见》[N].光明日

报,2017-02-08(1).

[3] 孔子.论语[M].济南:济南出版社,2008.

[4] 曾亦.中国社会思想史读本[M].上海:上海人民出版社,2007.

[5] 习近平.在庆祝中国共产党成立95周年大会上的讲话[N].人民日报,2016-07-02(2).

课程思政与大学语文教学的有效融合探究[①]

余兰兰[②] 周丹丹[③]

摘要：大学语文课程是新时代实现课程思政教育的重要阵地。大学语文与课程思政有着紧密的内在联系：大学语文的人文性是课程思政融入的基础，大学语文教材蕴含着丰富的思想政治教育资源；课程思政是大学语文育人目标的指路明灯。大学语文教师要具备扎实的思想政治教育素养，要善于运用教材中的思政教育资源，要激发学生的学习积极性和主动性。课程思政融入大学语文教学有多种路径：随文渗透，潜移默化；专题研读，春风化雨；课外活动，延伸提升。大学语文教师要创新教学模式和教学手段，将课程思政有机融入大学语文教学，达到立德树人、润物无声的育人效果。

关键词：课程思政；大学语文；思政教育；立德树人

教育的根本任务是立德树人。高校肩负着为党和国家培养人才的重要责任，高校教师应在高站位认识课程思政的时代价值，提升立德树人的针对性和实效性。如何处理好课程教学与思想政治教育的关系，是高校教师在授课过程中需要认真研究并努力实践的一个重要问题。大学语文课程是高校非中文专业大学生人文素质教育基础课程的重要组成部分，对提升大学生的文化修养具有十分重要的作用。在高校众多的课程当中，大学语文课程无疑具备得天独厚的思想政治教育的优势，

[①] 本文系武汉市社会科学界联合会2021年度一般课题"课程思政与大学语文教学的有效融合研究"的研究成果。

[②] 余兰兰：湖北大学文学院副教授。

[③] 周丹丹：湖北大学文学院教育学专业课程与教学论方向2020级硕士研究生。

是新时代实现课程思政教育的重要阵地,在全面贯彻实施课程思政教育理念中占据不可替代的地位。

一、大学语文与课程思政的内在联系

(一)大学语文的人文性是课程思政融入的基础

所谓"课程思政",是以构建全员、全程、全课程育人格局的形式,将各类课程与思想政治理论课同向同行,形成协同效应,把"立德树人"作为教育的根本任务的一种综合教育理念。简而言之,就是将思想政治教育有机融入各门课程的教学和改革,所有课程都要发挥思想政治教育作用,以教师队伍为主力军,以课程建设为主战场,以课堂教学为主渠道,不断深化育人内涵,将价值引领、知识传授和能力培养三者融为一体。课程思政是高校以习近平新时代中国特色社会主义思想为指导,以习近平总书记关于教育工作的重要论述为宗旨,落实教育"立德树人"的根本任务、培育和践行社会主义核心价值观的重要举措。

大学语文是面向高校非中文专业大学生开设的一门公共基础课程,是在高等教育平台对学生继续进行母语教育的一门人文类基础课。大学语文主要是人文意义上的语文,它虽有工具性的一面,但更强调人文性。大学语文中的"文"指的是文学和文化。文学是语言的艺术,文学是文化的重要组成部分。因此,大学语文课程中的语言,指的是文学和文化意义上的语言。作为文学和文化的载体与媒介,大学语文课程中的语言不是纯粹基础和纯粹工具意义上的语言,它本身蕴含着丰富的文化。《周易·贲卦》:"刚柔交错,天文也。文明以止,人文也。观乎天文,以察时变。观乎人文,以化成天下。"[①]文学与文化中的丰富人文精神,都是课程思政取之不尽的活水源头。

大学语文的人文性主要体现在教材所选的文章中。大学语文教材主要由一篇艺术性很高的经典文学作品编成。虽然大学语文的教材版本众多,但各版教材都非常重视文学作品的阅读与欣赏,这些编入的文章凝聚着作者发人深省的思想内涵,彰显着特定的时代精神,学生在学习这些文章的过程中,会自然而然地受到思想的熏陶,受到观念的影响。在大学语文中融入课程思政的教育理念,就是为了培养学生爱党、爱国、爱人民、爱社会主义的思想,建立集体主义荣辱观,拥有崇高的理想信念与高尚的道德情操,坚定中国特色社会主义责任感、使命感。因此,在大学语文课中实施课程思政的教育理念,大学语文的人文性是基础条件。

---

① 周振甫.周易译注[M].北京:中华书局,1991:80.

（二）大学语文教材蕴含着丰富的思想政治教育资源

纵观各个版本大学语文教材的选文，以国内优秀文学作品、文化经典居多，选文的时代跨越中国古代至近现代。以杨建波主编的《大学语文》（第四版）为例，教材分为"历史文化""社稷民生""品格情操""自然山水""人伦情感"以及"阅读与欣赏指导读物""语言文化读物"七个板块。以曾卿秀主编的《新编大学语文》为例，教材分为"社会·人生""品格·修养""战争·军事""情爱·友谊""山水·自然""为学·品艺"六大板块。两部不同教材的每个板块都有鲜明的主题，而这些不同的主题都包含着思想政治教育的内容。《新编大学语文》的"社会·人生"板块的选文《勾践雪耻》，讲述了勾践忍辱负重、卧薪尝胆、顺民而治，最后灭吴复国的历史故事，可以帮助学生培养爱国主义情怀，锤炼百折不挠的精神品质，学习韬光养晦的人生智慧，还能从中体会到人民群众是历史的创造者这一哲理。"山水·自然"板块的选文有《春江花月夜》《登快阁》等，虽然是关于自然风光的诗作，但其中都包含作者对人生、对社会的独特思考与看法，学习这一类文学作品，学生不仅可以提升文学作品的鉴赏能力、写作水平，培养高雅的审美情趣，而且还能增强对祖国山河的热爱、向往之情，获得对人生、对社会现实的新认识。

通过文学作品、文化经典进行思想政治教育并非大学语文课程或者语文学科的开创之举。我国从古至今都很重视利用文学作品、文化经典对人进行思想政治教育，以达到维护社会安定的目的。《礼记·学记》有语："君子如欲化民成俗，其必由学乎。"[①]中国古代的思想政治教育集中体现在统治者规定的儒家文化典籍中，如《论语》《孟子》《大学》《中庸》等，这一类作品既重视仁义礼智信的优良品质，又强调家国天下的高尚情怀，即使是放在今天的社会中，仍然有很多思想值得学习。

所以，不论是从现今大学语文教材的内容来看，还是从历朝历代以文化人的传统来看，都说明大学语文拥有丰富的融合课程思政教育理念的资源。

（三）课程思政是大学语文育人目标的指路明灯

大学语文的教学目标是让学生学习优秀文学作品、文化经典，提升自身的语文知识素养、文学欣赏水平与写作能力，提高思想素质，塑造良好的价值观念。而学生思想素质的提高，价值观念的塑造，并不是仅凭教师自身所想而来的，也不是完全按照文学作品中传达出来的思想观念而来的，因为教师的思想会有个人局限性，文学作品也难免会带有时代局限性，所以教学需要根据时代的发展、社会形势的变化做出调整。课程思政作为突破思政课程教学惯例而演化出的一种新型教育理念，不仅是顺应着思政教育方向发展的，以培养当前社会需要的人才作为目标的，而且还能融入所有课程的教学过程之中，在大学语文课程确立育人目标时可以起

---

① 张国光.学记新讲[M].武汉：武汉出版社，1992：21.

到指导性作用。所以,融入了课程思政教育理念的大学语文的育人目标,需要结合社会主义核心价值观而定,需要筛选传统文学作品中与社会主义核心价值观相一致的内容,将课程思政作为育人目标的指路明灯。

二、课程思政对大学语文教师的要求

(一)教师要具备扎实的思想政治教育素养

课程思政理念的推广将"立德树人"的根本任务从政治教师身上转移到所有教师身上。课程思政实施的关键在教师,大学语文教师要对学生进行思政教育,首先要提高自己的思想政治素质和道德情操修养,注重自身师德师风建设。教师对学生的影响是直接且深远的,在长期的教学互动中,教师的思想行为会影响学生的思想行为,因此教师必须要拥有正确的思想政治观念,时刻牢记、带头培育和践行社会主义核心价值观,以身作则,给学生树立优秀的榜样。其次,大学语文教师要掌握丰富的思政教育知识。大学语文的内容从古至今、从自然山水到人伦情感、从历史文化到社会民生,十分丰富,教授不同主题的文章,相关思政内容是不同的,因此教师只有尽量多地掌握思政教育知识,才能在大学语文课堂教学中做到应付自如。最后,大学语文教师要拥有过硬的思政教育能力,不仅要讲好语文知识,也要做好思政教育。想做到这点,教师自身不仅要有丰富的知识,还要有能力将爱国、敬业、诚信、友善等社会主义核心价值观通过教学传递给学生,并让学生真正接受和付诸实践。

(二)教师要善于运用教材中的思政教育资源

教师要运用好教材中蕴含的思政教育资源,必须要主动去发现、去了解、去实施,否则那些丰富的思政教育资源就只能隐藏在文章背后,在常规的教学中被一带而过,甚至完全不能发挥作用。而具体如何运用,就需要教师认真学习教学大纲,了解大学语文与课程思政的融合方式与意义;认真研读教材,掌握每一篇文章的背景、内涵、意义,挖掘它所包含的思政元素;认真对待每一堂课,做好课前备课和课后反思,努力完成设置好的思政教育目标。同时,教师还要能适时且适当地将教学和学生的实际生活、社会的现实情况、国家的国情相结合,让深刻的思政教育思想落到实处,让理论性的思政教育内容贴近现实生活,只有这样才能真正运用好教材中蕴含的思政教育资源,充分发挥大学语文与课程思政有效融合的最大作用,落实好立德树人的根本任务。

(三)教师要激发学生的学习积极性和主动性

学生自身对思想政治方面的内容有兴趣,教师才能顺利开展思政教育,学生才能真正听得进去、接受得了教师的教学。因此,教师若能激发学生的积极性和主动性也是一个促进大学语文与课程思政融合的重要突破口。首先,教师要及时掌握学生的学习情况,弄清学生对文章的理解到了哪一步,以此来判断是否适合在当前课堂中融入思政教育的内容,学生是否能够理解教师的教学目的。其次,教师要了解学生的心理状况,有针对性地开展思政教育,解决学生心理存在的矛盾、问题,这样的思政教育才真正有意义,学生的参与性也能得到提高。最后,教师要灵活使用不同的教学手段,活跃课堂气氛,不要让学生在灌输式教学中被迫接受思政教育,而是要让他们在充满正向互动和积极思考的课堂中主动吸收思政教育内容。一节好的大学语文课,需要教师和学生共同努力,只有学生积极参与了,才能更好地实现大学语文和课程思政的融合。

三、课程思政融入大学语文教学的路径

(一)随文渗透,潜移默化

大学语文是一门主要教授经典文学作品的课程,大学语文教师可以在课堂教学中随文渗透思政教育,在引导大学生欣赏文学经典的同时,潜移默化地实现情感教育、人格教育等,培养大学生的道德品质、家国情怀、历史使命感与时代责任感。教师可以从文学作品的写作背景、作者生平、文章主题等方面有机融入思政教育内容,具体来讲就是:文章的写作背景是否具有特殊性,对当前时代是否有启发性;作者生平或文中角色有没有闪光之处,对当代大学生能不能起到榜样作用;文章的主题符不符合当前的社会主义核心价值观,可以从哪些方面来用现代的眼光解读文章主题等。

例如,鲁迅的短篇小说《在酒楼上》创作于五四运动退潮之后,小说中的主人公曾经是激情澎湃的进步青年,却在革命失败与生活的无奈之下成为沮丧彷徨的普通人。在教学前,教师可以让学生重温五四运动爆发的背景及意义,不仅可以让学生更容易走进文章,而且还能培养学生维护国家主权、追求社会进步的主人翁意识。同时,在深入学习文章,了解了主人公吕纬甫的转变之后,可以引导学生思考"在动乱与压迫的年代,知识青年如何坚持直面人生、追求进步?"以及联系实际思考"在和平与繁荣的年代,知识青年应该怎样珍惜所有、追求进步?",通过这两个问题,完成本堂课的思政教育目标。

再如,讲授余光中的散文《听听那冷雨》时,教师可以先让学生了解余光中特殊的人生经历,从而更好地理解余光中的"文化乡愁",融入思政教育。余光中生在江南、长在江南,受过良好的传统文化熏陶并深深热爱着祖国与传统文化。他21岁跟随父母离开江南去香港、台湾,后又赴美留学,直到64岁才得以重回江南。正如他所言:"掉头一去是风吹黑发,回首再来已雪满白头。"在品读文本的时候,教师可

以通过引导学生细细品味文章的优美语言与古典意境，让学生感受到余光中深厚的古典文化修养，感受余光中强烈的故土情结、炽热的家国情怀，感受一个远离故土的知识分子对中华传统文化的深情眷恋与由衷热爱，随文渗透热爱美丽中文、热爱传统文化、热爱伟大祖国的教育。正如余光中所言："我慢慢意识到，我的乡愁现在应该是对包括地理、历史和文化在内的整个中国的眷恋。"

又如，明代冯梦龙的话本小说《俞伯牙摔琴谢知音》堪称中国古代知音文学与文化的典范之作。教师在讲授这篇作品时，注重的不是人物形象和故事情节分析，而是引导学生深入理解俗文学中蕴含的雅文化。俞伯牙与钟子期之间的君子之交，不仅体现了儒家重信守诺、重情尚义的礼义文化，也体现了道家钟情自然山水、淡泊功名利禄的隐逸思想。教师可以由此联系社会主义核心价值观中的"诚信""友善"，以及当前社会上有些人不讲诚信、薄情寡义的现实，来让学生展开思考与讨论。当学生认同并赞赏俞伯牙与钟子期之间的君子之交时，无疑就升华了自己的文化人格与人文精神。这也是很好的思政教育。

大学语文教师还可以结合当下时事热点，在进行语言文学教学的同时，随文渗透思政教育。例如，在给学生讲解上古神话传说时，可以由古代《嫦娥奔月》的美好神话传说联系到当今"嫦娥"系列卫星探月成功，在给学生讲授屈原的浪漫主义诗篇《天问》时，可以由屈原对宇宙的想象与追问，联系到当今"天问一号"火星探测器、"中国天眼"射电望远镜、神舟系列飞船的研制与应用，让学生了解我国航天事业的伟大成就，明白想象力、创造力与理想的重要性，激发学生的民族自豪感、热爱祖国的情感与探索科学的志向。又如，在给学生讲解《论语》、引导他们学习儒家文化的"仁"与"和"的思想时，可以联系 2019 年 5 月 15 日习近平主席在亚洲文明对话大会上的重要讲话："坚持美人之美、美美与共。每一种文明都是美的结晶，都彰显着创造之美。……各种文明本没有冲突，只是要有欣赏所有文明之美的眼睛。我们既要让本国文明充满勃勃生机，又要为他国文明发展创造条件，让世界文明百花园群芳竞艳。"可以引导学生理解这段话里包含的儒家"仁"与"和"的思想，在热爱我国文化的同时，也懂得欣赏其他国家的优秀文化。

其实，要实现大学语文教学与课程思政的融合并不难，难的是如何有效而又有逻辑地将二者融合，把传统文化精神与当今时代需求紧密结合，达到"随风潜入"并且"润物无声"的育人效果。

（二）专题研读，春风化雨

不同版本的大学语文教材各有其编写理念与体例，一些教材原本就是按照人文主题来编写的，教师可以在此基础上灵活地选择或更改，而有一些按照作品年代或文体编写的教材，教师可以结合恰当的思政教育主题灵活地进行分类与专题研读。例如，可以组织爱国诗文专题研读课，这一专题课的思政教育目标可以设置为：增强学生对祖国的热爱崇敬之情，坚定矢志报国的决心；培养学生为国为民的忧患意识,养成时刻追求进步的习惯等。以张鹏振、贾敏主编的《大学语文精编》为例,若要使用此教材开展爱国主义专题教育,可以选屈原《国殇》、曹植《送应氏》、王维《汉江临眺》、文天祥《过零丁洋》《金陵驿》、岳飞《满江红》、韩愈《张中丞传后叙》、郭沫若《凤凰涅槃》、闻一多《发现》、艾青《雪落在中国的土地上》等作品。选入该专题的文章包含生死不移的报国志向、忧国忧民的真挚慨叹、杀身成仁的民族气节、自由进步的时代精神和对壮丽山河的无限赞叹,学生能从这些文章中感受到来自不同时代、不同身份的英雄们同根同源的爱国情怀。

我们党和国家对文化建设高度重视。2017年5月,中共中央办公厅、国务院办公厅印发《国家"十三五"时期文化发展改革规划纲要》,要求把传统文化的传承与保护放在突出位置。各级各类学校要重视中华优秀传统文化教育和传统经典的传承,各学科课程都要结合学科特点融入中华优秀传统文化内容。2020年10月,党的十九届五中全会明确提出,到2035年建成文化强国。一个国家、一个民族的强盛,总是以文化兴盛为支撑的。中华民族历史灿烂悠久,文明源远流长,文化博大精深。优秀的传统文化,正是我们最深厚的文化软实力。

大学语文教师可以组织传统文化专题,让学生在学习优秀传统文化的同时,无形地接受人文精神熏陶与思想政治教育,热爱祖国传统文化,增强民族文化自信,弘扬民族文化精神,塑造良好思想品德,立志为祖国新时代的文化建设做贡献。当代大学生,不仅要保护中华民族珍贵的文化遗产,而且还要积极传承与弘扬优秀的文化传统,从优秀的传统文化中,汲取实现"中国梦"的精神力量。儒家的《论语》《孟子》,道家的《老子》《庄子》等文化经典都蕴含着丰富的精神财富,不仅能增强学生的文化自信,还能给学生积极的人生启示,有助于塑造学生的高尚人格。例如儒家孔子的仁爱思想、教育思想,道家老子的辩证法、自然无为思想,庄子的相对论与齐物论,都是很好的思政教育资源。

此外,大学语文教师还可以组织"汉字中的文化""成语中的文化""诗词中的文化"等语言文化类专题,引导学生品味中华语言之美妙、中华文化之精深,从而提高语言运用能力,增强文化自信。

总而言之,大学语文拥有丰富的思政教育资源,和大学语文教学内容相结合的思政教育主题也有很多,大学语文教师可以在教学中多挖掘、多创新,利用好专题教育形式对学生进行有效且深刻的思政教育。

(三)课外活动,延伸提升

除了在课堂教学中通过随文渗透或专题研读融入课程思政以外,大学语文教师还可以通过丰富多彩、健康向上、格调高雅的课外活动传播正能量,延伸提升思政教育。大学语文课外活动最常见的形式有演讲、朗诵、征文、辩论赛或者读书会等,这些活动都可以有机融入思政元素,教师在组织活动时最好能够结合当前社会现实或者特殊纪念日,让活动更有时代意义。

例如 2020 年,在全国抗击新冠肺炎疫情的战斗中,涌现出了一大批勇往直前、无畏战斗、无私奉献的医护人员、公安干警、社区工作者、志愿者等,留下了许许多多可歌可泣、感人至深的战疫故事。大学语文教师可以结合这一实际,或者结合医师节、护士节等节日,组织大学生进行"致敬最美逆行者""疫情之下我能做什么"等主题演讲、朗诵或征文活动,增强学生的时代责任感与奉献社会的精神。在抗疫过程中,曾有一些经典诗词被巧妙借用、化用,如"山川异域,风月同天""青山一道同云雨,明月何曾是两乡""江南无所有,聊赠一枝春"等,大学语文教师可以让学生在课外收集这些资料,引导学生诵读这些诗词,既能从文学角度欣赏古典诗词之美,又能从中认识到"一方有难、八方支援",共同抗疫的时代精神。这都是很好的思政教育活动。

再如,2021 年是中国共产党成立 100 周年。大学语文教师可以结合课堂教学内容,在课外举办以纪念建党百年、传播红色文化、弘扬革命传统为主题的相关演讲、诵读、征文等活动。湖北省大学语文研究会组织的"湖北高校红色经典教学与诵读活动",内容包括以纪念建党百年和学习红色文化为主题的征文活动与微视频大赛,形式丰富的经典诵读、阐释、书写与推介等系列活动。教师把纪念建党一百周年和国学经典教学活动有机结合起来,就是对教育部关于加强中华优秀传统文化教育文件精神的贯彻落实,具有积极重要的意义,起到了思想教育与文化传承的双重作用。学生在参赛过程当中,无形地接受了思政教育,提升了思想水平与国学素养,也培养了实践创新与艺术审美能力。

课外朗诵比赛,可以设置主题如"颂英雄",由参赛学生自行选择朗诵文本,可以是名家作品,也可以是自己的创作,可以歌颂宁死不屈、忠贞爱国的革命烈士,也可以赞扬淡泊名利、奉献终身的科学先辈。通过朗诵比赛,学生能详细了解到自己所选的人物,会认真思考其背后的历史意义。在练习朗诵的过程中,学生能真正地理解并一步步加深共情,最终不仅提升了学生的朗诵能力,也能够完成预备的思政教育目标。除此之外,演讲、辩论、征文这些活动,在锻炼学生语言组织能力和语言表达能力的过程中,融入适当的思政元素,诸如建党建国、文化自信、谈法治、论自由等热门话题,让学生围绕这些话题,在思维积极活跃的状态下吸收思政教育内容,以此来和常规教学形成互补,共同达成大学语文和课程思政融合的目的。

课程思政是习近平新时代中国特色社会主义思想在教育领域的体现,是落实立德树人根本任务的重要举措。大学语文是为非中文专业学生开设的一门必要且重要的基础课程,这些学生将来会在祖国的各行各业发光发热,大学语文对他们的影响是隐性的也是深远的。因此,大学语文与课程思政的融合非常重要。在教材方面,大学语文和课程思政的融合已经开始被教材编者重视,学校在选用教材时,应当仔细筛选,相信教材能够成为促进大学语文和课程思政融合的有效工具。在教师层面,大学语文教师的思政素养和教学能力是关键,各高校要注重对教师的培训,教师自身也要严于律己,做到高标准、严要求。大学语文教师要坚定学生的理想信念,把握爱党、爱国、爱人民、爱社会主义的主线,结合学生专业特点、结合课程育人特点,深入挖掘大学语文课程蕴含的思想政治教育资源。要注重价值引领、知识传授与能力培养相统一,科学设计课程目标和教案课件,创新教学模式和教学手段,完善考核方式和评价办法,将课程思政有机融入大学语文教学,从而达到立德树人、润物无声的育人效果。

参考文献

[1] 曾卿秀.新编大学语文[M].重庆:西南师范大学出版社,2003.
[2] 张鹏振,贾敏.大学语文精编[M].2版.武汉:华中科技大学出版社,2016.
[3] 杨建波.大学语文[M].4版.北京:北京大学出版社,2017.
[4] 韩宪洲.深刻认识"课程思政"的时代价值[N].人民日报,2019-08-18(5).

应用写作课程的教学困境与优化策略[①]
——基于课程思政角度的思考

高竞艳[②]

摘要：应用写作课程教学面临功利至上,忽视价值引导的缺陷,可用课程思政教育理念补齐不足。从遵循应用写作的课程特点出发,探索应用写作课程的课程思政教学优化的实施策略,提出在应用写作课程的思政教学改革中要提升教师推进课程思政的能力,明确课程教学目标的育人导向,发掘教学内容的思政元素,创新教学方式及考核方式,突出德育实效。

关键词：应用写作；教学困境；优化策略；课程思政

习近平在全国高校思想政治工作会议上指出,高校应"用好课堂教学这个主渠道","把思想政治工作贯穿教育教学全过程,实现全程育人、全方位育人"。[③] 随后,教育部 2020 年印发《高等学校课程思政建设指导纲要》对高校课程思政建设做出部署和安排,并明确指出:"全面推进课程思政建设是落实立德树人根本任务的战略举措,是全面提高人才培养质量的重要任务；要提升教师课程思政建设的意识和能力,科学设计课程思政教学体系,将课程思政融入课堂教学建设全过程。"[④]

---

① 本文系武汉学院重点教研项目"'双创'视域下项目教学法在应用写作课程教学中的应用研究"(WYJY202005)成果。
② 高竞艳：武汉学院通识教育课部副教授。
③ 习近平.把思想政治工作贯穿教育教学全过程 开创我国高等教育事业发展新局面[N].人民日报,2016-12-09(1).
④ 教育部关于印发《高等学校课程思政建设指导纲要》的通知[EB/OL].(2020-06-01/2021-07-10). http://www.moe.gov.cn/srcsite/A08/s7056/202006/t20200603_462437.html.

应用写作课程作为一门培养学生应用文写作能力、提高办事综合技能的公共基础课程,在教学各环节中如何以立德树人为根本,开创课程思政教育新模式,提高学生的道德品质、思想水平和文化素养,充分发挥该课程育人导向的功效,是新形势下高校应用写作课程教学改革面临的新议题。

一、应用写作课程特点及教学困境分析

应用写作课程作为工具性和人文性兼具的通识课程,近年来,在教学中出现的重智轻德,忽视人文性和思想性的不良倾向理应引起关注和重视。

(一)应用写作课程的特点:工具性和人文性并举

应用写作课程作为综合性较强的基础课程,有助于培养学生处理公私事务,进行人际沟通和工作合作的能力,具有工具性和人文性的双重属性。说它具有工具性,是从实用技能角度而言,要求学生掌握基于职业需要的各类应用文的写作。说它具有人文性,是针对其在人才培养方案中属于通识教育课程的定位而言,而"通识教育本身应该是一种超越功利性和实用性的素质教育,注重对学生人文精神的渗透和思想意识的升华与再造"[①]。应用写作课程涉及文学、历史、政治、经济、管理等多方面的跨学科知识,其教学过程可以从不同角度关联到人文领域的不同方面,强调的从来不是简单的知识、技能教育,而是指向了"教育在情感、精神和价值层面的作用,强调的是对受教育者情感、精神和价值层面的培养"[②]。显然,应用写作课程的人文性决定其和思政教育有着相同的价值取向,即都是为了人自身的全面发展。

(二)应用写作课程的教学困境:重智轻德

当前,各高校的应用写作课程教学面临以下困境:一是应用写作课程目标定位不准,在当下高等教育"功利至上"思想的影响下,仅专注其工具性的一面,忽视其人文性和思想性,没有认识到:应用写作固然要以一定知识技能为载体,但不应仅仅停留在知识技能的获取,还应借此去启发学生树立正确的价值观和情感态度,培养其人文素养和科学素养,学会找到解决问题的思路和方法。二是应用写作课程教学内容存有偏差。和上述工具性定位相关的是,应用写作课程在教学内容上也强调更多知识技能层面的学习,忽视思想及价值层面的引导和融入,使其成为单薄扁平的"技能操作"学习,抽空了其本该有的思想价值内涵。事实上,在应用写作中也有情感逻辑的展现,对工匠精神的追求,对思维的锤炼及对诚信、公正、守法等社

---

① 聂迎娉,傅安洲.课程思政:大学通识教育改革新视角[J].大学教育科学,2018,9(5):38.
② [德]赫尔巴特.普通教育学[M].李其龙,译.北京:人民教育出版社,2015:120.

会主义核心价值观的培育。三是教学策略不当。部分教师存有重智轻德,即只顾知识传授,忽略价值引领的不良倾向,加之课堂教学方法单一,教师满堂灌输,缺少师生互动,缺乏深入的讨论,无法有效地训练和提高学生独立思考能力。四是教学反馈机制的欠缺,对学生的学习进度和学习成果缺乏有效监督和及时反馈,教师教学存有自发性、盲目性的误区,学生内在的创新力、生机和活力没得到很好的发挥,也缺乏相应的激励机制,这些都不利于培养德才兼备、全面发展的合格建设者和接班人。

针对应用写作课程教学的上述缺陷,融入课程思政理念可以补齐不足。教师在具体教学实施中,依循课程特点,在注重工具性的同时,加强对人文性和思想性的重视,在教学各环节中融入思政元素,实现全过程育人,充分发挥该课程的育人功效。

二、应用写作的课程思政教学优化策略

为落实课程思政要求,高校首先要加强师资队伍建设,提高教师课程思政能力。教师要结合课程属性和特点,积极开展教学改革,将思政元素融入课程教学目的、教学内容、教学方法和考核方式中,有效落实立德树人的根本任务。余下篇幅,笔者将结合应用写作课程的教学实践,探讨应用写作教学和思政教育相结合的有效途径,以期实现知识传播、能力提升及价值引导的同频共振。

(一)提升教师课程思政能力

建设师资队伍,全面推进应用写作课程的思政建设,关键在于教师。"教师作为高校课程思政的一线组织者和实施者,首先要将立德树人根本任务贯穿于教育教学全过程的关键,努力挖掘课程的育人功能和价值引领作用。"①

在过去,高等教育领域中有一种错误的教育观念,即认为思政教育主要是学工处、宣传部和思政教师的事情,和其他课程(包括通识课程、专业课程)无关。在这种观念的影响下,思政教育和其他课程长期脱离,一直是各行其道的"两张皮"状况。要想改变此状,首先,在顶层设计上,高校要建立合适的激励机制,把课程思政评价结果纳入教师考核、职称评定和项目立项之中,鼓励教师积极参与课程思政建设和改革。其次,教师本人要加强思政素养,在宏观上,要努力学习马列主义、习近平新时代中国特色社会主义思想,武装头脑,强化理论能力,要加强自身理性精神、道德素质及传统文化修养的提升;在微观上,要学习各种政策和方针,学两会报告、学时事锐评等,运用批判性思维来思考和分析,引导学生认识世界、思考问题。

---

① 高德毅,宗爱东.课程思政:有效发挥课堂育人主渠道作用的必然选择[J].思想理论教育导刊,2017(1):31.

（二）重构教学目标

教学目标是教师进行教学设计的出发点和重要依据。过去的教学目标，更多强调知识、技能目标。而在课程思政体系下，课程的人才培养方案和教学大纲中应当融入课程思政的要义，即明确术德兼修、知行合一的人才培养目标。为此，应用写作课程基于课程思政"立德树人"的根本任务，应着力构建"知识-能力-育人"三位一体的教学目标体系。其中，"知识目标"使学生掌握必备的写作理论知识，掌握各种应用类文体的写法，增强对优秀语言文化和写作文化传承的使命感。"能力目标"是通过写作训练，形成良好的写作思维和熟练的写作技能，培养学生分析、解决问题的能力，培养创新意识及能力。"育人目标"在于培养学生形成科学的思维方式、严谨认真的工匠精神和文化自信意识，并在思想上积极引导学生，树立正确的人生观、价值观和世界观，认同并践行社会主义核心价值观，具备良好的职业素养和综合素质。

（三）优化教学内容

过去的应用写作教学过度强调写作技能，忽视思想及价值层面的引导和融入。在课程思政视域下，教师要善于发掘教材每个章节蕴含的思政元素，将其内化于教学内容中。如：①讲授公文写作时，特别是讲到公文处理的规定和格式时，强调遵守规则和工匠意识，让学生按照专业要求和素养开展公文写作练习。②讲授日常文书写作时，强调学生理解文章背后的逻辑，引导学生养成设身处地替他人着想的思维习惯，培养其清晰有效地表达特定内容的能力。③讲授事务文书写作时，重点引导学生做好自我规划和管理，让自身的学习和生活更有规律。④讲授礼仪文书写作时，应融入优秀中华传统礼仪文化，对学生进行文化熏陶，提升其道德水平和文化品味，实现文化认同及自信。⑤讲授求职文书写作时，可考虑将诚信意识、终身学习理论、服务地方经济以及传承中国优秀传统文化等思政元素融入写作教学内容中。⑥讲授经济契约文书时，引导学生诚实守信、遵规守法，培养学生的法制观，弘扬社会主义民主法治观念。⑦讲授科技文书写作时，引导学生掌握批判性思维的过程和方法，培养理性求真、严谨论证的科学思维方式。

（四）创新教学方法

在教学方法中，根据不同专业的现实需要，采取项目驱动任务教学法，选择与现实情景相近的项目，以小组为单位完成项目任务，教师通过真实的典型的带有思政元素的事例和文书，组织学生进行主题讨论、文本写作、分享交流和活动实践。如在开展"调查报告""专题活动策划"等项目活动中，教师引导学生以团队形式完成相应文本写作，在对理论知识进行点拨的同时，将当地革命文化、民俗文化及中华传统文化等丰富的思政元素融入写作训练中。除此之外，教师还可采用线上线下混合的教学模式,引导学生在课堂教学之前自主学习关于应用文写作的资料与知识,掌握写作基本理论,搜集各种素材,梳理写作思路和逻辑结构,形成解决问题的文本成果。总之,教师在上述"教、学、做"的一体化教学过程中,要与时俱进地融入德育元素,增强学生的文化自信,厚植家国情怀,培养其责任意识和精益求精的工匠精神。

(五)完善考核方式

结合课程思政要求,应用写作课程的评价方式可尝试做以下努力:一是创新课程思政的考核内容。在进行行程式考核时,引入具有思政元素的话题,如社会民生、科技前沿、文化认同等热点话题,激发学生的兴趣和挑战欲,引导学生利用批判性思维去分析问题、解决问题,形成正确认识,促使其提升综合素养,充分发挥应用写作课程的育人作用。二是考核方式多样化。本课程采取"课内+课外""线上+线下""理念+行为"等多样化模式,如在小组主题讨论及形成的汇报成果中,重点评价学生的沟通能力、团队合作能力、逻辑思维能力、写作表达能力;在项目活动的情境模拟及实践中,考核学生的知识理解能力和问题解决能力。三是评价方主体多元化,遵循"教师主导,学生主体"的原则,既有学生自评、互评,也有老师评价,建立多方主体协同的评价体系。同时,要注意不同主体评价标准的差异,既强调教师评价的规范性和权威性,也强调学生评价的针对性和灵活性,并将两者有机融合在一起,不仅促进师生之间的良性互动和沟通,也促进双方的自我教育和提升。

三、结束语

应用写作的课程思政教学是全面深化教学改革的内在要求,也是践行立德树人根本任务的国家战略要求。应用写作的课程思政建设要求教师提升课程思政能力,充分发挥教师在言传身教中的感化作用;构建"知识-能力-育人"的三位一体的课程教学目标,突出育人导向作用;创新多元化的教学方法,达到"细雨润无声"的思政教育的教学效果;完善考核方式,在考核内容中融入德育元素,采取形式多样、主体多元的考核及评价方式。总之,应用写作的课程思政建设,是一项复杂的系统性工程,需要教师有意识地将思政教育植入课程教学的全过程,才能真正"做到课程与思政相互交融,教书与育人相互促进"①。

---

① 焦扬.始终把立德树人作为学校立身之本[EB/OL].(2017-08-24). http://theory.people.com.cn/n1/2017/0824/c40531-29490914.html.

大学语文教什么,怎么教

韩建立[①]

摘要:教什么与怎么教,涉及大学语文课程论与教学论的多个层面,关乎大学语文的学科建设。"教什么"的疑问源自大学语文课程性质定位的不明确,源自大学语文课程目标的粗放,源自大学语文课程内容的摇摆不定。"怎么教"的疑问反映出大学语文在教学方式与方法上的困惑。解决"怎么教"的问题,关键是教学方式与方法不能因循守旧、墨守成规,要不断改革创新,以适应教学实际,与教学内容相匹配。写作是可以教的,它和其他课程一样,是一种能力的培养与训练。不能指望写作教学的成果立竿见影,它是一个熟能生巧的过程。

关键词:大学语文;课程;教学;写作

最近重新拜读尉天骄教授的《大学语文:教什么与怎么教》一文,引发并唤醒了笔者有关大学语文的思考,想借题发挥,谈谈"教什么、怎么教与大学语文学科建设"这一话题。"教什么"与"怎么教"不是同一个层面的问题。"教什么"属于课程论探讨的范畴,"怎么教"属于教学论探讨的范畴,而"教什么""怎么教"均关乎大学语文的学科建设。

一、"教什么"的疑问突显对大学语文课程诸方面的迷茫

前面说过,"教什么"属于课程论探讨的范畴。从学理上讲,大学语文"教什么"

[①] 韩建立:吉林大学文学院教授。

是不应该成为问题的。对于一门课程来说,应该"教什么",业界的看法应该是趋同的,而不应该是异见迭出,使人莫衷一是。

大学语文应该"教什么"的疑问,表明人们对此还没有形成一种共识性认识,课程教学处于各行其道的状态。叶圣陶说,教师"教各种功课,不能够漫无限制,自出心裁;必须将课程标准作为依据,严谨地遵守着"①。但是,大学语文没有这样一个课程标准让教师们"严谨地遵守着",产生"教什么"的疑问,也就不足为怪了。

"教什么"的疑问源自对大学语文课程性质定位的不明确。与大学语文不同,自1904年设科以来,现代中小学语文一直有自己的课程标准(有时叫"教学大纲"),对语文课程的定位是明确的,也是稳定与连续的。仅以1949年以后的几份课程标准(教学大纲)为例,如1955年《小学语文教学大纲草案(初稿)》:"小学语文科是以社会主义思想教育儿童的强有力的工具。"1963年《全日制中学语文教学大纲(草案)》:"语文是学好各门知识和从事各种工作的基本工具。"1986年《全日制中学语文教学大纲》:"语文是从事学习和工作的基础工具。"②《义务教育语文课程标准》(2011年版)和《普通高中语文课程标准》(2017年版2020年修订)对语文课程性质的表述则完全一致:"工具性与人文性的统一,是语文课程的基本特点。"③大学语文没有自己的课程标准可作依据。根据王步高教授等的调查,关于大学语文的课程定位,一般有"公共基础必修课""专业基础课""素质教育类公共选修课""公共基础选修课"等几种。④ 这些定位较含混,不明确。历届大学语文年会对大学语文课程性质的阐述也"都不相同",缺少"稳定性"和"连续性"。⑤ 大学语文的课程定位"不稳定",会使教学"杂乱无序";大学语文的课程定位"不连续",会使教学"手足无措"。就普遍情况而言,大学语文课程的功能定位,一般是沿袭中小学语文关于人文性与工具性的说法,或强调其人文性,将大学语文作为人文素质教育的课程;或强调其工具性,认为大学语文跟中小学语文一样,都具有培养学生的语言文字基本能力的工具性特点;或强调其人文性与工具性的兼容、并重。可谓林林总总,各执一端,各有其存在的"现实依据"。但是,时过境迁,各种说法的现实性与可操作性大大降低。最为"登峰造极"的一种定位,是让大学语文课程既承担语言文字的交流训练功能,又承担优秀传统文化的继承与传播功能;既承担道德培育的功能,又承担解答社会中存在的各种文化困惑的功能,等等。张福贵教授指出:"如此

---

① 叶圣陶.课程标准又将修订[C]//饶杰腾.民国国文教学研究文丛·论争卷(1912~1949).北京:语文出版社,2016:28.

② 课程教材研究所.20世纪中国中小学课程标准·教学大纲汇编:语文卷[M].北京:人民教育出版社,2001:80,415,477.

③ 中华人民共和国教育部.义务教育语文课程标准(2011年版)[M].北京:北京师范大学出版社,2012:2;中华人民共和国教育部.普通高中语文课程标准(2017年版2020年修订)[M].2版.北京:人民教育出版社,2020:1.

④ 王步高,张申平,杨小晶.我国大学母语教育现状——三年来对全国近300所高校"大学语文"开课情况的调查报告[J].中国大学教学,2007(3):19.

⑤ 何二元.母语高等教育研究[M].杭州:浙江大学出版社,2013:53-56.

多的教育目的和标准,几乎就是'完人'的教育,大学语文要真正承担起来恐怕是勉为其难的。"①

"教什么"的疑问源自大学语文课程目标的粗放。作为一个学科概念,"课程目标"近一二十年才在我国广泛使用;不过,这并不意味着以前的语文课程没有目标。在现代语文教育发展史上,诸如"课程要义""课程宗旨""课程目的""教学目的与要求"等,都与"课程目标"有类似的内涵和作用。

大学语文的课程目标始终比较粗放,其指导性因此被削弱,这样的课程目标施用于教学,就自然会让人产生"教什么"的疑问。20世纪40年代初,魏建功、黎锦熙、朱自清等六人受民国教育部委托,在拟定"大学国文选目"的时候,确定过大学国文课程目标,分"了解""发表""欣赏""修养"四个方面:"在了解方面,养成阅读古今专科书籍之能力";"在发表方面,能作通顺而无不合文法之文字";"在欣赏方面,能欣赏本国古今文学之代表作品";"在修养方面,培养高尚人格,发挥民族精神,并养成爱国家、爱民族、爱人类之观念"。② 在当时能够定出这样的课程目标,实属不易,只是它过于笼统,缺乏可操作性,也过于"宏大",学生的实际水平难以达到。阮真根据国文课程目标"各有偏颇,教学乃至无定准"③的情况,在国文教学中采取分解课程目标(当时叫"教学目的")的做法。这种做法贯穿阮真大学国文、中学国文的整个教学理论与实践。比如,在《中学国文教学法》中,他把中学国文教学的总目标分解为"读文""作文""口语发表"三个子目标,对每个子目标又分别细化。以高中为例,他把"读文"细化为:"①能读解普通文言书报,确而且速。②能利用目录参考与所读文章有关系的材料。③渐渐能补充所读文章的意义。④能明了各种重要文章的体裁格式。⑤能分析所读文章的意义,作成纲要。⑥能用逻辑为正确的思考及判断。⑦能朗诵文艺作品,表现其神情及风格。⑧阅读文艺作品,能为字句的推敲及细细的玩味。⑨一部分学生能阅读平易古书,剖析其意思。⑩一部分学生能评判文艺作品艺术的高下。⑪能明了著名作家的生平著作及其思想。"④分解之后,教学对象更明确,教学目的更具体、更有针对性。这种根据不同教学对象,分别确定具体的不同教学目标、不同教学内容的做法,在当时是先进的,顺应学生智力的发展,有助于教学目标的贯彻落实,体现因材施教的原则,有利于人才的培养。虽然阮真谈的是中学国文教学,但是这对当下的大学语文教学,也具有极大的借鉴价值。令人遗憾的是,阮真分解课程目标的理论与实践,在大学语文教育界并没有引起足够的重视;时至今日,一些人谈及大学语文的课程目标,仍泛泛、笼统地讲培养学生的语文素养,这反映出大学语文理论研究的缺失与教学实践的缺席。

"教什么"的疑问源自大学语文课程内容的摇摆不定。大学语文课程内容是大

---

① 张福贵.大学语文教育的学科定位与功能特性[J].中国大学教学,2014(1):51.
② 魏建功.大学一年级国文的问题[J].高等教育季刊,1942(3):39.
③ 阮真.如何教今日大学之基本国文[J].高等教育季刊,1942(3):62.
④ 阮真.中学国文教学法[M].2版.南京:正中书局,1939:4-5.

学语文课程建设的核心,要回答大学语文"教什么"的问题,姜楠认为:课程内容目标"是指课程研制者为有效达成课程目标所提出的'一般应该教什么'的总体看法,是'教材内容'即具体选文、选材在方向上的统帅和指导"①。由于大学语文课程的内容面目模糊,进而产生出五花八门的大学语文教材。王步高教授等的调查显示,大学语文教材"版本众多,良莠不齐","令高校无所适从","多数无特色",②存在出版乱象。当年,阮真就主张,大学国文教材宜纯粹而不宜糅杂。他认为,"糅杂体"的教材,"无异杯盘杂陈","学生未及下箸,仅一染指,辄易以他品,则恶能辨其味?"③阮真认为国文教材"忌糅杂",可谓真知灼见。以这种观点审视当今的大学语文教材,"杯盘杂陈"式的"糅杂体"教材不在少数。笔者曾对前几年出版的大学语文教材进行随机抽样调查,发现这种"糅杂体"的教材有愈演愈烈的趋势。这些被抽样的大学语文教材中,教学内容或分为"文学编"(为各体裁文选)、"文化编"(为思想文化、地域文化、网络文化等)、"写作编"(为毕业论文、求职信、调查报告等应用文写作内容)、"语言编"(为语言常识、语言应用技巧等),或分为"文学鉴赏"(为中外各体裁文选)、"语言训练"(为普通话训练、朗读训练、演讲训练、社交口才训练、行业口才训练),等等。教材体例拼凑糅杂,内容五花八门,文学、文化、应用写作、口才训练、汉语知识,样样都来一点,弄成"百宝箱"式的大杂烩。

"糅杂体"教材产生的根源在于,一直以来"大学语文'课程内容'始终没有明确下来","这个问题甚至很少被严肃提及和讨论","仿佛全然忘记或不晓得语文'课程内容'",更不清楚课程内容是教材内容的"灵魂和标准"。④徐中玉先生告诫大学语文同仁,大学语文应"着眼于优秀文本的精读,不应该把主要精力放在语言学、写作学、文学史、文学理论等方面知识的传授上面"⑤。张志公说,语文教学就是把"《语文》课本教好"⑥。但是,使用这样的"糅杂体"教材,不仅不能把语文教好,而且连"教什么"都有些迷茫了。

二、"怎么教"的疑问反映出大学语文在教学方式与方法上的困惑

大学语文为什么会有"怎么教"的困惑?我想,其他学科或专业多多少少也会

---

① 姜楠.试论大学语文的课程内容与教材内容[G]//陈洪,李瑞山,等.母语·文章·教育:大学语文研究文集.北京:高等教育出版社,2008:231.
② 王步高,张申平,杨小晶.我国大学母语教育现状——三年来对全国近300所高校"大学语文"开课情况的调查报告[J].中国大学教学,2007(3):22.
③ 阮真.如何教今日大学之基本国文[J].高等教育季刊,1942(3):66.
④ 姜楠.试论大学语文的课程内容与教材内容[G]//陈洪,李瑞山,等.母语·文章·教育:大学语文研究文集.北京:高等教育出版社,2008:231-232.
⑤ 徐中玉.大学语文[M].5版.北京:高等教育出版社,2016:前言.
⑥ 张志公.语文教学论集[M].福州:福建教育出版社,1981:83.

遇到这样的困惑,但是不明显、不突出,唯有大学语文"怎么教"的困惑特别明显、特别突出。这与大学语文的处境有关:课时缩减,教学定位模糊,课程丧失话语权,教师地位边缘化,教学效果不佳,学生流失,等等。作为一门人文学科,大学语文的窘境,与人文学科在大学里日渐冷落的尴尬地位不无关系。在一个普遍注重实用、急功近利的社会里,大学语文等课程的式微有其必然性。虽然我们没有挽狂澜于既倒的伟力,但也可以为改变大学语文的现状尽一点绵薄之力。

解决"怎么教"的问题,关键在创新教学方式与方法。总的来讲,运用教学方式与方法,不能因循守旧,墨守成规,要不断改革创新,以适应教学实际,与教学内容相匹配。讲课,不讲究方式、方法不行;过于追求方式、方法,华而不实,花拳绣腿,也不行。现实的诱惑太多,影响着学生的向学之心,有时难免"心有旁骛"。教师们普遍感慨:课越来越难上了。专业课,难上;大学语文这类通识课,更难上。即使是名教授,在课堂上有时也是一脸无奈的苦相,心中多有难言之隐。上课时也不得不时常"借题发挥","添油加醋",有时甚至是"插科打诨","仿佛相声里的'抖包袱'"[①]。照本宣科,学生不买账;花样翻新,又有哗众取宠之嫌。

大学语文课,为什么总是让学子们黯然神伤?教师讲授得单调、乏味、干瘪,是其中的重要原因。学生上大学语文课,往往是为了获得精神上的愉悦和满足,吸引学生上大学语文课的,是因为能愉悦感官,获取知识,而不是聆听说教,接受训导,"寓教于乐"是重要的教学规律。要做到"生产快乐",关键在于课堂讲授方式与方法的转变。

第一,课堂讲授要秉持亲近的原则。居高临下、硬邦邦的说教,不能使学生入耳入心,反而会使学生昏昏欲睡。虽然大学语文教学改革已经呼吁多年,但无非是在一个小的圈子里小打小闹,收效甚微。大学语文教学讲什么固然非常重要,而怎么讲,秉持什么讲授原则,也同样重要。秉持什么讲授原则呢?摒弃喋喋不休的、故作深沉的一味说教,秉持亲近的原则,时刻保持对现实生活的敏锐观察和主动贴近。

第二,课堂讲授应该抛弃老生常谈、平铺直叙的做法。长期以来大学语文教学形成了一套固定的教学模式:解题、介绍时代背景及作者、划分段落、分析课文、归纳中心、讲解写作特点、布置练习。凡此种种,单独看均各有其存在的合理性,用之于一些课文的教学也不无收效。但是,篇篇如此,课课如此,教学方式逐渐固化、公式化,形成了固定的套路和模式,则有违教学规律,损伤学生的学习积极性。

如何摆脱这种困境呢?就是要打破现有模式,在讲述方式上,要求有悬念,用"故事化"的讲述方式重新解构课堂教学,按照"戏剧化"的结构来制作每一堂课。用悬念隔断、牵引,使讲述方式不再平铺直叙。

第三,课堂讲授要注意当代性,教学语言在严谨之外还要亲和、有生趣。有人

[①] 葛兆光.中国经典十种[M].北京:中华书局,2008:192-193.

说,任何一部当代人写的古代史都可以看作当代史。我们也同样认为,任何一部古代经典也都具有当代性。保持对现实生活的敏锐观察,主动去贴近当代生活,是教学活动不变的宗旨。虽然时光渺远,天地阻隔,但是人心是相通的,古代经典完全可以做出现代阐释。

课堂用语是否得当,是否精彩,关系着教学质量的好坏。教学语言多强调其严谨的一面,但它也有亲和、富有生趣的一面。用贴近当今青年学子的语言讲述,自然会拉近教师与学生的心理距离。说历史,讲文学,只有严谨之美还不够,还要趣说、妙解,给人以愉悦和深刻之美。

第四,课堂讲授要"不求甚解",点到即可,开启心智。表面上看,这是教学方法问题,实质上是对教学话语的选择,对教学内容的删汰。在我们初登讲台时,经常会听到一句意味深长的教导:讲深、讲透,一时间把"讲深、讲透"奉为法宝,认为不讲深、不讲透,学生就掌握不好,理解不透。后来逐渐发现,在有限的时间内,把繁多的内容讲深、讲透,简直就是妄想。假如真的能"讲深、讲透",那么也就缺少回味的余地,没有了朦胧含蓄之美,遏制了学生进一步探究的兴趣。何况许多文学作品意蕴丰厚,有时是"令人费解",无法"透彻"讲授的。

"不求甚解",是说教师不要把知识"嚼"得过烂,不要热衷于在具体的字句上"咬文嚼字",要领会要旨,切忌烦琐。自从陶渊明的一句"好读书,不求甚解",便引出阅读史上"求甚解"和"不求甚解"的千年"诉讼案"。笔者不想对此做出最终裁判,但课堂讲授也期望学生能像陶老先生那样有几分会意、几分欣喜。

教师授课点到即可,不是泛泛而谈,而是做到难易适合学生的理解能力,繁简符合课时的限度。讲得太深、太专业,则失之艰涩;讲得太浅、太业余,则失之滥俗。讲授内容的选择,既要体现一定的学术性,又要有较强的趣味性,力求雅俗共赏。求深入,却不故弄玄虚;谋浅出,却不肤浅单调。

教学要开启心智,这是关键所在。教课不能没有启发性,可以反驳成说,可以抒发己见。教师的观点也许乍听出乎意料,细细一品,却持之有据。平庸是讲课的大忌。带着"问题意识"与激情走进课堂,教师的讲授一定会使学生感到如饮甘霖,又似醍醐灌顶,其酣畅、愉快,可想而知。

三、能不能"教"与写作教学的特殊性

尉教授在文章中说:"一个人的写作能力不是单靠语文教学就可解决的。"他还认为,像科技写作教学,要结合相关专业教学进行,而"不是大学语文的任务"。[①]尉教授的意思是说,作为大学语文教学任务之一的写作,是不能在大学语文课堂上

---

① 尉天骄.大学语文:教什么与怎么教[C]//王步高.大学母语教育的现状及其对策研究——全国大学语文研究会第十一届年会论文集.南京:南京大学出版社,2007:319,320.

教的。写作不能教的观点,很早就有。担任西南联大中文系主任的罗常培以及20世纪50年代担任北京大学中文系主任的杨晦,就都有"中文系不培养作家"的名言,说的就是写作不能教。潘新和也认为,言语表现的能力(潘先生指的主要就是"写作"能力)"不是'教'(传授、教导、训练)出来的"①。写作不能教的说法,无疑是把写作神秘化,对写作学习无益,对写作教学的开展则是妨碍。

写作到底能不能教呢?陈平原在钩沉沈从文在西南联大讲授"各体文习作""创作实习"两门课的情形后,得出结论:"关键不在'写作'能不能教,而在谁来教"②。笔者十分同意陈平原的观点,但其做法有点"奢侈",因为不是任何大学都能请到名作家教写作的。

写作为什么可以教?因为写作和其他课程一样,是一种能力的培养与训练。陈平原说,教育的本意是"训练"③。写作教学是为大学生确立书写"规矩"的训练,操作性极强,极具可教性。至于学生将来在写作上能否出神入化,妙笔生花,很大程度上则要靠其自身的悟性与天赋。

《孟子·尽心下》说:"梓匠轮舆,能与人规矩,不能使人巧。"④制作车轮、车厢的木匠,能教给人一般的方法,却不能教给人高明的技巧,因为高明的技巧要自己去领悟。写作与制作车轮等工作有某些相似之处,也是一种技能的训练。

说写作能教,是说可以教给学生以写作的"规矩",指示写作入门的途径,但也不要以为教师在讲授一定的作文方法和技巧后,学生不发挥主观能动性,不思考钻研,不刻苦努力,就可以生"巧",就能够写出美妙的文章。写作教学有着特殊的规律,即在写作指导中,教师只能授之以"规矩",但不能使人"巧"。规矩、法度可以表述为某种理论,传之于人,但是巧拙问题,全在学生本人。

不能仅仅根据教师一次或几次的指导,学生的写作仍没有提高或提高不大的情况,就否定写作是可教的。因为教写作和教手工艺技巧一样,都只能教会人规矩与法则,不能教会人如何达到"巧"。学生在教师的指导中得到的,只是写作的规矩与法则,而获得这些规矩与法则,仅仅是写作的及格水平,要想真正使文章"巧"起来,关键还要靠自己勤奋努力地去摸索、去领悟。教育的过程,不会随着"教"的终结而结束,还要有学生"学"的延续,即熟练以至生"巧"的过程。写作教学也是如此。木工、车匠能把运用圆规和曲尺的方法传给他人,却不能使他人也像自己一样灵巧自如。要达到技术上的纯熟精湛,只能亲自实践,用心去体验。寄希望于教师的写作指导就能够一蹴而就,立竿见影,这不现实。写作要达到"巧",要有一个不断提升、逐渐完善的过程。这是写作教学自然发展的结果,也说明写作是能

---

① 潘新和.语文:表现与存在[M].2版.福州:福建人民出版社,2017:824.
② 陈平原.作为学科的文学史:文学教育的方法、途径及境界(增订本)[M].2版.北京:北京大学出版社,2016:157.
③ 陈平原.读书的"风景":大学生活之春花秋月[M].北京:北京大学出版社,2012:284.
④ 杨伯峻.孟子译注[M].北京:中华书局,1960:326.

"教"的。

英国哲学家波兰尼把人类的知识分为两种:显性知识、默会知识。[①] 显性知识是可以编码的,可以存储在典籍中代代相传;它的学习和掌握,主要靠听讲、阅读、理解、记忆、复述。默会知识是一种不能准确编码、不能系统表述的实践性知识,存在于个人的体验和经验之中。默会知识的取得,需要"自得"——以主体的体验来获得认知,在学习中有所发现,有所创新。写作能够生"巧",默会知识在其中起着潜移默化的作用。写作教学何尝不需要这样一个"自得"的过程呢?

"教什么,怎么教"的话题,到此暂告结束。虽然卑之无甚高论,却希望抛砖引玉,引出业界高手的鸿篇大论。

---

① [英]迈克尔·波兰尼.个人知识:迈向后批判哲学[M].许泽民,译.贵阳:贵州人民出版社,200:176.

线上线下整合的大学语文金课建设探究

王桂宏[①] 尹春霞[②]

摘要：要培养百年变局中堪当民族复兴大任的时代新人，高校务必打造具有高阶性、创新性和挑战度的金课。大学语文在落实立德树人根本任务中发挥着培根铸魂的作用，在全面提升学生的课程学习能力上起着打底、奠基作用。建设高质量大学语文金课可从以下几方面着力：以学为本，设计课程内容体系；确立明德成人的课程学习目标；采用双线组元、活动整合，编排课程内容；遵循以文化人、以学成人的教育原则；探索整体化、情境化、深度化的教学策略；构建线上线下开放融合的全新课程形态。利用各类型金课辅助开展课堂教学时需注意：线上金课于课堂教学而言实质上属于课程资源；线上线下整合，一体化设计课堂教学；把握教学情境的选择链接策略、认知思维的可视化呈现策略、学习过程的深度互动策略等，以达成大学语文深度学习的效果。

关键词：大学语文；金课；线上线下整合；深度学习

2018年6月，教育部召开以"新时代中国高等学校本科教育"为主题的工作会议，亮出"高教大计、本科为本、本科不牢、地动山摇"[③]的口号。自此金课成为本科教育改革中的热词。什么是金课？为什么要推进金课建设？如何建设大学语文金课？课堂教学中线上线下如何有机整合？这一系列问题需要我们去探讨、去实践、

---

① 王桂宏：沧州师范学院文学院教授。
② 尹春霞：沧州师范学院文学院副教授。
③ 中华人民共和国教育部.坚持以本为本 推进四个回归 建设中国特色、世界水平的一流本科教育[EB/OL].（2018-06-21）. http://www.moe.gov.cn/jyb_xwfb/gzdt_gzdt/moe_1485/201806/t20180621_340586.html.

去解决。

一、什么是金课

所谓金课是教育部对优质课程的一种形象化描述，它要求"各高校要全面梳理各门课程的教学内容，淘汰'水课'、打造'金课'，合理提升学业挑战度、增加课程难度、拓展课程深度，切实提高课程教学质量"[①]。吴岩司长将金课特征概括为高阶性、创新性和挑战度。

也就是说作为本科人才培养核心要素的课程，教学质量不能停留在传统的教师即课程的随意随缘层次，教学方式也不能局限在单凭教师一张嘴，年复一年，"汤汤水水"漫灌的告知讲授式，而是要紧跟时代对创新人才的需求及个人全面发展的需要，持续提质增效。高阶性强调的是，课程教学不是学科知识的传授识记，而是学科思维的认知刷新。要有机融合知识、能力、素养，巧妙设计学习情境及学习活动，培养学生解决复杂问题的综合能力和高级思维。创新性强调的是，要吸纳学科前沿及新成果，引导学生运用学科基本知识、原理，进行自主合作探究，创造性地解决专业问题。挑战度强调的是要在学习上给青年大学生适当增负加压，让他们踮起脚尖、甚至跳起来去摘果子。

因此推进金课建设，最直接的目的就是以课程的高阶性、创新性、挑战度重新点燃、激发学生的学习热情，引发学生体验、探究包括学科知识在内的外部世界，获得自主解决复杂问题的成就感和自信心，进而在学习对话、反思追问中，丰盈自我精神世界，提升学科核心素养，成长为全面发展的人。

二、如何建设大学语文金课

大学语文作为学习祖国语言文字的综合性、实践性课程，在落实立德树人根本任务中发挥着培根铸魂的作用，在全面提升学生的阅读理解、思辨表达、问题解决等能力上起着打底、奠基的作用。顺应信息技术革命带来的课程形态、学习环境、学习方法、评价模式等新变化，建设高质量大学语文金课，助力学生形成适应个体终身发展和社会创新发展所需要的必备品格与关键能力，是培育百年变局中堪当民族复兴大任的时代新人的基建工程。实践中可着力从以下几方面做系统设计与探索。

（一）以学为本，设计课程内容体系

根据学生、学情，以学为本，设计课程内容体系，突出整合、升阶学生核心语用

[①] 中华人民共和国教育部.教育部关于狠抓新时代全国高等学校本科教育工作会议精神落实的通知[EB/OL].(2018-08-27). http://www.moe.gov.cn/srcsite/A08/s7056/201809/t20180903_347079.html.

素养在课程教学中的中心地位。既关照大学语文课程的价值期盼,又依循学习机理,关注学生的学习需要,激发其学习动机,精选学习内容,提供学习支架,优化学习结果。旨在有限学时内,为必将走向社会的大学生提供经典、实用的研习文本,搭建核心语用知识概念地图,激活其本真、鲜活的语用经验,刷新其大脑语用系统,进而有效整合、提升学习者运用汉语母语展开独立精神活动的意识与能力。助力知、言、行合一,培养同世界、同自我、同他人建构关系、展开对话的能力。

(二)确立明德成人的课程学习目标

大学肩负着为社会输送人才的任务,从大学语文课程学习的角度看,落实立德树人根本任务的最佳路径便是唤醒学习者的言语生命自觉。汉语不单是交流与思维的工具,更是文化之根、民族之魂,是每个中国人心智世界的建构物和创造物。把对主体精神世界的确认、中华文化基因的体认、思维认知的拓展、审美情趣的兴会,熔铸到提升祖国语言文字运用能力中去,借由汉字中蕴含的思想文化,经典中体现的生命情志,文本中呈现的表达范例,助力学习者在与经典文本的阅读对话中自我开悟,自我赋能,明德成人。进而在具有体悟性、反思性、建设性的语用活动综合实践中,"学得""悟得""习得"言语经验,升级言语智慧,把握阅读、体悟、思辨、审美、表达的语用逻辑密码,实现认知方式、视野格局、思想境界、情感态度、文化品位、审美情趣、问题解决和表达能力等的圆融提升。

(三)采用双线组元、活动整合,编排课程内容

按照主题阅读与认知支架双线组元,围绕"言语生命成长所需智慧",编排"大学之道""书香盈袖""道法自然""社会经纬""赤子情怀""智慧思辨""科学探索""诗意栖居"八个单元,精选中华文化经典、世界名著、名家名篇,从言语之道、阅读之道、体悟自然之道等八个向度,引领学习者理解中外经典,研习示例文本,循序渐进、互通圆融地夯实阅读经典、得体表达与精神成长的底子。单元后设语用活动综合实践,使语用能力的培育系统化、情境化、活动化。打通课堂内外、校园内外,打破文本阅读与言语交际、语文素养与职业汉语能力之间的隔阂,将对话、访谈、面试、申论、调查报告、学术论文写作等关乎学生未来人际关系、求职应聘、专业表达的语言形式列举出来,引导学生观察生活,剖析现象,探寻规律,提升提炼归纳信息、分析锤炼思想、准确表达见解、解决复杂问题的能力。

(四)遵循以文化人、以学成人的教育原则

文史哲不分的中华诗教及经学传统,是大学语文取之不尽,用之不竭的智慧渊薮。《礼记·学记》讲"君子如欲化民成俗,其必由学乎",孔子主张"诗可以兴,可以观,可以群,可以怨。迩之事父,远之事君。多识于鸟兽草木之名"(《论语·阳货》)。可以说中华诗教开辟了一条"观乎天文,以察时变;观乎人文,以化成天下"

《易经·贲卦·象辞》)的文化育人之道。经学传统则要求读书人原道宗经,通过格物致知、诚意正心、慎独修身,由明德不惑,到与天地精神共往来,进而齐家、治国、平天下。这些文质彬彬、顶天立地、精神自信、内圣外王的文化人是中华民族的脊梁。大学语文作为母语高等教育课程,几十年来在文学语言、文章语言、应用写作、通识教育、人文素质、传统文化、国学等之间摇摆腾挪,始终难以明晰自身学科定位,其根本原因不在于缺乏教育部一纸明文(这决定的是课程地位),而是由母语高等教育本就是为人的思维、语言、情感、态度、价值观等全面发展奠基这一课程特性决定的。因此汲取中华传统诗教及经学教育智慧,守正创新,以文化人,以学成人,可作为大学语文教育教学应遵循的基本原则。

(五)探索整体化、情境化、深度化的教学策略

国家提倡金课建设的初衷便是:提升学业挑战度、增加课程难度、拓展课程深度。改变以学科知识讲授为主的碎片化、静态化、机械化教学模式,探索适合大学语文课程内容的整体化、情境化、深度化教学策略,以教与学方式的改变带动认知方式、思维品质、语用素养等的迭代升级,是大学语文金课建设努力的方向。整体化教学策略强调的是引导学生探寻知识间的联系,对知识点进行结构化组合、系统化整合,从而帮助学生建构学科知识体系,掌握学科思维规律,提升学科核心素养。情境化教学策略关注的是知识活化并转化为素养的途径。它赋予抽象的语言文字知识以情和境,使之重新形象化、背景化、生活化、情态化、问题化,更易于激发学生兴趣,产生情感共鸣,触动其全身心投入地去感悟与思考,从而真正理解知识原理,提升分析解决问题的能力,生成交流表达的语用智慧。深度化教学策略旨在防止学科知识的浅层化和学生思维的表层化。它一方面需要教师自己速读、细读、深读每篇课文,对教材钻得深、研得透;另一方面还需要教师引领学生学得深、学得透,同时激发学生的个性思维和批判性思维。最终助力学生学会透过作品语言,去叩问文字背后的意义生成过程与规律;通过与作者、作品的思想对话,理解自我、他人与世界,探寻自我生命存在的价值与意义。

(六)构建线上线下开放融合的新课程形态

信息时代成长起来的年轻人,对阅读、学习的双向交互体验要求很高,传统的以纸质课本呈现知识、单向传输信息的方式已难以满足"数字原住民"的学习需求。"云-网-端"一体的数字化设备、智能化技术,突破了印刷媒体的局限,让纸质教材、多媒体课件、网络课程、音视频作品、教学资源库、服务支撑平台等各种媒介都有了呈现学习内容的机会,构建人机结合、线上线下融合的开放式、立体化课程形态,成为金课建设的技术标配。新形态大学语文金课综合考量学习者的需求,以建构核心语用知识体系、升阶言语生命语用智慧为中心,借助现代信息技术和媒体传播技术,将教学内容、教学资源以多种媒介、多种形态呈现出来,为教与学提供全方位、

个性化的支撑与选择,使不同空间、不同身份的学习者构成一个情境虚拟却语境真实的学习共同体,学习者可以自主选择教学资源,自由安排学习时间和空间,困扰大学语文的课时有限、班容量大、自主学习机会少、讨论交流不充分等问题,也许都可以找到解决方案。

三、线上线下整合的大学语文课堂教学实践反思

就目前中国高等教育而言,固定学校、固定班级、固定时间、固定教室、固定教师的课堂教学依然是人才培养的主要方式。虽然教育部把金课建设分成了线下金课、线上金课、线上线下混合式金课、虚拟仿真金课、社会实践金课五大类,但无论是哪种类型,如果这门课程落实到了人才培养方案中,成为学生必修的学分课程,那课堂教学终究是不可或缺的。因此如何充分利用各类金课,尤其是线上金课,辅助好课堂教学,使之持续产生实际教学效益,同样是金课建设中值得反复实践、探索、反思的一环。

(一)线上金课于课堂教学而言属于课程资源

线上金课的特质在于开放、共享,它为每一个想学习、爱学习的人,提供了无关乎高校、无关乎学历、无关乎年龄等条件限制的平等学习机会,是高校学子与社会用户无差别的自学自取的知识充电站。主讲教师上传大量视频、文本、图片、音频等教学素材供学生选看、选学,平台也可积累学习者的作业和发言,生成大量学习资源,但视频教学的实质还是教师的一言堂,是以学科知识、策略方法的集中告知式讲授为主,这些可以为线下整体化学习、自主学习、项目式学习等提供知识理念、技术工具等认知准备,但却无法替代线下课堂的情境观察、活动体验、互动对话。对于大学语文教学而言,如果没有师生、生生沉浸于课堂真实语境中的阅读理解,进行思想交流、观点碰撞,有难度、有挑战度的高阶性、创新性深度学习很难真正发生。因此如果以课堂为中心组织教学,那线上金课实质上属于这堂课可资利用的课程资源。

(二)线上线下整合的一体化课堂教学设计

如何充分利用线上金课知识讲授系统精要、学习内容可自主选择、学习进度可自我调节等优势,助力大学语文课堂实现因材施教、多元对话?采用整合的理念系统考量、科学设计课程教学活动,让课程内容与真实生活中的语用实践建立紧密联系,在教学实施过程中把线上课程资源与线下教学内容、方式、教学评价等有机结合,有效支持师生翻转课堂,开展阅读、思考、表达实践。具体来说就是课前、课中、课后一体化设计,课前,教师可结合时代热点、现实情境设计学习任务清单,驱动学生自主预习,到线上慕课中提问题、找答案,老师注意及时收集学生的疑难;课中,

围绕课程教学重点及学生的问题困惑,结合文本研读有针对性地开展问题研讨、情境假设、观点论辩、归纳总结、智慧分享等教学活动;课后,鼓励学生进行小组合作,基于项目去完成资料搜集、调查访谈、阅读写作等语用活动综合实践,同时滚动开启下一轮课前学习。让教师格外挠头的作品批改、学习习惯培养、学习态度评价等,都可以借助线上平台的大数据,线上线下的师生互动、生生互动,线下语用活动综合实践中的观察,在过程中生成分数、形成评价。

(三)达成大学语文课堂教学深度学习的关键策略

金课建设的根本目的是要改造学生的学习能力,把提高解答试题的能力转向提高解决复杂问题的综合能力,培养面对不确定的未来,勇于探究、善于创新的社会主义建设者和接班人。有研究表明,基于问题、基于项目、基于案例、基于探究等具有创造性和实践性的学习方式,能有效促进深度学习的发生。要达成大学语文课堂深度学习的结果,以下三个关键策略值得掌握。

1. 教学情境的选择链接策略

理解词语、辨析观念、酝酿情感……很多语文活动结合情境描述推展,效果往往会更好。积累选择情境素材,根据需要创设情境,善于把课程知识目标转化成情境中的学习任务,最能考验教师的功力。好的情境设计能激发学生主动探究的渴望,诱发认知冲突,挑战学生个体经验的局限。实践中可先从以生活情境链接学习内容开始,进而链接学科思维、科技前沿以及思想道德价值观等教育要素,引导学生在生活中学习,在学习中思考,在思考中升级言语智慧。

2. 认知思维的可视化呈现策略

语言表达能力的提升取决于认知思维的发展,指导学生在复杂情境中,运用已有知识经验,分析、解决问题,学会质疑、讨论和反思,是提升其核心语用素养的重要过程。学会利用思维导图、鱼骨图等可视化思维工具,让思维过程外显出来,对拓展学生的认知层次、提升学生的语言表达能力易见成效。

3. 学习过程的深度互动策略

学习过程能否激发学生强烈的学习动机,使他们主动阅读、自觉思考、分析问题、沟通交流、解决问题,是深度学习是否产生的标志。教师可通过设计富有挑战性的学习任务,激发学生与文本、与情境的深度互动;也可通过一对一个别指导,加深学生与教师的深度互动;还可通过小组研讨交流,增强生生之间的深度互动。

当前大学语文金课建设的情况并不乐观,从"中国大学MOOC(慕课)"上线的三门最能代表建设水平的国家一流课程看,基本还是按中国文学史脉络,或是"语言+文学""语言+文学+文化"的形式来组织课程内容,通过阅读鉴赏分析,陶冶学生思想情操,提高学生文化修养,健全学生人文品格。教学内容大多停留在"是什么"和"为什么"的通识教育层面,缺乏对文本的批判性阅读及现实语用情境中"如何做"的训练指导。笔者的线上课程尝试以学生发展为中心,直面真实交际语境中已然存在的阅读、思考、写作、口语交际等问题,探寻全面提升学生核心语用素养之道,虽然无知无畏地耕耘多年,但还是有很多问题需要扎扎实实去反思、去探索。

大学生母语能力形成性评价研究

张剑平 杨 丽

摘要：大学生母语能力评价提倡多元化的评价方式,即形成性评价和终结性评价,可制定大学生母语能力自评、互评表和教师评价表,从听力理解、口语表达、阅读理解、书面表达等方面,对大学生的母语能力做出科学、全面的评价。

关键词：大学生；母语能力；形成性评价

母语是指"一个人最初学会的一种语言,在一般情况下是本民族的标准语或某一种方言"。(《现代汉语词典》第7版,商务印书馆,2016年)。母语能力不仅包含人内在的语言能力与外显的语言知识,而且包含实际的、动态的语言运用和人际交流能力,一般认为包含四个方面的能力,即听力、口语表达、阅读理解和书面表达能力。能力标准则指在某一个领域必须达到的能力水平。本文所指的大学生母语能力标准,特指中国大学生的汉语能力标准。

学习评价是大学生母语学习的重要环节。客观、科学、准确、全面的评价体系既是教师诊断教学问题、获取反馈信息、调整教学方向和检验教学效果的有效方法,也是学习者调整学习策略、改进学习方法、提高学习效率和获得良好学习效果的重要依据。依据评价功能和方式的不同,学习评价一般可分为形成性评价和总结性评价。

---

① 本文为湖北省教育厅人文社科重点项目"中国大学生母语能力标准研究"(项目编号16D037)阶段性成果。
② 张剑平:湖北工业大学外国语学院副教授。
③ 杨丽:甘肃省陇南市武都区外纳初级中学教师。

形成性评价也称过程性评价,是指在教学进程中对学生知识掌握和能力发展的实时测评,包括对其日常学习状态、学习成果,以及所反映出的情感、态度、方法等多方面的发展做出的评价,是基于对学生学习过程的持续观察、记录、反思做出的发展性评价。形成性评价通常以非正式考试或阶段测试的形式进行。测试题目的编制应该涉及阶段教学的所有重要目标。形成性评价的时间安排应依据学习内容和学时灵活安排(定期、不定期),方便教师及时了解学生的学习进度,获得学习效果反馈,并随时调整教学计划、改进教学方法;同时,能使学生获得成就感,增强自信心,培养合作精神,更好地促进学生的学习和发展。为了保证形成性评价的客观性和全面性,可从学生自我评价、学生互评和教师评价三个方面开展评价。

一、学生自我评价

母语学习的自我评价主要是大学生对自己母语学习的态度、策略和效果及其关系的评价。这种形式的自我评价有助于学生培养学习责任感、调整学习方法、提高学习能力。教师(或教学管理部门)可以在自我评价测试内容中,设计以下内容:是否热爱母语和大学语文类课程;是否认真听讲,参与课堂活动是否积极;是否认真按时完成课内外(线上、线下)学习任务。自我评价的具体内容和时间频次可灵活安排。教师(或教学管理部门)可根据学生的具体情况制定评价表,指导学生按要求认真完成对自己的评价。大学生母语能力自评的具体指标见表1:

表1　大学生母语能力自评表

评价项目	自评
听力理解能力	
掌握母语的常用词汇,能够在日常交谈、讲座、新闻播报、电视节目中分辨同音词。	
在日常交谈、讲座、新闻播报、电视节目中听出语调、判断其句型和含义,听懂一段、一篇或者一章及更多内容,理解意义,并能理解其中阐述的事实或包含的抽象概念。	
养成认真聆听的习惯,理解他人讲话的主要内容并根据交际情境做出适当的回应。	
观看视听作品、阅读书籍之后,可以复述大意和精彩的情节。	
口语表达能力	
积极与他人进行交往,增强表达自信心,积极参与讨论。可以较为熟练地运用语调、声调、表情和手势,提升口语交际的效果。	

续表

评价项目	自评
在不同的交际情景之中,能为实现一定的交际目的,选择恰当的表达方式。	
能发表即兴演讲,演讲时思路清晰,材料丰富、生动,有说服力和感染力,比较具有个性化色彩。	
朗诵作品时具有较强的感染力。	
阅读理解能力	
能把握文本的整体内容和思路,概括重点;根据上下文理解句子和段落的意思,理解句子的复杂结构,领会、欣赏精彩的文字表达;在阅读中能发现问题,并结合文本进行分析和判断;能够尝试从不同的角度进行解读。	
根据自己的专业和兴趣选择阅读资料;结合自己的生活体验和知识储备,在阅读时主动积极地进行思考,培养创新思维,获得独特的阅读体验;尝试进行探究性和创新性阅读,培养和提高想象能力、思辨能力和批判能力。	
培养广泛的阅读兴趣,不断扩大阅读视野;在日常学习中能自主选择阅读材料,坚持读好书、读整本书;养成合作学习的习惯,乐于与他人交流、分享读书心得;年阅读量不少于120万字。	
书面表达能力	
熟练掌握常用文学文体和实用文体的写作规范与技巧,熟练运用叙述、说明、描写、议论、抒情等表达方式,并能进行综合运用,能自主修改文章。	
能根据个人特长和兴趣进行自主写作,表达有个性、有创意。	
注意语言的规范性,推敲、锤炼语言,表达准确、鲜明、生动。	
养成切磋交流的习惯,乐于展示和评价作品。	
能在40分钟内写出不少于600字左右的文章,自主写作每年不少于2万字。	

注:评价等级分为优、良、中、及格、不及格5等。

二、学生互评

学生互评就是学生之间对对方母语学习情况的评价。学生个体的母语学习存有差异,换位测评可以让学生了解自己在群体中的水平,使他们在与同龄人的比照中进一步了解和认识自己,有利于激发评价对象的竞争意识,对其母语学习产生激励作用。应鼓励学生积极参与互相评价,引导学生公正、客观地评价学习伙伴,开展多向交流,并做到取长补短。大学生母语能力互评的具体指标见表2:

表2 大学生母语能力互评表

评价项目	互评
听力理解能力	
掌握母语的常用词汇,能够在日常交谈、讲座、新闻播报、电视节目中分辨同音词。	
在日常交谈、讲座、新闻播报、电视节目中听出语调、判断其句型和含义,听懂一段、一篇或者一章及更多内容,理解意义,并能理解其中阐述的事实或包含的抽象概念。	
养成认真聆听的习惯,理解他人讲话的主要内容并根据交际情境做出适当的回应。	
观看视听作品、阅读书籍之后,可以复述大意和精彩的情节。	
口语表达能力	
积极与他人进行交往,增强表达自信心,积极参与讨论。可以较为熟练地运用语调、声调、表情和手势,提升口语交际的效果。	
在不同的交际情景之中,能为实现一定的交际目的,选择恰当的表达方式。	
能发表即兴演讲,演讲时思路清晰,材料丰富、生动,有说服力和感染力,比较具有个性化。	
朗诵作品时具有较强的感染力。	
阅读理解能力	
能把握文本的整体内容和思路,概括重点;根据上下文理解句子和段落的意思,理解句子的复杂结构,领会、欣赏精彩的文字表达;在阅读中能发现问题,并结合文本进行分析和判断;能够尝试从不同的角度进行解读。	
根据自己的专业和兴趣选择阅读资料;结合自己的生活体验和知识储备,在阅读时主动积极地进行思考,培养创新思维,获得独特的阅读体验;尝试进行探究性和创新性阅读,培养和提高想象能力、思辨能力和批判能力。	
培养广泛的阅读兴趣,不断扩大阅读视野;在日常学习中能自主选择阅读材料,坚持读好书、读整本书,养成合作学习的习惯,乐于与他人交流、分享读书心得;年阅读量不少于120万字。	
书面表达能力	
熟练掌握常用文学文体和实用文体的写作规范与技巧,熟练运用叙述、说明、描写、议论、抒情等表达方式,并能进行综合运用,能自主修改文章。	
能根据个人特长和兴趣进行自主写作,表达有个性、有创意。	
注意语言的规范性,推敲、锤炼语言,表达准确、鲜明、生动。	
养成切磋交流的习惯,乐于展示和评价作品。	
能在40分钟内写出不少于600字左右的文章,自主写作每年不少于2万字。	

注:评价等级分为优、良、中、及格、不及格5等。

三、教师评价

教师对学生评价的目的不仅在于考查学生完成课程要求的程度,还在于检测和改进学生的母语学习和教师的母语教学,改进课程设计和完善教学过程,从而有效地促进学生的发展。教师对学生的评价不应过分强调评价的筛选功能。教师应分析学生的测试结果,客观描述学生母语学习的进步和不足,并提出相应的改进建议。用最具代表性的事实来评价学生,应该优先考虑积极的评价,例如鼓励和赞扬,并尽可能采用激励的评语来引导他们向积极的方向发展。教师可以通过表3的评价表量化学生的母语能力,并给出建议。

表3 大学生母语能力教师评价表

评价项目	教师评价	教师建议
听力理解能力		
掌握母语的常用词汇,能够在日常交谈、讲座、新闻播报、电视节目中分辨同音词。		
在日常交谈、讲座、新闻播报、电视节目中听出语调、判断其句型和含义,听懂一段、一篇或者一章及更多内容,理解意义,并能理解其中阐述的事实或包含的抽象概念。		
养成认真聆听的习惯,理解他人讲话的主要内容并根据交际情境做出适当的回应。		
观看视听作品、阅读书籍之后,可以复述大意和精彩的情节。		
口语表达能力		
积极与他人进行交往,增强表达自信心,积极参与讨论。可以较为熟练地运用语调、声调、表情和手势,提升口语交际的效果。		
在不同的交际情景之中,能为实现一定的交际目的,选择恰当的表达方式。		
能发表即兴演讲,演讲时思路清晰,材料丰富、生动,有说服力和感染力,比较具有个性化。		
朗诵作品时具有较强的感染力。		
阅读理解能力		
能把握文本的整体内容和思路,概括重点;根据上下文理解句子和段落的意思,理解句子的复杂结构,领会、欣赏精彩的文字表达;在阅读中能发现问题,并结合文本进行分析和判断;能够尝试从不同的角度进行解读。		

续表

评价项目	教师评价	教师建议
根据自己的专业和兴趣选择阅读资料;结合自己的生活体验和知识储备,在阅读时主动积极地进行思考,培养创新思维,获得独特的阅读体验;尝试进行探究性和创新性阅读,培养和提高想象能力、思辨能力和批判能力。		
培养广泛的阅读兴趣,不断扩大阅读视野;在日常学习中能自主选择阅读材料,坚持读好书、读整本书;养成合作学习的习惯,乐于与他人交流、分享读书心得;年阅读量不少于120万字。		
书面表达能力		
熟练掌握常用文学文体和实用文体的写作规范与技巧,熟练运用叙述、说明、描写、议论、抒情等表达方式,并能进行综合运用,能自主修改文章。		
能根据个人特长和兴趣进行自主写作,表达有个性、有创意。		
注意语言的规范性,推敲、锤炼语言,表达准确、鲜明、生动。		
养成切磋交流的习惯,乐于展示和评价作品。		
能在40分钟内写出不少于600字左右的文章,自主写作每年不少于2万字。		

注:①评价等级分为优、良、中、及格、不及格5等;
②"教师建议"一栏中根据学生的情况给出相关建议。

当前形势下,建立一套科学、全面的汉语母语能力评价标准和测评体系,不仅能够为大学生的汉语母语素养培育提供检测与反馈性指导,而且可以推进大学语文等相关课程的教学改革,积极探索提升母语能力的有效途径,从而有效阻止大学生母语水平的下降趋势。同时,大学生母语能力评价应贯穿大学生母语学习的全过程,教师通过大学生母语能力形成性评价,加强对教学过程的指导、督促和检查,确保大学母语教学达到应有的效果。

参考文献

[1] 刘淑学,于亮.汉语语言能力标准制定刍议[J].江苏师范大学学报(哲学社会科学版),2013,39(5):84-87.
[2] 李德鹏.论我国公民语言能力的评价标准[J].理论月刊,2015(12):64-70.
[3] 余仁胜,杨卓,邱静远.汉语能力测评体系的构建[J].中国考试,2016(09):32-38.
[4] 郭明明.建构汉语母语能力测评框架的思考[J].考试研究,2017(05):83-88.
[5] 张洁.大学生汉语能力的培养与评价[J].黑龙江教育(高教研究与评估),2015(12):92-95.

以人文应用为导向的本科职业院校大学语文教学改革研究

彭 飞

摘要：大学语文具有助力本科层次职业教育改革的内在属性与动力，在本科职业教育蓬勃开展的大背景下需要以培养人文应用型人才为导向，遵循人文性与职业性、政治性与审美性、时令性与实用性统一的改革原则，通过修订教学大纲、编选优质教材、改进授课方式、改革考核方式等具体可行的方法，充分发挥大学语文作为基础课、公共课在本科职业院校教学过程中独特的作用，培养具有人文性和应用性的高素质复合型职业人才。

关键词：本科职业院校；大学语文；人文性；应用性；教学改革

一、引言

本科职业院校大学语文课程教学的人文性与应用性融合研究是较为新颖且亟待突破的学界热点议题。本科层次职业院校尚属新生事物，2019年1月，国务院印发《国家职业教育改革实施方案》，要求推动具备条件的普通本科高校向应用型转变，开展本科层次职业教育试点；同年5月，教育部批准15所新建本科高校为首

---

① 本文系2019年江西省教改重点课题"本科职业院校大学语文课程教学的人文性与应用性融合研究"（课题编号：JXJG-19-86-1，主持人：彭飞）、2020年江西省教育科学"十三五"规划课题"历史现实双重视角下江西高校诗教弘扬路径研究"（课题编号：20YB294，主持人：彭飞）的阶段性研究成果。

② 彭飞：南昌职业大学人文学院副教授。

批本科层次职业教育试点学校,截至2021年2月,新增至27所本科层次职业教育试点学校。根据教育部、财政部2022年建设50所高水平高等职业学校的规划,本科职业院校的规模在未来两年还将不断扩大。

早在1904年,中国第一个现代学制——"癸卯学制"即明确规定了大学国文课的设置。历时百余年,大学语文在当今高校仍然处于边缘和尴尬的位置。大学语文目前仅为隶属于教育学门类的一门课程,并未上升为独立的学科,相关教学大纲的设置、课程体系的构建、教材的选用尚无明确标准,从课程向学科转化仍然需要走很长的路。为配合《国家职业教育改革实施方案》,2019年7月30日,教育部职业教育与成人教育司发布《高等职业学校专业教学标准》,规定绝大多数高职专业要必修或选修大学语文课,属公共基础课。大学语文具有助力本科职业教育改革的内在属性与动力,在本科职业教育教学改革蓬勃开展的大背景下,亟须进行大学语文课程教学的人文性与应用性融合的相关研究。充分挖掘大学语文作为基础课、公共课在本科职业院校教学中独特的人文底蕴,培养具有人文性和应用性的,能够服务区域经济与社会发展的高素质复合型职业人才,为实现中华民族伟大复兴的中国梦贡献力量是大学语文教学的目标。

二、本科职业院校大学语文教学的现状与不足

(一)教材使用与教学目标不尽契合

现行大学语文教材林林总总,据全国大学语文研究会副会长何二元先生统计,各类大学语文教材迄今已有1500种之多,但由于本科职业院校尚属新生事物,目前尚未有契合本科职业院校大学语文特点的通用教材。相关高校大学语文教学多沿用高职专科阶段的教材,要么片面注重人文属性,以传统文学知识为主,采用一些重点大学中文专业教师组织编写的教材(如徐中玉版《大学语文》),或者将自认为重要的文学名篇整合成书,似一本文学欣赏刊物(如杜启蓉版《大学语文》);要么片面注重应用性,将大学语文教学内容仅分为职场沟通表达和职场文书写作两大模块,忽视了大学语文的人文审美性(如金秋蓉版《职业语文》)。以上两种教材的体例和内容都与教学目标不尽契合,片面注重大学语文的人文性或应用性,割裂了本科职业院校大学语文教学应该具备的人文性与应用性的统一。

(二)课程建设没有提到职业化改革系统工程的高度

我国对高端技能型专门人才的培养还处于探索阶段。本科职业院校的职业化教学改革如火如荼,但相关改革多集中在新建本科专业的专业课程,以强调其职业应用性,对大学语文等公共课的职业化教学改革的重视不够。本科层次职业院校教学改革是一项系统工程,只改革专业课,不改革公共课,是没有从本科层次职业

院校教学改革的全局目标出发进行考虑的表现。有的院校把大学语文从必修课改为选修课,课程只有1学期,周学时仅为2学时;有的院校不是以语文素养最深厚的教师担任大学语文教学工作,而是让缺乏大学语文教学的系统性培训的、从事高校行政工作为主的人兼授大学语文课。在授课学时短、师资力量不强的前提下,其课程改革也不像专业课程职业化改革那样有明确的任务和要求,改革意识和改革实践相对滞后,学生的积极性没有被激发起来,大学语文的应用性和人文性特质没能得到充分融合与发挥。

(三)教学研究及实践缺乏对大学语文教学改革的宏观整体把握

大学语文课作为文化基础课,其任课教师少有在理论上和教材建设上取得突破性成就的。虽然学界已经逐步认识到大学语文教学改革的重要性,但相关研究多局限于某一具体教学篇目和某一具体的专业性院校上;在大学语文教学与职业素养培养挂钩方面,相关研究仅停留在理论层面,缺乏对大学语文教学改革的宏观性、整体性把握,没有看到以培养人文应用型人才为导向的改革是相关高校大学语文教学改革的必然要求。在本科职业教育教学改革蓬勃开展的大背景下,充分发挥大学语文作为基础课、公共课在职业教育培养教学中的独特作用,开展人文性与应用性融合的研究已成为本科层次职业院校大学语文教学改革的必然趋势,我们大学语文老师应顺应这个趋势,扎扎实实做出成绩。

三、本科职业院校大学语文课程改革的方向:培养人文应用型人才

(一)人文性是大学语文的基础属性

从学科归属来看,大学语文在国家二级学科目录上属于教育学门类下的课程与教学论。教育部《高等职业学校专业教学标准》规定了绝大多数高职专业都必修或选修大学语文这一公共基础课。在高等职业学校大学语文课程教学体系中,人文性是大学语文的基本属性,是其必然要义。大学语文面向非中文专业的学生进行基础的高等语文教育,涵盖中国古代文学、中国现当代文学、外国文学等方面的内容。大学语文并非仅为中国语文,同时包含人类文化。在囊括古今中外文学知识之外,大学语文还注重培养当代大学生宽广的思想境界,同时加强人文精神的培养和对审美价值的深度理解。

(二)应用性是本科职业院校大学语文课程教学的必然要求

教育部高教司《大学语文教学大纲》指出:在全日制高校设置大学语文课程的

根本目的在于充分发挥语文学科的人文性和基础性特点,适应当代人文科学与自然科学日益交叉渗透的发展趋势,为我国的社会主义现代化建设培养具有全面素质的高质量人才。教育活动天然具有应用性或者功利性导向,尤其是在需要突出职业特色与实践技能的本科职业院校,应用性是本科职业院校大学语文课程教学的必然要求。应用性包括手段的应用性与目标的应用性两个方面:手段的应用性指培养学生的人文知识,人文精神,学生由此掌握可以作为谋生手段的实用技能,适应各类社会工作的技能要求,服务区域经济社会发展;目标的应用性即具备人文知识和人文精神的技能型人才将综合素质最终应用于实践工作所展现出的认真严谨的工作态度、灵活圆通的工作方法等,进而在周边甚至整个社会营造良好人文氛围。本科职业院校大学语文教育与中文专业教育的差别在于其知识结构与教学过程的普及性、综合性和实践性,因此相关教学绝不能简单移植中文专业的部分课程内容,而应注重听、说、读、写、用等实践能力与人文精神的训练和培养。

(三)培养人文应用型人才是本科职业院校大学语文课程改革的方向

20世纪90年代中期,教育部即定位大学语文为一门具有综合教育功能的学科,为集基础性、工具性、人文性于一身的素质教育课程。其中暗含着培养人文应用型人才的核心旨归,但长期未被发掘总结。在实际教学工作中,大学语文培养目标往往导向单一:要么以传统文学知识为主,片面注重人文属性;要么片面注重应用属性,将大学语文等同于应用文写作,割裂了大学语文教学应该具备的基础性、人文性与应用性的统一。在高等职业教育蓬勃发展的大背景下,亟须明确本科职业院校大学语文课程改革的方向,发展以人文精神为基础、以应用需求为导向、以实践能力培养为重点、以产学研用结合为途径的大学语文教学模式,培养人文应用型人才。而大学语文最突出的课程优势即在于其备选篇目资源丰富、内容多元,可以在注重文学审美性的同时,博采古今中外具有现实针对性与实践应用价值的名篇佳作,以和本科职业教育教学改革重实践、重应用的内在属性相契合。这也使得本科职业院校大学语文培养人文应用型人才的教学改革目标具备了理论与实践两方面的可行性。

四、课程改革原则与基本框架

《国家职业教育改革实施方案》明确指出:要把职业教育摆在教育改革创新和经济社会发展中更加突出的位置,以促进就业和适应产业发展需求为导向,深化办学体制改革和育人机制改革,持续更新并推进专业目录、专业教学标准、课程标准、职业实践标准在职业院校的落地实施。融合人文性与应用性的本科职业院校大学语文课程改革需要认真研读并梳理大学语文、高等职业教育相关的文件政策,在深入把握相关文件精神的基础上,明确本科职业院校大学语文教学改革的方向为培养人文应用型人才,优化教学内容并进行相关的教学改革。针对目前大学语文具体教学存在的实用性不强,教学与实践脱节这一问题,需要围绕本科职业高校办学定位及人才培养进行大学语文教学内容、教学方法、教学评价改革,以达到本科职业院校大学语文教学中人文性与职业性、政治性与审美性、时令性与实用性的统一。进而适应本科职业教育服务建设现代化和实现更高质量、更充分就业的需要,为促进经济社会发展和提高国家竞争力提供优质的人文应用型人才资源支撑。

(一)整合本科职业院校大学语文教学的人文性与职业性

大学语文教学改革需要整合本科职业院校大学语文教学的人文性与职业性,在实践的基础上进行教研、科研研究,找到大学语文的人文性与职业性的连接之点,契合之处,并进行相应改革。如通过对《论语》的学习,可以在研读其人文性的同时,深度探析儒家强调的人与社会的关系,明晰"半部论语治天下"的深层魅力,培养学生的人际交往能力与社会服务能力等;通过对《庄子》的学习,可以引导学生探析人与自然的关系,培养学生宠辱不惊、恬淡自然的良好品格,同时培养人与自然和谐共生的生态发展理念;通过对《孟子》《战国策》《国际大专辩论赛决赛辩词》的学习,可以通过其雄辩横肆的论辩艺术,培养学生的语言表达能力、逻辑思维能力、市场营销能力;通过对杜甫、范仲淹、岳飞等诗人诗歌的学习,可以在研读其人文性的同时,培养学生的爱国主义情怀;通过对《论工作》《赠与今年的大学毕业生》《致米兰大公书》等文章的学习,可以培养学生良好的就业心态和就业能力。

(二)兼顾本科职业院校大学语文教学的政治性与审美性

大学语文教育肩负着立德树人的重要使命,同时承担着培养学生语言文字运用能力、培育人文精神、传承我国优秀传统文化,培养德智体美劳全方位发展的综合素质人才的重任。在教材选取中需要兼顾本科职业院校大学语文教材的政治性与审美性。故而在教学、科研中,需要厘清本科职业院校大学语文教材的政治性与审美性的关系,并进行相应的教学改革。

(三)增强本科职业院校大学语文教学的时令性与实用性

古今中外优秀的人文作品大都有其时令性,故钟嵘《诗品序》说:"气之动物,物之感人,故摇荡性情,行诸舞咏。"如《兰亭集序》适合在暮春讲述,《前赤壁赋》适合在夏夜赏谈,《滕王阁序》适合在金秋教学,《沁园春·雪》适合在冬天朗诵。《水调歌头·明月几时有》在仲秋讲授更有情调,《江城子·龙阳观冬至作》在冬至学习更有韵味。因而在大学语文教材内容的选取中应更加注重教材内容的时令性,以使学生有明确的实用性认识,并在教学改革实践的基础上进行相关科学研究,构建本科职业院校大学语文教材的时令性与实用性内在的一致性联系。

五、融合人文性与应用性的本科职业院校大学语文课程改革路径

（一）修订教学大纲，建立统一完善的课程体系

《国家职业教育改革实施方案》指出：要完善学历教育与职业技能并重的现代职业教育体系，优化专业布局，建立健全师资队伍和教学教材建设、完善职业教育和培训体系，提升新时代职业教育现代化水平，为促进经济社会发展和提高国家竞争力提供优质人才资源支撑。目前我国职业教育体系建设尚待完善，职业本科院校大学语文课程标准多参照普通高校标准设置，职业属性不强。与中文学科任何一个二级学科相比，大学语文尚未建立完善的教学大纲，没有相对统一的课程体系。

本科职业院校的职业属性要求大学语文授课内容广博，涉及语言、文字、文学、文化与应用的一体化教学，需注重提高学生的阅读、思维、表达和综合应用能力，强调人文素质与职业素质的融合，为提高学生的文化素养和学好各类专业课程，实施通才教育奠定基础。内容多，任务重，标准不统一，且在教学实践中易产生偏离，故亟须修订教学大纲。新大纲要根据本科职业院校发展目标和社会现实需求对"大学语文"重新定位，对教学目的、教学内容、教学方法等各项指标提出原则性要求。倡导在阅读材料、文本选择或写作文体等方面结合院校、专业特点自主选择，鼓励多元化教学。具体来说，在课程性质方面，应将大学语文的课程性质从选修课程改为必修课程；在学时安排上，由于增加了人文性与应用性融合相关的内容，应相应增加学时，由1学期改为2学期，周学时由2学时增加为4学时，以改变目前大学语文学习浅尝辄止的现象。唯其如此，才能充分发挥大学语文教学的人文性和应用性交叉融合的特点，为我国的社会主义现代化建设培养具有全能素质的高质量人才。

（二）编选优质教材，融合人文应用性教学实践

教育部《职业教育提质培优行动计划（2020—2023年）》指出，要完善职业教育教材规划、编写、审核、选用、使用、评价监管机制，建立健全三年大修订、每年小修订的教材动态，更新调整机制，鼓励职业学校编写反映自身特色的专业教材。到2023年，遴选10000种左右校企双元合作开发的职业教育规划教材，职业学校专业课程全部使用新近更新的教材。现行的大学语文教材绝大多数无法将人文性与职业性整合为一个有机整体，故在教材选用上，应摒弃过于注重大学语文的文学性忽视其工具性、片面强调大学语文的工具性而忽视其人文性特点的教材，编写并选用符合本科职业院校特点的人文性与实用性相结合的大学语文教材。相关教材内

容需涵括三个方面:一是古今中外名著名篇赏鉴;二是语文表达能力培养,包括口语表达能力和语法应用能力的培养;三是思维能力提高与应用写作能力培养。应设法整合这三部分内容,以提高本科职业院校学生的文学审美能力、逻辑思维能力、语言表达能力和应用写作能力。在教学内容选择上尽量贴近实际生活,符合学生成为应用型人才的需要。教学中应突出重点和难点,发挥教师的主导作用和学生的主体作用,引导学生自主阅读和鉴赏作品,提高学生学习能力,不断提高学生综合素质。

相关大学语文教材应分上、下两编,上编供上学期使用,下编供下学期使用,以与教学大纲的学时安排相契合。内容应注重本科职业院校大学语文教材的人文性与职业性、政治性与审美性、时令性与实用性的统一。上编为春季教材,选取的人文性文章应尽量体现春、夏特色,以与教学的时间节点相契合,便于学生在喜闻乐见中学习、接受。选用的实用性文章及练习应以学习书信、演讲稿等实用文体写作为主。下编为秋季教材,选取的文章应尽量体现秋、冬特色。下册的实用性文章及练习应以论文写作、求职简历写作等需要理性思维的文体写作为主,同时应合理分配古今中外名篇及应用能力部分篇目的比例,以达到古为今用、洋为中用、学有所用的大学语文教育目的。以中国古代人文占25%,中国现当代人文占20%,外国人文占15%,应用能力提高所占部分以40%为宜。需要说明的是,相关教材需应用于本科职业院校大学语文实际教学,以在实践中检验其合理性。根据教学反馈结果进行进一步修改完善,以达到"实践—理论—实践"的深度融合与螺旋式上升。

(三)改进授课方式,深度践行"大语文"教学观

大学语文是为当代大学生人生打底色的重要课程,需要本着"古为今用,洋为中用"的学以致用原则,强调大学语文的社会功能,贯彻人文内涵、培养人文态度、塑造人文精神,注重国家民族意识的培养,体现中国传统文化以人为本、重道求善、中庸为贵的精神内涵,人与自然和谐发展的精神及求新求变的创新意识,以达到传承文化、提升品位、提高能力的作用。因而需要鼓励和吸引优秀的通才教师进入大学语文教学岗位,并改进授课方式,深度践行叶圣陶先生提出的"大语文"的教学观。

树立"大语文"的教学观不应局限于单一书本、固定课堂。要对教材进行大胆取舍、重组,更可以把教材之外的兼具人文性与应用性的优美篇章拉进大学语文教学之中,通过讲授法、讨论法、案例法、演示法、提问引导法和博物馆、文化馆、红色文化传承基地参观法、实习作业法等教学方法提高教学效果。教学方式亦应灵活多样,除讲授外可采用朗诵、演讲、辩论、情景剧表演、讨论甚至实地参观等多种教学形式。同时应采用现代化的立体教育手段,如可以组织学生观看具有文化传统、文化底蕴的《中国成语大会》《中国诗词大会》《朗读者》等电视节目,开展中华经典诵写大赛、诗文朗诵比赛、主持人大赛、全国大学生语文能力竞赛等高水平的语文

实践活动。通过凸显人文性的灵活教学形式创造有生命力的课堂，培养学生的创造性思维与综合应用能力，在声情并茂的情景中使学生得到熏陶和感染。

（四）改革考核方式，采用综合量化的过程性考核模式

融合人文性与应用性的本科职业院校大学语文课程需要考核方式有相应的变革，建立起综合量化的过程性考核模式。需要将传统的以检验学生对具体大学语文知识掌握情况为主的目标考核模式，转变为以注重平时训练与综合能力的培养为主，以目标控制为辅的课内课外结合的考核模式。同时学科的成熟不仅在于学校教育的规范程度，也在于课程之外、学校之外的社会影响和认可程度。为了加强整个民族特别是青年一代的文化素质，应借鉴职业教育培训的普遍做法，制定并实施强制性的国家大学语文考试标准，启动融合人文性与应用性的本科职业院校大学语文1＋X职业证书制度。

在改革学生的考核方式之外，相关高校需要建立大学语文任课教师考评新机制。王充《论衡·超奇》有言："能说一经者为儒生，博览古今者为通人，采掇传书以上书奏记者为文人，能精思著文连结篇章者为鸿儒。故儒生过俗人，通人胜儒生，文人逾通人，鸿儒超文人。"大学语文任课教师是融合人文性与应用性的"鸿儒"型教师，不能以"专才"标准，简单参照中文专业对教师相对狭窄的考评标准和办法，对大学语文任课教师的研究内容与领域过度干涉。相关高校在职称评审和评优评先等方面要进行政策倾斜，鼓励和吸引具备大格局、大视野、大气象的优秀"鸿儒"型教师进入大学语文教学岗位。

结　　语

大学语文是我国高等教育中一个比较特殊的学科领域，虽然设立时间比较早，但其学科的不成熟、地位的不确定、属性的不清晰是极其少有的。在职业教育蓬勃发展，本科职业院校日益增多，大学语文教学的重要性不断凸显的大背景下，以人文应用性为导向的本科职业院校大学语文教学改革的研究具有极其重要的意义。明确了培养人文应用型人才这一本科职业院校大学语文课程改革的方向，充分利用大学语文资源丰富、内容多元的课程优势，博采古今中外兼具文学审美性、现实针对性与实践应用价值的名篇佳作，使本科职业院校大学语文培养人文应用型人才的教学改革具备了理论与实践的可行性。

在课程改革原则与基本框架方面，围绕本科职业院校办学定位及人才培养开展的大学语文教学改革应遵循人文性与职业性、政治性与审美性、时令性与实用性统一的原则，修订教学大纲，建立统一完善的课程体系；编选优质教材，开展融合人文性与应用性的教学实践；改进授课方式，深度践行"大语文"教学观；改革考核方式，采用综合量化的过程性考核模式等可行性改革路径，充分发挥大学语文作为基

础课、公共课在本科职业院校教育中独特的深厚底蕴,提高学生的思想道德水平,培养人文精神,开阔心胸视野,锻炼文字运用、语言表达、逻辑思维、知识迁移、综合运用等多方面的能力。本科职业院校大学语文教学改革对扩大本科职业院校办学影响力,塑造具有人文性和应用性的高素质复合型职业人才,服务区域经济与社会发展,助力孔子学院海外职业培训及我国职业教育国际化发展,实现中华民族伟大复兴的中国梦有着重要的现实意义。

参考文献

[1] 张福贵.大学语文的学科地位与课程属性反思[J].武汉大学学报(哲学社会科学版),2021(2):25-31.

[2] 陈慧姝.基于职业核心素养教育的高职语文课程改革[J].中国职业技术教育,2019(20):32-37.

[3] 王云.教育转型视域下的《大学语文》教学改革探究与实践[J].教育教学论坛,2020(2):89-90.

[4] 邓滢.从"工匠精神"谈高职大学语文教学中的美育实施[J].现代语文(学术综合),2017(6):89-90.

[5] 陈洪.在改革中加强"大学语文"课程教学[J].中国大学教学,2007(3):16-18.

[6] 郭红玲.学以致用——科学定位应用型本科大学语文课程[J].语文学刊,2010(5):153-154.

[7] 孔庆东.大学语文的教学改革方向[J].中国大学教学,2006(7):20-21.

[8] 国家中长期语言文字事业改革和发展规划纲要(2012—2020年)[EB/OL].(2013-01-06). http://www.chinanews.com/cul/2013/01-06/4462831.shtml.

以《致傅聪》为例浅谈大学语文的教学策略
——从"兴发感动"说联想到的

颜 清[①]

摘要:"兴发感动"说是叶嘉莹先生提出的著名的古典诗词鉴赏与教学方法,虽然这一理论目前广泛运用于古典诗词的教学与鉴赏活动中,但对于现代诗歌、散文的教学而言,它一样有着非常重要的借鉴意义。在此指引之下,笔者对大学语文课堂教学方法进行了一些探索与总结,以期有效引导学生联系自身生命体验,产生情感共鸣,把作品内化成自己的东西,形成生命的感发。本文将以《致傅聪》的课堂教学为例,谈谈具体实施方法。

关键词:致傅聪;大学语文;教学策略;"兴发感动"说

古典文学研究专家叶嘉莹先生将"兴发感动"视为诗歌的主要质素,[②]注重情感共鸣在古诗词鉴赏中的作用,同时也吸收了西方接受美学理论,重视读者的参与。她说:"如果更能对诗歌中感发之生命的美好的品质作一种感性的传达,使读者或听者能够从其中获致一种属于心灵上的激励感发,重新振奋起中华民族在几千年的历史中藉诗歌而传承的一种精神力量,应该是一件极有意义的事。"[③]虽然这一理论目前广泛运用于古典诗词的教学与鉴赏活动中,但笔者认为,对于现代诗歌、散文的教学而言,它一样有着非常重要的借鉴意义。我们可以在此指引下,探寻大学语文课堂教学的有效途径。

[①] 颜清:湖北幼儿师范高等专科学校讲师。
[②] 叶嘉莹.迦陵论词丛稿[M].石家庄:河北教育出版社,1997:3.
[③] 叶嘉莹.迦陵论词丛稿[M].石家庄:河北教育出版社,1997:19.

《致傅聪》一文是华东师范大学出版社出版的《大学语文实用教程》中的选篇，节选自《傅雷家书》，是傅雷写给儿子傅聪的一封信。本文篇幅短小，字词理解上也不存在任何难点。因是家书，故而文字平实，时有真情流露。下面，笔者将以此为例，浅谈大学语文教学过程中对"兴发感动"说的探索。

一、从学生生命体验出发，细心寻找切入点

　　《致傅聪》这篇文章总共就两大段，傅雷在其中想要表达的观点也不难概括分析，但就是这样简单的文章才最是难讲，因为你不知道要找什么样的"点"去给学生讲。而在教学实践中，我会抓住能够让学生产生情感联想和共鸣的点去讲。

　　文章的开头，傅雷陈述儿子放假回来又离开，很多学生都是随意瞅一眼便草草带过。我会让学生停下来，仔细找一找，这三行里形容傅聪的都是些什么词，用在傅雷夫妇自己身上的又是什么词。学生很快发现，说傅聪用的是"新、工作、忙碌、变化"；而傅雷夫妇则是"静、单调、欢乐、忙乱、空虚、若有所失"。紧接着，我给学生描述了一个他们生活中非常熟悉的场景：快放长假了，父母天天打电话问你什么时候回去，想吃什么，在哪儿接你；回家之初你过着饭来张口，衣来伸手的天堂般的日子；等长假结束返校，父母又开始各种电话、微信嘘寒问暖，而此时的你已经"放飞自我"，每天只想和小伙伴愉快地玩耍，奔赴新鲜有趣的大学生活，根本不想搭理父母的唠叨。说到这儿，学生频频点头，纷纷诉说自己类似的经历，尤其当下因为疫情，有些学生长期宅家和家长"相看两生厌"。这时，我告诉他们，留学的傅聪和你们年龄相仿，心态其实也比较类似，作为年轻的求学者，外面的世界很诱人，一切都是新的、未知的，他充满了好奇和干劲。而他的父亲傅雷和我们的父母也非常相似，孩子不在家会想孩子，孩子在家也会觉得忙乱，当然也有欢乐，等孩子再次离家，又会期盼，觉得怅然若失。通过这样的引导，学生很快就能把自己的生活体验与经历带入文本，更容易产生理解与共鸣。

　　后文中傅雷谈及对儿子的爱，不光直言不讳地说"我爱你"，还称赞了傅聪的才华，说他像一件艺术品。此处我也请学生暂时停下来好好聊一聊、品一品。我问他们有没有在生活中听到过父母（尤其是父亲）像傅雷一样直接的表白，有几个人说有，但大多数说没有，还有人不无羡慕地说"这是别人家的爸爸"。而后我又问学生，对于一个十七八岁的青年而言，你希望得到的父母的爱是怎样的，和小时候你希望得到的爱有没有不同。很多学生都说他们希望少挨骂、得到尊重、获得支持，等等。显然，对于刚成年的大学生而言，最希望的是不再被当成小孩子看待，希望自己作为独立个体的价值和意义得到肯定与尊重，这跟我们儿时渴望的得到无条件的宠爱与庇护是不同的。傅雷口中所说的"我愈来愈爱你了，除了因为你是我们身上的血肉所化出来的而爱你以外，还因为你有如此焕发的才华而爱你……当作一件珍贵的艺术品而爱你"，正是这种尊重和理解的爱。通过这样的引导和比较，

学生渐渐发现傅雷作为一个父亲,和自己的父亲有着很多相似之处,但也有他的与众不同。

紧接着傅雷坦言自己步入人生的秋季,以及为曾经的争吵和儿子道歉。在这一部分,我同样引导学生联系自身经历来感受、理解。我同他们分享了我和我父亲的故事,我的父亲是一个非常在乎家长权威的人,即便有时候他察觉到他做了一个错误的决定,他也不会当着孩子的面承认他做错了,顶多事情过去很久之后或做点好吃的,或买点东西,以此缓和关系。说到这儿,学生纷纷表示"对对对""我爸就这样"等,我们不难发现很多父亲都是这样"好面子"的,这似乎也是一种中国式的传统亲子关系,尤其存在于父子之间。由此再来看傅雷,我们发自内心地觉得这个父亲能在儿子面前承认自己"步入人生的秋季",很多事力不从心,比不上年轻人,甚至直接跟儿子道歉,反思自己的不足,丝毫没有作为父亲的架子和家长包袱,多么难得。说到这儿,学生们再次感叹,这是"别人家的爸爸"。

文章中这样的点还有很多,我带着学生一一品读,调出我们自己的生命体验,发自内心地去感受,从而读出不一样的《傅雷家书》。对于很多学生而言,这是他们第一次真正走进文本,以心鉴心,仿佛抓住了一些什么,是和从前不一样的一次全新的阅读体验。

由此可见,在大学语文教学中我们可以借鉴"兴发感动"之说,重视读者的"在场",完成生命的感发。泰戈尔曾说:"教育的主要目的不在于解释意义,而在于去敲开那心之门。"在大学语文教学中,如何去敲开那心之门?教师可以有效引导学生联系自身生命体验,搭建学生与文本、作者的情感互通点,从而产生情感共鸣,做到将心比心、以心鉴心,将自己完全带入文本中去。在此基础上,学生能够从自己的角度深入理解文本的思想与情感,并将之内化,形成生命的感发,完成读者对文本的再创造。我们不期望仅以一两次课或一两个学期来完成这种生命的感发,这是一个长期沉淀、累积的过程,我们要做的是教会学生从这个角度、用这种方法,在一次次尝试与解读中,越来越熟练且轻松地找到文本与自己的共通点,从而提升自己的阅读与审美能力,丰富自己的情感体验与生命思考,最终内化成属于自己的精神力量。当然,要做到这一点,对教师也是有极高要求的。作为教师,必须进行大量的文本阅读,同时丰富自己的生命体验。在每一次备课时,面对不同的文本作品,教师不能以其昏昏,使人昭昭,必须自己先投身其中,然后才能打动学生。在此基础上,教师还应细致地体悟、挖掘出文本与学生之间的情感共通点,再用恰当的方式引导学生、开展教学。

二、从学生兴趣爱好着手,巧妙设计教学环节

课堂教学是一门艺术,有了好的内容和突破口还不够,还需要有巧妙的设计和不断打磨、精益求精的态度。而这种设计还不能让人看出生硬的斧凿痕迹,应尽可

能做到自然而然,行云流水,以免学生在带入时产生"违和感",唯有如此,才能帮助学生更好地融情于文,实现生命的感发。

  在这节课开始之前,我便一边和学生聊天,一边放了一首歌——《从前慢》。快上课了,和学生简单聊了聊背景音乐《从前慢》的歌词,它取材于木心先生的一首诗,其中有一句广为人知:"从前的日色变得慢。车,马,邮件都慢。一生只够爱一个人。"不少学生都表示对这句话很熟悉,或者很有感触。继而顺利地从《从前慢》过渡到"写信"这个话题,书信也是慢时代的产物,我问学生有没有写过信,给谁写过信。我本以为00后已经基本告别书信了,没想到很多学生都说写过,有的给朋友寄过信,有的是老师布置写书信作文,还有一些诸如情书、道歉信、给偶像写的信,等等。紧接着我问他们有没有和父母通过信,大多数学生都说没有。接下来,我就给他们放了一段视频,是中央电视台《信·中国》节目里的一封信。这封信是一位父亲写给儿子的,当时儿子李万君是一名电焊工,工作又脏又累,看到很多同学都转行了,他也想托父亲帮忙找关系转行。父亲回信中却说看到了儿子一个人在车间工作的样子,他说脏活、累活总要有人干才行,灯在太阳下并不能展现光亮,只有在黑暗里它才能散发光芒。正因为有了父亲的教导与鼓励,儿子最终坚守岗位,变成了一位技艺精湛,打造中国高铁速度的大国工匠。在视频观看中我没有说话,却在视频快要结束时,看到了满屏的弹幕,学生纷纷发着"泪目""感动"等字眼,还有学生把父亲鼓励儿子的那句名言发在了屏幕上。可以感受到,他们是真的受到了触动。

  通过这个视频,学生感受到了父母对孩子的教诲以及影响,也更容易联想到父母对自己的教导,在这样的情境之下,我自然地过渡到今天的课文《致傅聪》,这也是一个父亲写给儿子的信。这个时候再让学生去读课文,他们就不会如从前一般把傅雷仅看成一位已故的、距离我们相当遥远的翻译家,抑或是那个仅存在于课本中的冷冰冰的名字。此刻,他们很自然地接受了傅雷"父亲"的这个角色,他和视频中李万君的父亲、和每个人的父亲一样,就是一个对孩子千叮万嘱、寄予厚望的父亲。

  正所谓亲其师才能信其道,一个有距离感的老师显然无法让学生毫无保留地投入其课堂。大学的合班课堂人数众多,学生一周也只见老师一次,如何快速拉近彼此的距离呢?不妨在课前营造一个轻松愉快的聊天氛围:放下老师的"架子";找到与学生情感、经历的共通点;了解学生的习惯、爱好;寻找学生最为熟悉且喜欢的方式进行授课与交流。在这堂课的教学里,从课前的聊天、播放音乐到课上关于写信的交流、观看视频,看似是无心的过渡,实则是精心的导入设计。正是在这种轻松又不着痕迹且让学生很有话说的交流氛围之下,学生才能不知不觉卸下心防,自然而然地接受老师,融入课堂。而这种融入恰恰是我们授课的前提与基础,在此之上我们才能进一步引领学生将自己投入课堂、投入文本,继而联系每个人的自身实际,挖掘出独属于他自己的文本价值和意义,最终学有所获。

三、从课堂需求出发，巧用各种媒介

为了提高学生的参与度和学习积极性，帮助他们更好地调动个体生命体验融入课堂中来，在授课过程中，我也采用了一些现代教育技术手段。

譬如说全程使用"雨课堂"，全程开启匿名弹幕投屏功能。为了让学生大胆地、自由地表达他们真实的想法，我鼓励他们在课堂上多多发言，但是在传统课堂上，一节课学生发言的次数是有限的，而且有的学生因为胆小、和老师不熟悉、害怕同学嘲笑等诸多原因，不愿意在课堂上开口。可是匿名弹幕就不一样了，由于各大视频网站的兴起，弹幕成为学生们非常熟悉且喜爱的一种交流模式，随时都可以发表自己的观点且不会打断别人。最重要的是匿名功能给了学生一种安全感，让胆小的学生也愿意参与发言，让害怕自身观点过于小众的学生也能够各抒己见。只有先从鼓励每个学生用真心说真话开始，才能一步步引导学生做更为深入的交流和分享。在这节课的最后，我还根据文章内容设计了三个非常简单的选择题，每道题都派发了三个小红包，速度最快、正确率最高的学生能够抢到红包，借此给学生一点小小的刺激和鼓励。当然，弹幕上也呈现了狂欢之势，诸如"感觉错过了一个亿""×××直接发家致富""人傻手残我太难"等疯狂刷过。这节大学语文就在欢乐的抢红包中愉快地结束了。

随着信息化教学的逐步推进，老师们也慢慢形成了自己的教学模式和教学习惯。但是对于学生而言，长期局限于某一种模式，容易产生倦怠，降低学习热情。虽然我个人更倾向于以内容取胜，但必要的形式变化对于教学而言也是有益无害的。譬如说针对部分学生不走心、不愿发表个人观点的情况，匿名弹幕的形式正好可以鼓励和刺激他们，让学生们自由、大胆地说出心中所想；同时，匿名弹幕的真实性也能帮助教师更好地了解学生所想，在教学的任一环节中时刻掌握学生动态，及时调整授课内容、把控节奏；而且，有时也会有一些意料之外的惊喜，学生的奇思妙想以及随之而来的思维碰撞都将成为我们这节课宝贵的财富，而这些对于一个教师的成长来说，也是非常重要的。而随着学生逐渐参与其中并形成习惯，便可以鼓励他们进一步完整、大胆地进行口头表达，此时就可以更换授课平台与交流形式了。同时，针对学生底子薄弱、学习积极性不强等问题，可以偶尔设计一些简单的基础题，用抢红包等形式刺激并鼓励一下，增强他们的自信心和积极性，等等。总而言之，方法千万条，适用教学第一条，不能僵化地死守一种形式，要根据现有教学要求和学生情况不断调整变化。作为老师也不能有教学的惰性，不能仅依赖某一种平台或手段，而应不断探索、学习，随着学生需求与教学要求的变换而变换。

以上是笔者在教学实践中的一些摸索与感悟，如有不当之处，有待大家批评指正。

参考文献

[1] 叶嘉莹.迦陵论词丛稿[M].石家庄:河北教育出版社,1997.
[2] 林秀艳.叶嘉莹"兴发感动说"的理论内涵[J].湖北经济学院学报(人文社会科学版),2009(10):103-104.
[3] 王世立."兴发感动"与古典诗词教育[J].社会科学论坛,2010(6):53-56.

《最后一课》中韩麦尔先生的人格魅力对教育教学的启示

庞凤琴①

摘要：随着课程思政的广泛开展，教育对教学主体提出了更高的要求。教师不仅要在教育教学中贯穿"怎么培养人，为谁培养人，培养什么人"的思想，更要知行合一，用自身的人格魅力去影响学生，启迪智慧，激发情感，使学生真正学有所得。都德的《最后一课》中的韩麦尔先生怀着对祖国的挚爱深情，在教学过程中不失时机地把教学同激发学生情感结合起来，让学生在阅读教学中真正有所感知，从而达到教学的目标要求，为探究如何把教育情怀渗透到教学过程中提供了有效的文学案例。

关键词：教学主体；教育情怀；人格魅力；圆形人物

"语文教师不应仅仅是文章学、修辞学、语言学、考试学的分析家，甚至只是教材与教参的熟练操作者，而首先应该是文明的传播者，思想的启迪者，人生的导航者。"②教师要成为真正意义上的人文精神的体现者必须要有人格魅力做依托，用教师自身的人格魅力去影响学生，启迪智慧，激发情感。

古今中外爱国主义情感题材的作品不胜枚举，但《最后一课》别出心裁，既没有揭露敌人的罪行，也未直接描写法国人民的反抗，而是以普法战争中法国赔款、割让阿尔萨斯和洛林这一惨败历史为背景，通过阿尔萨斯省的一个小学生弗郎士在

---

① 庞凤琴：集宁师范学院文学与新闻传播学院副教授。
② 张晓梅，张英宏.初中语文新课程教学法[M].北京：首都师范大学出版社，2007：68.

最后一堂法语课中的见闻和感受，真实反映了沦陷区人民的悲愤，集中表现了法国人民崇高的爱国主义精神。小说从一个独特的视角入手，刻画了一个极富人格魅力的教师形象——韩麦尔先生，同时通过小弗郎士的变化也表现了爱国情感教育的效果。

一、韩麦尔先生形象的叙事学解读

"教师人格的内涵即教师在教育过程中所体现出的良好的心理品质及情感、合理的知识智能结构及个体行为对教育对象的影响力度。"[①]我国教育界普遍认为教师人格魅力应包含乐观开朗、有亲和力、有良好的道德修养、关爱学生、性格诙谐幽默、兴趣广泛等几个方面。现代中西方教育观念无论怎样变化、如何有差异，培养至善之人依旧是共通的教育宗旨，教师要激励、鼓舞学生向善。韩麦尔先生的形象也充分说明，教师首先应起到榜样示范的作用，而这种作用又是潜移默化的。

（一）韩麦尔先生的性格魅力

韩麦尔先生是小说中的重要人物，他的形象塑造得非常真实、具体，小说正是通过这一形象来表达主题的。小说运用第一人称视角叙事，围绕"我"（小弗郎士）的思想转变展开故事情节，又通过侧面描写，揭示了韩麦尔先生作为课堂教学主体的真实自然的性格特点。

按照福斯特的扁形人物和圆形人物的分类法，扁形人物在形象上具有固定的、单一的性格特征，圆形人物具有明显的多面性和复杂性。依此，小说中的韩麦尔先生应属于圆形人物，其多样性格并不单单通过叙述者或人物（小弗郎士）叙述出来，还有韩麦尔先生视角的叙述，通过多种方法塑造出来的韩麦尔先生的形象极具立体感。

从小弗郎士的视角来看，他一开始便担心去得晚，韩麦尔先生会骂他；从窗户望进去，看到韩麦尔先生胳膊底下夹着吓人的铁戒尺；走进教室，韩麦尔先生却温和地对他说快坐好。韩麦尔先生由严厉到温和的性格突变，是有其外在缘由的，这也印证了小弗郎士之前不好的感觉，也为小弗郎士的转变埋下伏笔。

韩麦尔先生也反思自己曾让学生浇花，他本人还爱好钓鱼，也曾给学生放假。从韩麦尔先生自己的话语中可以看出，课堂之外的他又是一位热爱生活、极具亲和力的老师。因其自责，韩麦尔先生的形象更加真实、自然；因其自责，韩麦尔先生对祖国语言的挚爱情感流露得更加充沛。

---

① 张晓庆.关于教师人格魅力的研究综述[J].文教资料.2015(17):84.

（二）韩麦尔先生的爱国情感

韩麦尔先生身上最具魅力之处就是他强烈的爱国情感。最后一堂法语课，韩麦尔先生特意"穿上了他那件挺漂亮的绿色礼服，打着皱边的领结，戴着那顶绣边的小黑丝帽。这套衣帽，他只在督学来视察或者发奖的日子才穿戴"。这个细节描写，既突出地表现了韩麦尔先生同祖国语言及工作了40年的地方即将诀别的悲痛心情，也显示了法兰西民族的尊严。

在小弗郎士的眼里，"我每次抬起头来，总看见韩麦尔先生坐在椅子里，一动也不动，瞪着眼看周围的东西，好像要把这小教室里的东西都装在眼睛里带走似的"。韩麦尔先生对祖国的爱也深深地感染着小弗郎士。面对祖国被占领的残酷现实，韩麦尔先生陷入了极大的痛苦之中，这种情绪也感染了小弗郎士。最后一课结束时，小说以韩麦尔先生的哽咽、动作，把韩麦尔先生强烈的爱国精神表现得淋漓尽致。

从韩麦尔先生的衣着、神态、语言和动作中，小弗郎士感受到了韩麦尔先生对祖国深深的眷恋，这最后一堂课取得了一种"此时无声胜有声"的教育效果。

二、韩麦尔先生的人格魅力对小弗郎士的影响

小说中的主人公是小弗郎士，韩麦尔先生是小弗郎士性格的塑造者，也是激发小弗郎士爱国情感的引路人。

（1）小说首先以独白式的心理描写，生动刻画出小弗郎士是一个稚气贪玩、不爱学习的学生。韩麦尔先生的严厉、自身的意志力使小弗郎士终于战胜了逃学的念头，这些也是小弗郎士思想感情变化的主要条件。小弗郎士经过镇公所时的心理活动，展示了他性格的另一侧面，即对侵略者的恨——"一切坏消息都是从那里传出来的"。这一部分中有两处为下文埋下了伏笔，一是小弗郎士心里想"又出什么事儿了"，一是小弗朗士意识到华希特的话是开玩笑，这都在文章后面得到了呼应，这一部分在直接描写小弗郎士的同时，也为下文凸显韩麦尔先生的爱国情感做了很好的铺垫。

（2）即将上课这一部分集中写了"不平常的严肃的气氛"。往日的喧闹变为出奇的安静，韩麦尔先生由一贯的严厉变为温和，而且还穿了难得上身的漂亮礼服。一向空着的凳子上坐着满面愁容的镇上的人，这种庄严、肃穆、悲愤的气氛是最后一课的前奏，由小弗郎士的眼光反映出来，这使得小说脉络清晰、线索分明，"最后一课"成为向祖国庄重告别的仪式。

（3）开始上课这一部分写了四项内容：宣布坏消息、上语法课、上习字课、学习历史和拼音。前三项是详写，后一项是略写，每一项都贯注着"我"的心理活动，即诧异、难过、懊悔、珍惜。心理活动的变化显示了小弗郎士在爱国主义情感的感召

下渐渐成熟起来。语法课部分,小说未直接突出讲授语法材料,而是着力写了韩麦尔先生的三段话及最后一课的含义——牢记祖国语言,"亡了国当了奴隶的人民,只要牢牢记住他们的语言,就好像拿着一把打开监狱大门的钥匙",这一句是全文的中心句,表现了法国人民不屈的品格,由此,全文的主题进一步得到了升华。

(4)散学这一部分。在小弗郎士的心里,韩麦尔先生的形象从来没有这么高大过。韩麦尔先生的哽咽、大写"法兰西万岁"后靠在黑板上说不出话来的一系列动作像一组特写镜头,把韩麦尔先生高大的形象定格下来。

小弗郎士对韩麦尔先生的感情也经历了由害怕到同情,由同情到崇敬,可以看出,课堂上的韩麦尔先生是一位严厉的好老师。可以说,没有韩麦尔先生的严厉,就没有小弗郎士的自律,没有韩麦尔先生爱国情感的影响,也就没有小弗郎士爱国思想的喷涌。

小说让韩麦尔先生从教育方面寻找法兰西民族落后甚至惨败的根本原因有其合理性,因为韩麦尔先生是从事教育工作的知识分子。习字课上,韩麦尔先生将"法兰西""阿尔萨斯"连成一体,反复表明了阿尔萨斯永远属于法兰西,小说将字帖比作飘扬的小国旗,形象地说明了爱国主义思想已经在课堂上播种、萌芽。以小弗郎士的视角,作者将对韩麦尔先生的神态与对金甲虫、鸽子、桌椅、树木的描写交织在一起,无不渗透着师生的爱国之情和亡国之恨。一笔带过历史课后,作者又将笔触伸向郝叟老头的激动情状,表现了听课者的心声。因此,最后一课成了一堂生动而深刻的爱国主义教育课,而且是极为成功的爱国主义教育课。它促使了小弗郎士这样的民族未来希望的成长,使其心头飘扬着法兰西的国旗,它还促使了郝叟等一大批阿尔萨斯人的觉醒。最后一课的课堂是深沉、悲愤的民族情感的融汇点和共鸣场,鲜明地表达了小说的主题。

三、韩麦尔先生的形象对教育、教学的启示

中学语文教材选篇中不乏极具人格魅力的教师形象,给予鲁迅先生无私关怀和不倦教诲的藤野先生,《再塑生命》中的安妮·莎莉文老师等。19世纪后半叶,法国杰出小说家都德在《最后一课》中塑造的韩麦尔先生,以其人格魅力让想逃课的小弗郎士深深感受到了法兰西民族语言的魅力,感受到了一种深沉的爱国主义情感。毋庸置疑,《最后一课》对探究如何把教育情怀渗透到教学过程中提供了有效的文学案例。

教师的职责是"传道、授业、解惑",语文教学的目的在于把文中作者的写作意图和思想感情充分挖掘出来,把作品的精华摆在学生面前给他们看,使其身临其境,从而打动学生的心、触动学生的感情。

对学生进行思想教育,不能简单地认为教师怎样讲,学生就应怎样做或者讲一些不切实际的空洞道理。教师应以积极、健康的语言去开启学生的智慧,挖掘学生

的潜能,引导学生自觉分析问题、思考问题、解决问题。只有让学生直接参与其中,才能达到自我教育、自我提高的目的。

苏霍姆林斯基对教师曾有过很好的建议:"道德标准只有当它们被学生自己去追求、获得和亲身体验过的时候,只有当它们变成学生独立的个人信念的时候,才能真正成为学生的精神财富。"[1]《最后一课》中,韩麦尔先生怀着一种对祖国的挚爱深情,又不失时机地把语言教学同激发学生的爱国情感结合起来,让学生真正有所体验,从而受到感染。《最后一课》中,小弗郎士最后表示,"真奇怪,今天讲的,我全懂了",教学目标全部得以实现。

反观我国语文教育,韩麦尔先生最后一课的教法,对新时代新课标下的识字、阅读教学研究不无启示。

在《内蒙古西部地区农村中小学语文教学现状调查》课题调研中,笔者了解到在《最后一课》的教学过程中,多数老师能够利用课文中的情节,不失时机地进行爱国主义教育。有的介绍历史上港澳被侵占后,受到殖民文化的侵略,殖民地文化繁衍的现象;有的介绍抗日战争时期东三省沦陷后,广大人民深受奴役的事实,先把学生的情感调动起来,之后再阅读文本,抓住朗读和语言教学这两个环节,把引导学生朗读、激发学生的爱国情感与品味语言结合起来,让学生去感受、去体验,让学生在朗读和品味中受到熏陶和感染。然而也有个别老师在教学中仍游离于作品情感之外,对作品进行生硬的肢解。

《最后一课》中韩麦尔先生反思:"你们的爹妈对你们的学习不够关心。他们为了多赚一点儿钱,宁可叫你们丢下书本到地里,到纱场里去干活儿。"韩麦尔先生所说的情形似乎也是我国部分农村地区常见的现象,如内蒙古西部地区农村,经济落后,家长对学生关心不够,学生的阅读量也非常有限。笔者在课题调研中发现,有25.6%的学生只读课本,32.5%的学生课外阅读书籍只有5—10本,拥有5本以上书籍的学生只占17.1%,可见课堂教学优劣对学生具有至关重要的影响,68.1%的学生认为课本所选的文章非常好,而在教学过程中,由于升学的压力,只有13.5%的教师注重文本教学,更多的教师只注重阅读技巧的训练,忽视对学生情感的熏陶,这样的现象极不利于新课标教学目标的实现。[2]

总之,新课程理念下,教学中的情意因素应该被提高到一个新的层面来理解,它强调情感、态度、价值观必须渗透到课堂教学的内容中去,成为教学过程的灵魂。语文教师不应仅仅是实施教育意图的工作者,更应以丰富的情感投入到课堂教学中,让学生从中受到熏陶、感染、启迪并有所感悟,学生的潜能和创造性才能得以充分发挥。

---

[1] [苏]B.A.苏霍姆林斯基.给教师的建议[M].赵聪,译.长沙:湖南人民出版社,2021:100.
[2] 石秀峰,郝建国.内蒙古西部地区农村中小学语文教学现状分析与对策研究[J].集宁:集宁师专学报,2007(3):83.

参考文献

[1] 张晓梅,张英宏.初中语文新课程教学法[M].北京:首都师范大学出版社,2007.

[2] [苏]B.A.苏霍姆林斯基.给教师的建议[M].赵聪,译.长沙:湖南人民出版社,2021.

[3] 张晓庆.关于教师人格魅力的研究综述[J].文教资料.2015(17):84-85.

[4] 申丹,王亚丽.西方叙事学:经典与后经典[M].北京:北京大学出版社,2010.

[5] 覃万金.提升教师人格魅力 营造高效和谐课堂[J].中学教学参考,2020(1):86-87.

[6] 石秀峰,郝建国.内蒙古西部地区农村中小学语文教学现状分析与对策研究[J].集宁:集宁师专学报,2007(3):78-85.

第二章 教材与教法

王妍：对《四书章句集注·大学》的教学建议与文本解读

刘颖：对《永别了，地坛》的教学建议与文本解读

对《四书章句集注·大学》的教学建议与文本解读

王　妍[①]

[教学要求]

1. 理解中国传统大学之道的三个层次目标,明确达成目标的路径与方法。
2. 体会《大学》的说理思路,学习运用《大学》的思维智慧解析现实问题。
3. 端正未来人民教师的学习目标并认清实现的路径。
4. 熟读并背诵课文。掌握文章重点字句的含义,揣摩其蕴藏的丰富内涵。

[教学建议]

1. 采用细读法和问题法,引导学生(初中起点五年制小学教育免费师范生)认真读课文,深入理解《大学》中的"三纲""八目",理解这些内容之间的逻辑关系。
2. 采用讲授法,让学生理解文章中的思想内涵,探讨这些思想的现代意义。
3. 采用情景表演法,让学生在实际的情景对话中体味朱熹的语言,从而更加深入地理解儒家文化的思想内涵。

[文本解读]

一、预习任务

学生课前观看中国大学慕课平台上的沧州师范学院"大学语文"课程第一单元《大学》一节,自主学习视频中的内容。

---

① 王妍:沧州师范学院文学院讲师。

二、学情调查

问题设置:我们学校的校训是什么?是否知道每个词的出处?

校训"明德博学,知行日新","明德""日新"出自本篇文章《大学》的"大学之道,在明明德","苟日新,日日新"。"博学"出自《中庸》对学习过程的描述,强调学习者要"博学之,审问之,慎思之,明辨之,笃行之",缺了任何一个环节都算不上真正的学习。"知行"最早见于《尚书·说命》,"非知之艰,行之惟艰",意为知晓一个道理不算难,真正难的是做,即付诸实践。明朝思想家王阳明在其《传习录》中明确提出"知行合一"。

三、关于课文

(一)课文精讲

学生齐读课文,回答何为"大学之道"。

文章开篇用了三个"在"字,串起"明明德""亲民""止于至善",指出了何为"大学之道"。这是一个从自我到社会、从认知到行动,逐步提升的三个层次目标。

"明明德",第一个"明"是动词,表发扬、弘扬之意,第二个"明"则为形容词,"明德"即光明正大的品德。"在明明德"就是要弘扬人内心本来的优良品德。

所谓"明德"的状态,《道德经》描述:"含德之厚,比于赤子。蜂虿虺蛇不螫,猛兽不据,攫鸟不搏。骨弱筋柔而握固。未知牝牡之合而全作,精之至也。终日号而不嗄,和之至也。"[①]刚出生的婴儿,毒虫不咬、猛兽不扑,哭一整天都不会哑嗓,精气充沛和顺,能与天地万物相通达,处于得天独厚的明德状态。但是赤子在成长过程中受家庭、环境等影响,逐渐为外物、人欲所蒙蔽,泯然众人。所以八岁之后,小孩要入小学重新开蒙去蔽。这种主张与儒家主张的"人性本善"不谋而合。人在出生时不是恶的,之所以在成年后变成道德败坏之人,是后天的家庭以及社会环境的影响。朱熹认为:"明德者,人之所以得乎天,而虚灵不昧,以具众理而应万事者。"[②]故"明明德"是通过自我提高、自我改善将自身内含的德行重新激发。大学的第一层目标便是通过学习,把人内心纯洁无染的本性激发出来,摆脱环境的侵蚀,重回虚灵不昧、与天地精神共往来的明德状态。

人无德不立,在21世纪的今天,明德依然是行为处事的根本。所以我们要踏踏实实修好品德,培养优良的道德修养,努力成为有大爱、大德、大情怀的人。"道

---

① 邓启铜.中华传统文化经典注音全本:老子·大学·中庸[M].南京:东南大学出版社,2010:73.
② [宋]朱熹.四书章句集注[M].北京:中华书局,2008:5.

德当身,故不以物惑",当今社会不免"乌烟瘴气",良好的品德是能够保证自己不被外界的不良事物所迷惑的铠甲,从而能够坚守自身,不做出违背内心道德准则,有损他人之事。

"亲"通"新";"民"指平民百姓,是一种社会身份的称谓。求学的第二层目标,便是成为知行日新的国之良民。除此之外,"新民"还要求学习者要将自我修身明德获得的成果推及他人。我们通过开蒙去蔽达到了新的人生境界,还需将此推及他人,从而让整个社会、整个国家的人都能开蒙去蔽。这样的推广,正是"大学"者的必要任务,蒙蔽的世界从而才能干净明朗起来。

这与"亲民"的现代意义有所不同。"亲民"的首要前提是自我提高,作为新时代青年人,则需要我们认识到掌握知识技能的重要性并为此付诸实践,不断丰富个人的学识、增长见识,沿着求真理、悟道理、明事理的方向前进,切实提高自身综合素质,成为对社会有用之才。当今世界是科技的竞争,更是人才的竞争,拥有过人的才能才是不被社会淘汰的根本所在。然而掌握技能的同时更不能离开"德"的"束缚"。"才者,德之资也;德者,才之帅也",真正的人才不能只有才能,还需德才兼备,以德为先。故明德为本,亲民为末。

"止于至善",朱熹解:"止者,必至于是而不迁之意。至善,则事理当然之极也。"①朱熹认为"止"是达到且能够坚守,而"至善"是一种人生的目标和境界,"至善"字面义为极好,把事情做到极致的好才为至善。至善的境界需达到极致,如需要完成十件事,只完成九件事则不是至善。"止于至善"即世间万事万物达到极致,并能长久地居于此地。

人的生命是有限的,如何才能"止于至善"呢?孔子曾描述:"吾七十而从心所欲,不逾矩。"像孔子这样的圣人至七十岁方能达到做人做事不逾矩,对普通人而言,达到孔子这样恰如其分的大吉、正好的境界则是人生的终极目标了。知晓终极目标,便明确了学习的终极目标,"路漫漫其修远兮,吾将上下而求索",这就需要在人生路上不断坚持与努力。

文章开篇用三个"在"引出三个层次的目标,明确了"大学之道"的根本,此为大学"三纲"。

古代"大学之道"注重"修己治人",现代大学则注重知识和技能的传授,两者的侧重点不同,但是在培养人才的问题上是一致的,根本落脚点都是培养德才兼备,为国家、为社会做贡献的建设者与接班人。2018年习近平总书记到北京大学考察,在师生座谈会上曾引用"大学之道,在明明德,在亲民,在止于至善"。当今大学生依然需要以此为根据,切实提高学业水平,完善道德品质,做一个有益于国家、社会的优质人才。

那如何才能明德成人,达成大学目标呢?"知止而后有定,定而后能静,静而后

---

① [宋]朱熹.四书章句集注[M].北京:中华书局,2008:4.

能安,安而后能虑,虑而后能得。"这段文字揭示了进入学习状态的关键步骤。

"知止而后有定"中的"知止"即知道自己的终极目标,是达到"至善"之地。知道自己需要做些什么,不该在无关紧要的事情上浪费时间和精力。"定"则是指有了终极目标才能有顽强的意志力和定力。

"定而后能静"即有了定力之后,人心才能平静、安静下来。"定"意味着确定、稳定,不再发生变化。人有"定",才不会像墙头草一样左右摇摆,不会心浮气躁、朝秦暮楚,因此定力对人的发展至关重要,"定"之后,心才能"静"。

"静而后能安"即心平静下来,身体也会安定下来。人在社会环境的影响下容易浮躁,浮躁的表现形式就是妄动,妄动就是按照自己的心情去动,不遵循客观规律,所以就不能"安"。儒家认为不"安"的状态是危险的,只有内心安静才能不妄动,处于一种安适、安静的状态。

"安而后能虑"即人身心安静,才能进入思考状态,将事情思虑周详。

"虑而后能得",思考问题周详得当,才能在事物各个方面获得收获,这样就会有所得、有所参悟。

"物有本末,事有终始,知所先后,则近道矣。"就像大树有根本、有末枝,事情有结局、有开始,我们做任何事都要学会辨析本、末,找根本、抓关键,搞清楚自己的目标是什么,分出轻重缓急,知道先做什么、后做什么,那就离明德悟道、行事恰当不远了。

文章开篇前两句先明确"大学"这件事的根本任务和终极目标,然后梳理进入学习状态时,心静、身安、脑思的先后顺序,可说是第三句"物有本末,事有终始,知所先后,则近道矣"的注脚。

接下来,作者以古代志在"明明德于天下"的读书人为例,更加具体地阐明这些高水平求学者的成长路径,为读书人竖起明德成人的学习标杆。

这段文字中,同学们最为熟悉的是"修身、齐家、治国、平天下"。在结构上,本段采用的是顶针循环论述,用"欲……先……"句式,先追溯学习行动的起点:明明德于天下的前提是能治其国,治国的前提是能齐其家,即管理好一个家族、家庭,齐家的前提是修养身心成为文质彬彬的君子。而修身的前提是正心,正心的前提是诚意,诚意的前提是致知——懂得很多道理,快速获得新知的方式就是格物。

"格物"就是探索世间万事万物的规律,去掉表面虚幻的现象,竭尽所能地把握真实与本质。中国古人把"格物",即从观察天文、地理,从四季轮回、物象变化等去探究事物规律,以此作为参悟修身、齐家、治国、平天下之道的起点。所以才有"读万卷书",还要"行万里路"、知行合一的建议。

懂得了道理,然后倒回来"物格而后知至",明白了物之理就获得了新知,掌握了新知,就会摒弃自己原有的对事情的偏见和主观臆断,才能贴近事物真理,也就是对知识有完善的理解,从而变得聪慧起来。对万事万物也探索了、了解了,是不是就能开始干了呢?非也,在修身、齐家、治国、平天下之前还有两个步骤是不能省略的,第一个就是"诚意","诚意"即诚心、诚恳、诚心实意,不欺人,也不自欺,这表明的是做事之前的态度,只有有了这个态度,接下来的才有可能实现。

排在"诚意"之后的是"正心",有了一个"诚意"的态度,那么我们的心才能端正。"正心"即人们的心都归向正。懂得了道理,也有了态度,而且心又很正,这样才有可能去"修身、齐家、治国、平天下"。

"修"有拂去尘垢使光彩,加以修饰增光彩两重意思,所以"修身"既要自省做减法,减去邪欲杂念;又要给自己做加法,广博学问,弥补自身的缺陷不足。只有双向合力,从根本上强大自己,正心诚意,才能让自己智慧通达,造福家国百姓。

"齐家",家是构成国家的一个个小细胞,也是每个人安身立命的栖息地,所以孝敬父母长者,整顿家族,使家庭和睦,爱自己的亲人、家人,在儒家看来是一个人成长必须经历的过程。

"治国",学以致用,以主人翁姿态,参与国家管理。"家事国事天下事,事事关心",时时刻刻与祖国的命运相连,富有强烈的爱国情怀与社会责任感。

"平天下","平"公平、公正、和谐秩序,要有"天下兴亡,匹夫有责"的境界,要有强烈的爱国情感、历史使命感和社会责任感。青年是国家的希望、民族的未来、发展的先锋,青年肩负的历史任务是巨大的,我们都是新一代的青年人,未来的社会主义建设需要青年人来完成,中华民族的伟大复兴也需要青年人来实现。因此,新时代青年更要学习古人"平天下"的精神。

"格物、致知、诚意、正心、修身、齐家、治国、平天下",这八条目是一个从小到大,从个体到整体的循序渐进的过程。朱熹将这八条目视作达成"明明德、新民、止于至善"三个层次目标的进修阶梯。梁启超讲:"《大学》所谓'格物致知诚意正心修身',就是修己及内圣的功夫;所谓'齐家治国平天下',就是安人及外王的功夫。"① 故这八条目的前四级对应的是自身内修之道,后三级对应的是社会外治之道,"修身"则是链接内修、外治的枢纽。

最后由"欲明明德于天下"的读书人推而广之得出结论:"自天子以至于庶人,壹是皆以修身为本,其本乱而末治者,否矣,其所厚者薄,而其所薄者厚,未之有也。"上自国家元首,下至平民百姓,人人都要以修养身心、壮大实力为根本。只有全民行动,整个国家、整个民族的修养才能提升,这样社会才会变成文明有礼的社会。若这个根本被扰乱了,本质存在问题,那么仅将细枝末节处理好,是不可能的,更不要说治理好家庭、宗族、国家、天下了。

(二) 问题设置:古代"大学之道"对现代大学有何影响?

20世纪初,蔡元培将西方大学的教育理念引入北京大学,其"思想自由、兼容并包"的教育思想对现当代大学的发展产生了深远影响。从此以后,中国大学的体

---

① 梁启超.儒家哲学[M].上海:上海人民出版社,2009:34.

制模式、学科设立、评价机制等均与西方大学类似,高等教育模式开始逐渐"西方化"。西式大学强调对知识的追求、对真理的探索,这样的教育模式可以为国家培养出知识型科技人才。当今世界,经济全球化带来的科技竞争日趋激烈,知识就是力量,人才就是未来,习近平总书记曾言:"千秋基业,人才为本。"所以就知识型人才的培养而言,这与《大学》"格物致知"的要求并不相悖,而是不谋而合,都是在认知自然和社会的活动中,提高智慧,建构完善的知识体系。

但随着西方思潮的涌入及社会主义市场经济的发展,浮躁、功利、低俗等不和谐因素出现在当下大学中,有的学生只重视专业知识的学习,缺乏品行修养,还有的学生缺乏学习动力,没有长远的学习目标,将精力都放在娱乐活动当中,如玩手机、打游戏、追网剧,等等。这也从侧面反映出我国高等教育面临着经济全球化、信息社会化以及国家进入社会转型期的多重冲击。在此情况下就需要充分发挥中国传统文化中的德育教化作用。作为儒家思想的代表作,《大学》开篇便提出"明明德",即是对人思想道德的培养,而"修身"也是讲求知识与道德的兼修并蓄。德的养成其实注重的是学生内在精神世界的成长,内心世界饱满充盈才不会心灵空虚、灵魂无根,更不会被名利金钱所左右,成为唯利是图的人。培育个人修养之外还要管理好家庭,进而为社会做贡献,可见其中的哲理与社会主义核心价值观也是契合的。

古代"大学之道"强调内在道德品质的完善,西方大学教育则是倡导对科技性、工具性知识的掌握,当代中国的大学要完成对学生德智体美劳的全方位培养,既不能忽视西方教育的精华,又要注重与中国实际相结合,各取所长。与此同时,将《大学》中优良的道德观、价值观、修身观融入对学生的课程教育中,不断提高学生的精神高度,坚持立德树人,才能培养出一代又一代德才兼备的社会主义建设者和接班人。

(三)小组活动

作为师范生——未来的人民教师,在完成立德树人、铸魂育人这一新时代教育的根本任务中,我们可以担起哪些责任?应该如何学习?做好哪些准备?我们试着来场穿越时空的情景对话:假设《大学》的作者曾参、老教师朱熹都来到我们的教室,您作为新时代青年教师,请教一下他们,看看结合新时代祖国建设的新蓝图、我们新青年的新使命,想想你会提出什么问题?曾参、朱熹会怎样回答?前后桌可以讨论一下,用角色扮演的形式模拟练习一下。

四、总结寄语

展望未来,面对百年未有之大变局的新时代,习近平总书记寄语青年:必将大有可为,也必将大有作为。这是"长江后浪推前浪"的历史规律,也是"一代更比一代强"的青春责任。让国家富强、民族振兴、人民幸福是我们这代人的使命,肩负起时代赋予的重任,志存高远,脚踏实地,努力在实现中华民族伟大复兴的中国梦的生动实践中放飞青春梦想,同学们,你们准备好了吗?

五、课后作业

请同学们结合自身理解,写一篇命题文章:《我看大学》。

背诵《大学》节选片段。

[拓展资料]

四书是儒家的代表作,是儒家思想的核心载体,更是中国传统文化的重要组成部分。四书是指《论语》《孟子》《大学》和《中庸》,据称它们分别出于早期儒家的四位代表性人物孔子、孟子、曾参、子思,所以称为"四子书",简称为《四书》。《大学》原本是《小戴礼记》中的一篇,传为孔子弟子曾参所作。《中庸》原来也是《礼记》中的一篇,一般认为它出于孔子的孙子子思,《孟子》的作者孟子则是子思门人的弟子。

四书是南宋以后儒学的基本书目,儒生学子的必读书。南宋之后科举选士,试卷命题无他,必出自四书,且答案必须以朱熹的注解为准,不允许考生提出新解释。朱子学由此成为元明清三代官方统治思想。如果考生想要参加考试,必须精读四书,足见其对为官从政之道、为人处世之道的重要程度。时至今日,四书所载内容及哲学思想仍对现代人具有极强的启示价值。

本文是四书之首的《大学》。《大学》原为《小戴礼记》中的第四十二篇。宋代之前,虽然有董仲舒、郑玄、孔颖达、韩愈等人的传承与发展,但《大学》在儒家思想学术中的地位不是很突出。由于它总结的是先秦儒家道德修养理论及政治哲学,论述儒家为学治世的基本原理、原则、方针、步骤及方法等,对为人处世、治国方略有深刻的启迪,所以中唐之后,逐渐被儒家学者所重视。到北宋时期,程颢、程颐二人极力推崇此篇。南宋时期,朱熹将其从《小戴礼记》中独立出来,《大学》及《中庸》的注释称为"章句",《论语》《孟子》的注释集合了众人说法,称为"集注",合称《四书章句集注》,是四书的重要注本,也是宋代理学家朱熹的代表著作。

[推荐阅读]

[1] 南怀瑾.原本大学微言[M].上海:复旦大学出版社,2003.

[2] 曾仕强.大学之道[M].上海:复旦大学出版社,2012.

参考文献

[1] 韩品玉,王桂宏.大学语文学本[M].北京:人民出版社,2016.

[2] [宋]朱熹.四书章句集注[M].北京:中华书局,2008.

[3] 梁启超.儒家哲学[M].上海:上海人民出版社,2009.

[4] 朱向慧.《大学》"知止"的教化意义研究[D].济南:山东师范大学,2020.

附：课文

四书章句集注（选读）
朱熹

大学章句（节选）

　　大学之道，在明明德，在亲民，在止于至善。程子曰："亲，当作新。"大学者，大人之学也。明，明之也。明德者，人之所得乎天，而虚灵不昧，以具众理而应万事者也。但为气禀所拘，人欲所蔽，则有时而昏；然其本体之明，则有未尝息者。故学者当因其所发而遂明之，以复其初也。新者，革其旧之谓也，言既自明其明德，又当推以及人，使之亦有以去其旧染之污也。止者，必至于是而不迁之意。至善，则事理当然之极也。言明明德、新民，皆当至于至善之地而不迁。盖必其有以尽夫天理之极，而无一毫人欲之私也。此三者，大学之纲领也。知止而后有定，定而后能静，静而后能安，安而后能虑，虑而后能得。后，与後同，后放此。止者，所当止之地，即至善之所在也。知之，则志有定向。静，谓心不妄动。安，谓所处而安。虑，谓处事精详。得，谓得其所止。物有本末，事有终始，知所先后，则近道矣。明德为本，新民为末。知止为始，能得为终。本始所先，末终所后。此结上文两节之意。

　　古之欲明明德于天下者，先治其国；欲治其国者，先齐其家；欲齐其家者，先修其身；欲修其身者，先正其心；欲正其心者，先诚其意；欲诚其意者，先致其知；致知在格物。治，平声，后放此。明明德于天下者，使天下之人皆有以明其明德也。心者，身之所主也。诚，实也。意者，心之所发也。实其心之所发，欲其一于善而无自欺也。致，推极也。知，犹识也。推极吾之知识，欲其所知无不尽也。格，至也。物，犹事也。穷至事物之理，欲其极处无不到也。此八者，大学之条目也。物格而后知至，知至而后意诚，意诚而后心正，心正而后身修，身修而后家齐，家齐而后国治，国治而后天下平。治，去声，后放此。物格者，物理之极处无不到也。知至者，吾心之所知无不尽也。知既尽，则意可得而实矣，意既实，则心可得而正矣。修身以上，明明德之事也。齐家以下，新民之事也。物格知至，则知所止矣。意诚以下，则皆得所止之序也。

　　自天子以至于庶人，壹是皆以修身为本。壹是，一切也。正心以上，皆所以修身也。齐家以下，则举此而措之耳。其本乱而末治者，否矣，其所厚者薄，而其所薄者厚，未之有也！本，谓身也。所厚，谓家也。此两节结上文两节之意。

对《永别了,地坛》的教学建议与文本解读

刘 颖[①]

[教学要求]

1. 理解文章题目《永别了,地坛》的深刻含义以及"地坛"这一中心意象在文章中的作用。

2. 文章多处写到史铁生的"笑",理解"笑"对刻画史铁生形象的作用。

3. 理解文章结尾部分的议论的作用,如果去掉这个部分对文章会有何影响。

4. 反复品读本文重点段落,体会祭文的语言特点和情感色彩。

[教学建议]

1.鉴于学生对本文作者不够熟悉,教学中可以做必要的介绍,并且让学生了解作者与史铁生的特殊关系等相关情况。

2.鉴于学生在高中阶段对史铁生有所了解并且读过其散文名篇《我与地坛》,可采用联想学习法,在学生现有的阅读基础上展开教学。

3.可采用比较法教学,将史铁生的《我与地坛》与本文做比较阅读。

4.可采用文本细读法和重点段落品读法进行教学,帮助学生更好地理解把握本文的情感内涵和语言风格。

[文本解读]

一、本文作者及其创作

克明(1951—),蒙古族著名诗人、编剧,国家一级词作家。1951年4月2日

[①] 刘颖:湖北大学讲师,武汉地区大学语文研究会秘书长。

出生于北京,本名包耶希扎拉森,孛儿只斤氏。内蒙古音乐文学学会主席,中国戏剧家协会会员。1980年从上海戏剧学院导演系毕业后,历任呼伦贝尔盟民族歌舞团乐队演奏员、内蒙古人民广播电台编辑、内蒙古电视台导演。20世纪90年代在中央电视台创办《中华民族》栏目,并担任中央电视台社教中心专题部记者、主持人。2010年获内蒙古自治区"文化艺术突出贡献"金质奖章,2014年被任命为内蒙古自治区文史馆馆员。

代表作有:歌曲《呼伦贝尔大草原》《往日时光》《绿皮火车》《陈巴尔虎》《神鹿》《锡林郭勒不是梦》《走不出的阿拉善》《乌斯太的夜晚》《红色恋人》《我的内蒙古》《草原在哪里》《这片草原》《克鲁伦河》《吉祥鄂尔多斯》《神圣阿拉善》《一边有我 一边有你》等300余首;歌剧《天鹅》《公主·图兰朵》;舞剧《我的贝勒格人生》;音乐剧《心之恋》《金色胡杨》《苏赫与白马》《梦中的家园》《孛儿帖》《梦幻阿尔山》《不忘初心·1946》《永远的乌兰牧骑》等;话剧《寸草心》《老人角》等;散文《神圣阿拉善》《乌斯太启示录》《克鲁伦河》《呼伦贝尔之美》《我爱蒙古袍》,等等。

克明的笔下,有草原上奔驰的马驹、翱翔的雄鹰,有百转千回的河流、莽莽苍苍的森林,更有慈爱的额吉和英勇的牧人。他用质朴洗练、气势雄壮的文字,描绘了一幅幅史诗般壮阔的草原画卷。本文是作者在自己的"发小"、清华附中同学、著名作家史铁生逝世十周年之际写下的一篇怀念文章,质朴无华却感人肺腑,文章选自史铁生纪念文集《铁生 铁生》。

二、史铁生的生平与创作

史铁生(1951.1.4—2010.12.31),当代著名作家,曾历任第五、六、七届中国作家协会全国委员会委员,北京市作家协会副主席,中国残疾人联合会副主席。1951年出生于北京市,1967年毕业于清华大学附属中学,1969年去延安农村插队,后因病双腿瘫痪,于1972年回到北京。后来又患肾病并发展为尿毒症,靠着每周3次透析维持生命,2010年12月31日因突发脑溢血逝世,享年59岁。

代表作有长篇小说《务虚笔记》《我的丁一之旅》,短篇小说《我的遥远的清平湾》《奶奶的星星》《命若琴弦》以及散文集《我与地坛》《病隙碎笔》《记忆与印象》《扶轮问路》等。其中《我的遥远的清平湾》《奶奶的星星》分别获1982年、1983年全国优秀短篇小说奖,《老屋小记》获首届鲁迅文学奖,长篇随笔《病隙碎笔》获得第三届鲁迅文学奖。2002年,史铁生荣获华语文学传媒大奖年度杰出成就奖。2018年1月,《史铁生全集》由北京出版社出版发行,全集共350万字,按体裁分为小说、散文随笔、剧本和诗歌、书信、访谈等12卷。2018年9月,史铁生的小说《务虚笔记》《我的遥远的清平湾》入选改革开放四十年最具影响力小说。

史铁生一生命运多舛,病魔缠身,几乎每天都在与死神搏斗,却以顽强的毅力笔耕不辍,创作了大量作品,自称"职业是生病,业余在写作"。身体的残疾与病痛的折磨,构成了史铁生特殊的人生经历和个性化的形象标签,也成为激发他思考与创作的原动力。因此,史铁生的作品,反复探讨关于生与死、爱与感恩、人生的苦难与命运的轮回等富有哲学思辨意味的永恒而宏大的命题,具有强烈的思辨性与哲理性,以及一种浓厚的宗教情怀。史铁生的创作关注现实而又超越现实,他习惯从哲学和宗教层面,对人本身、人与人、人与社会的关系展开各种形而上的思考,对人生的苦难、生存的价值意义以及命运的轮回等终极问题,进行严肃而深邃的拷问与反思。这构成了史铁生作品的独特风格和鲜明特色。

三、文本解读

作为怀念挚友史铁生的一篇怀人之作,本文字里行间情真意切,催人泪下,作者克明蒙古汉子的至情至性体现得淋漓尽致。文章感人至深的艺术魅力,主要源自以下三个方面。

(一) 刻画日常生活细节,还原史铁生的"凡人"形象

"身残志坚""轮椅上的巨人""不屈服于命运的强者",是史铁生及其作品留给人们最突出的印象。这些赞誉之词固然恰如其分,但也难免公式化、概念化的抽象和空洞。作为史铁生的"发小"和清华附中的同学,克明对史铁生的了解,远比一般人更为具体、真切和细腻;曾经与史铁生朝夕相伴、促膝谈心,观察和体会史铁生的日常生活与精神世界,是克明与众不同的经历,这种经历也是使作品催人泪下的重要原因。

克明以感性的微观视角,通过生动细腻的语言、动作和心理活动描写,以及大量绵密的日常生活细节与场景刻画,为我们展现和还原了一个有血有肉、充满人间烟火气的史铁生形象。

文章关注和表现的中心,不是史铁生超凡脱俗的文学才华和深邃邈远的哲理思辨,而是作为普通人的史铁生的生活琐事和丰富的内心情感世界。他笔下的史铁生,在英雄的光环和强者的外表下,更多的是作为一个残疾人和危重病症患者,在日常生活中的种种烦恼、困窘和艰辛。

作者看到的是史铁生在日常生活中行动的异常艰难:"他的残疾车是那种最原始的,车把是直的,握在左手;右手是一个摇柄,像自行车的飞轮,用链条链接起来,用力一摇,车就走了","风很大,他用左手把住方向,我在后面骑车推行,不一会儿就是一身汗";生活中有颇多不便,随时会面临感染和死亡的威胁:"铁生把车停下,跟我抱歉地说,帮我把尿壶倒掉吧!我低头一看,他双脚间有个白色的塑料尿壶,已经快满了。提起来,感觉有点温热,一根导尿管插进尿壶口。倒完尿,我拿着导尿管问他:'这头在壶里,那头呢?'他说:'在尿道里呗!'我又问:'那这管子每天都用,万一不干净怎么办?'铁生说:'那就感染呗,先是膀胱感染,控制不住,就会感染

到肾,最后就是尿毒症。'我又问:'尿毒症厉害不?'铁生笑了:'尿毒症晚期就是死亡。'"

身体病弱的铁生,面对突然降临的幸福爱情婚姻,显得格外腼腆和羞涩:"铁生也感觉不可思议。我悄悄说:'你还行吗?人家可是姑娘,你别做对不起人家的事啊。'铁生羞涩地望着我:'那你说怎么办啊?'"

文中大量铺排的这种细腻生动的对话、动作、神态、心理描写和细节刻画,为我们还原了一个现实生活中病弱一面的史铁生,这和一般人印象中史铁生敢于与命运搏斗的硬汉、英雄形象大为不同。常年病弱、时时处于困窘之中,却依然乐观开朗、热爱生活的史铁生,更真实可亲、更鲜活生动。将史铁生请下不食人间烟火的英雄神坛,还原成一个有喜怒哀乐、有七情六欲的世俗凡人,是作者刻画史铁生形象的一个与众不同的视角,也是对以往单一刻板的史铁生硬汉形象的一种很好的补充和丰富。

(二)布局谋篇别具匠心,对比手法运用出色

别具匠心的结构布局,是本文的另一大突出特点。

作者精心安排了纵横交错式的结构:以时间为纵向坐标,通过"少年时代的欢乐与分别""地坛重逢""重回母校""有了漂亮贤惠的爱人"等几个日常生活片段,串联起自己与史铁生几十年交往过程的点点滴滴;以"地坛"这个空间意象为横向坐标,生发了对史铁生不平凡人生经历的感慨,以及对他勇于挑战苦难命运的顽强不屈精神的由衷赞叹和高度评价。

全文以第一人称的回忆视角展开叙事,运用对比手法展开叙事、抒情和议论。在作者的记忆中,13岁时的铁生"是个很灵巧的人,双杠玩得很好","看他在双杠那里上下翻飞,不由得你不试一试";而眼前的史铁生却只能坐着"最原始的残疾车",而且"将来就要在这轮椅上度过,再也不会跑了"。身上还插着导尿管,不仅行动异常吃力,还随时面临着感染和死亡的危险。回忆与现实的强烈反差,让克明不由得为好友的不幸遭遇扼腕悲叹。史铁生的身体状况和命运遭际的今昔对比,是本文运用的第一重对比。

但作者的真正意图,显然不只是对史铁生的不幸遭遇表示同情和悲悯。文章着重渲染的,是在遭遇人生不幸后,史铁生的"笑"与周围人的"哭"的第二重对比。面对挚友的悲叹和心疼,"他却坦然地笑着、说着,还是小时候那种憨憨的笑",甚至很轻松地谈起危及自己生命的绝症:"没事,我都好几次了,这不还挺好的吗?";重回母校,又见到当年的老师和班主任,昔日师友们唏嘘不已,"铁生也哭了,但只是流泪,不言语。不一会儿,又开始笑,那种孩童似的笑"。史铁生的"笑",与周围人的"哭"的对比,充分显示了他面对苦难命运的坦然、淡定和坚强。

地坛,是本文的中心意象,是作者借以展开叙事、抒情和议论的空间线索,它对于史铁生有着特殊意义。史铁生在人生最绝望无助的时候,与地坛相遇,他在这里

经历了炼狱般的思想洗礼而获得新生,由此诞生的散文代表作《我与地坛》享誉文坛,是史铁生的"灵魂自叙传,是他关于生命的独白"①。地坛,早已成为史铁生创作生命中不可或缺的重要组成部分,与史铁生的精神内核高度契合,成为见证他精神品质和人格力量的一个重要的象征符号。

在本文中,地坛是一个具有特殊纪念意义的空间意象。它是作者与史铁生离别多年后再度重逢的地方,也是连接作者与史铁生感情纽带的枢纽:"多年后相逢,已是伤痕累累,疲惫不堪,互相讲着分别 12 年以来的经历,他讲他的黄土地,我讲我的蒙古草原。"从此,两位挚友与地坛为伴,互吐心声,彼此之间的默契交流甚至不需要借助语言:"在地坛里,我们更多的是相对无言。他很沉静,总在默默地思索着、思索着,……我就看着他,也不说话,不打搅他,看他的目光远远地注视着什么……"

可惜天妒英才,铁生还是走了。"从那以后,我再也不去地坛了。那里,再见不到他的轮椅,也没我的号声……古柏还在,巨石也许还在,但没了人,也就全没了意义。"物是人非,触景伤情。永别地坛,是作者对史铁生这位一生挚友的深情告别和缅怀。地坛,作为作者展开叙事、抒情和议论,结构全文的中心意象,充分显示了作者在布局谋篇上的匠心。

(三)叙事、抒情与议论交融,描述性语言贯穿始终

作为一篇叙事怀人之作,本文在表达方式和语言运用上非常成功。文章在平易朴实的记叙中,恰到好处地穿插抒情和议论,将写景、叙事、抒情和议论有机结合,极富感染力,给读者以强烈的情感冲击和心灵震撼,很好地体现了祭文"叙述生平纯正真实,运用文辞简洁核要,抒写感情缠绵凄怆"②的文体特征。

本文以叙事为主,适时地穿插抒情和议论。史铁生的苦难命运和他坚强乐观的态度的强烈对比,令作者感叹"我们只能望见他的背影",为铁生终于有了美满的爱情婚姻和家庭而由衷高兴,也使文章结尾处生发的"人,不逼到绝处是不会逢生的啊"以及"何为不幸"的抒情和议论,显得自然贴切、水到渠成,具有强烈的说服力和感染力:

"他已跌入万丈深渊,只有一线光明在牵引他前行,要么生,要么死。他再也无法站立,他只能让文字载着他的思想去飞翔。……我们都在世俗的海水里起伏沉沦,我们心中的那份童心,一点点销蚀殆尽,偶尔停下脚步,摸摸稀疏的发际,看看微起的肚腩,感慨自己的蹉跎时,蓦然回首,只见行走得最慢的铁生,摇着他的轮椅,早已化入天边的远山之中。""不幸。何为不幸?作为一个男人,你最大的不幸也就是成为铁生了,孤身奋战,孤身面对死亡,没有子嗣,没有轰轰烈烈的爱情故事

---

① 朱栋霖,吴义勤,朱晓进.中国现代文学史:1917—2013[M].北京:高等教育出版社,2014:159.
② 金光.哀祭文的文体特点及在骈文和古文中表现之异同[J].宜春学院学报,2006(3):73.

奉献给社会去消遣,但他却让中国的文学抵达了峰巅,这难道不是人生之大幸吗?这难道不是非凡的一生吗?"

这两段话,是作者对史铁生不平凡的人生历程和坚韧不屈的优秀精神品质的由衷感慨和赞美,也是全文升华主题的点睛之笔。

本文的语言也颇具特色。通篇不事雕琢,平白如话,没有华丽的辞藻和繁复的修辞技巧,却感人至深。作者的过人之处,是在一般性的客观陈述之外,大量使用感情色彩强烈的描述性语言,栩栩如生地刻画人物的对话、动作、神态和心理活动。

例如,文中这样描绘两位老友重逢的场面:

"我极力在脑海中搜索着,他是谁?'您是不是叫克明?'我整个崩溃了!这是我的同学?校友?曾经一起演出过的队友?'认不出了。'他摘下眼镜,'这回呢?'我还是认不出。因为总坐轮椅的人,脸庞会发胖,又有一副双拐在手,真让我想不起来了。'我是铁生啊!'我扔下烟:'铁生?!你怎么这样啦?腿断啦?'他苦笑一下,'要是腿断了就好了,我的腰坏了!从这以下,废了……'悲夫!我心疼地看着他的腿。难道这就是我的史铁生?难道这就是在双杠上下翻飞的史铁生?而他却坦然地笑着、说着,还是小时候那种憨憨的笑,平静地告诉我,他的将来就要在这轮椅上度过,再也不会跑了……"

这样朴实无华却饱含感情的描述性语言,在本文中俯拾皆是,贯穿始终。娓娓道来而感人至深,极大地增强了文章的感染力。

[拓展资料]

一、史铁生评论辑录

史铁生当然是优秀的。因为他是个残疾人,所以他的作品中有别的作家所没有的一股静气。史铁生的作品过于关注生死、宗教、信仰等问题,有人对这一点持保留意见,但我觉得他的思想是有深度的。

——作家王蒙

我对史铁生满怀敬仰之情,因为他不但是一个杰出的作家,更是一个伟大的人。

——作家莫言

我必须仰望像史铁生这样的作家,还有那些真正在沙漠中以自己的生命去冒险探索的旅行者。

——作家余秋雨

史铁生是一个生命的奇迹,在漫长的轮椅生涯里至强至尊,一座文学的高峰,其想象力和思辨力一再刷新当代精神的高度,一种千万人心痛的温暖,让人们在瞬息中触摸永恒,在微粒中进入广远,在艰难和痛苦中却打心眼里宽厚地微笑。

——作家韩少功

史铁生完成了许多身体正常的人都做不到的事,他对于人的命运和现实生活的冲突,没有停留在表面进行思考,而是去拷问存在的意义。

——哲学家、美学家邓晓芒

史铁生绝对是新时期中国最优秀的作家之一,他不是通过作品传达思想,而是引导读者自己探索生命的意义。

——文学批评家王又平

二、从历代文论看哀祭文的文体特点

历代文论中对哀祭文的体貌特色及写作要求多有论述。

曹丕《典论·论文》提及文章四科八体:"铭诔尚实",指出这类文体崇尚真实,传记真实及感情的真实。

陆机《文赋》说:"碑披文以相质,诔缠绵而凄怆。"高度概括了这一文体的特点:诔文的目的是哀悼兼赞美死者,所以要写得有感情,风格缠绵凄怆。确实,这类文体的特殊用途对其风格特点起了制约作用。

挚虞《文章流别志论》说:"哀辞之体,以哀痛为主,缘以叹息之辞。"也指出这类文体的情感倾向必定是悲伤的,要有强烈的抒情色彩。

刘勰《文心雕龙·诔碑》说:"详夫诔之为制,盖选言录行,传体而颂文,荣始而哀终。论其人也,暖乎若可觌;道其哀也,凄焉如可伤;此其旨也。"意思是说诔文要记叙死者的生平并寓以颂扬之意,写出死者的荣耀而又寄以哀思。这种体制及写作要求决定了这种文体的感情基调是哀伤凄怆的。

刘勰《文心雕龙·哀吊》说:"原夫哀辞大体,情主于痛伤,而辞穷乎爱惜。幼未成德,故誉止于察惠;弱不胜务,故悼加乎肤色。隐心而结文则事惬,观文而属心则体奢。奢体为辞,则虽丽不哀;必使情往会悲,文来引泣,乃其贵耳。"这里指出了哀辞的文体特点,悼念幼辈,所以要"誉止于察惠",意指因死者幼小,品德尚未养成,只能赞美其聪慧。"悼加乎肤色"指因年幼不能担任工作,所以悼念只能在容貌和皮肤上。要写得"情往会悲,文来引泣"。又说:"夫吊虽古,而华辞未造;华过韵缓,则化而为赋。固宜正义以绳理,昭德而塞违,剖析褒贬。哀而有正,则无夺伦矣。"这里指出吊文要端正义理又要宣扬美德,文辞悲哀又内容纯正。

吴讷《文章辨体序说·诔辞、哀辞》说:"大抵诔则多叙世业,故今率仿魏晋,以四言为主;哀辞则寓伤悼之情,而有长短句及楚体不同。"这里主要指出了诔辞和哀辞句式上的不同。

徐师曾《文体明辨·祭文》云:"按哀辞者,哀死之文也,故或称文。夫哀之为言依也,悲依于心,故曰哀;以辞遣哀,故谓之哀辞也。……"接着又指出:"祭奠之楷,宜恭且哀。"讲写完哀辞后,祭奠时要恭敬,要符合儒家的伦理道德规范。文辞的藻饰次之,要服务于哀情所需,要情真意挚。对于写作哀辞的大体要求,他还说:"或以有才而伤其不用,或以有德而痛其不寿。幼未成德,则誉于察惠;弱不胜务,则悼加乎肤色。此哀辞之大略也。"这句话与刘勰之意大致相似,更有为夭折者的才德而惋惜之慨。

纵观上述所论,我们似乎可以对其文体特点做如下概述:无论是诔辞、哀辞、吊文还是祭文,都要做到:叙述生平纯正真实,运用文辞简洁核要,抒写感情缠绵凄怆。

参考文献

[1] 史铁生.史铁生全集(全12册)[M].北京:北京出版社,2018.

[2] 徐晓.我的朋友史铁生[J].中国作家,1988(2):157-163.

[3] 汪政,晓华.试说史铁生[J].读书,1993(7):30-37.

[4] 陈顺馨.论史铁生创作的精神历程[J].文学评论,1994(2):98-104,127.

[5] 薛毅.荒凉的祈盼——史铁生论[J].上海文学,1997(3):66-75.

[6] 张均.史铁生与当代文学史书写[J].南京师范大学文学院学报,2009(3):64-71.

[7] 许姗姗.仪式隐喻下忏悔的独语——解读史铁生散文中地坛意象[J].语文建设,2018(2):36-38.

[8] 丁秀花.史铁生创作的意象类型与心理动因[D].天津:天津师范大学,2006.

[9] 韩玲玲.论史铁生作品中的意象化叙事[D].西安:西北大学,2018.

第三章　教师与学生

王先霈：她在学生心中播下爱的种子——吴满珍《师生情缘录》序

毕娇娇：「从学生中来,到学生中去」——也谈我的教书育人体会

她在学生心中播下爱的种子[1]
——吴满珍《师生情缘录》序

王先霈[2]

农历丙申年冬,吴满珍同志给我发来一部书稿的电子文本,里面所收的是自20世纪80年代初到她2015年退休之后又受聘担任班主任,这几十年来教过的不同层次、不同年级、不同地区和不同国籍的众多学生的回忆文章。我以欣喜的心情阅读了这部书稿,一再被学生们的真情所打动。我觉得,这部书稿不仅展示了吴满珍同志本人的人生业绩,还在某种程度上从侧面映射了20世纪80年代以来,大学文科教学的探索和建设的历程,对于教学、教育如何应对信息技术飞速发展的挑战,也可能具有一定的参考作用。

我1978年从华中师范学院京山分院回到桂子山,和吴满珍同在中文系文艺理论教研室,那时,她是教研室最年轻的教师。在当时的高校,在华师中文系,他们那个年龄段的教师人数不少,这些人留校不久,遇上环境大变化,从频繁的政治运动转到大学应有的正常秩序,大家怀着亢奋的心情争先恐后地投身于学科建设,而这些同龄人后来则分别走上不同的岗位。其中有相当数量的人改做管理工作,成为校内外各种机构的负责人,继续做教师的又可分为以研究见长和以教学为主的,吴满珍属于后者,她走的是一条颇为艰难的奋斗之路。近三十年来,高等学校存在一个普遍偏向,就是重研究而轻教学。在研究上取得成绩的教师能够较快获得回报,

---

[1] 本文为著名文艺理论家王先霈先生为吴满珍教授《师生情缘录》一书所作的序言,题目为编者所加。吴满珍:华中师范大学文学院教授,全国大学语文研究会常务理事,湖北省大学语文研究会名誉顾问。《师生情缘录》一书由华中师范大学出版社于2021年出版。

[2] 王先霈:华中师范大学教授。

得到荣誉和实惠,专注于教学的教师,其贡献不易得到明确的、看得见摸得着的肯定,这在公共课教师身上更明显地表现出来。吴满珍离开文艺理论教研室,去的正是公共课——大学语文的教研室。本来,她以热忱和毅力执行业务进修的计划,学外语,钻研中外文艺学经典,克服一些客观困难,努力站稳文学概论课程的讲台,结果她被派遣到贵州凯里师专支教,讲授的就是文学概论,在本书中可以读到当年凯里学生对她教学的饱含温情的称誉。支教回来,系里安排她转到新组建的大学语文教研室。这是一个不小的转折,她调整自己的业务方向,开始新的攀登,教大学语文三十多年,占了她教师生涯的绝大部分。她不仅在比别人困难的条件下在学科研究上取得了可观的成果,更在教学上有丰硕的创获。她多次获得教学奖励,并被评为教授。但在我看来,奖状和职称证书虽然亮眼,但并不是最重要的,最重要、最可贵的是教学在学生心中播下的种子,能够发芽、开花,结出甜美的果实。在教学结束之后的几年、十几年、几十年,学生回忆起从这门课程里得到的知识的增进、智力的开发和心灵的升华,是对于教师工作价值的最难得也最可信的评判。所以,可以说,这本书里学生们朴素的叙述和由衷的赞誉,是对于吴满珍同志三十多年教学的客观的、令人信服的评价。浏览书稿的过程中,我想起雨果在《悲惨世界》里的一段话,"我们给人的欢乐,有那样一种动人的地方:它不会像一般的反光那样总是较弱于光源,它回到我们身上的时候,反而会更加辉煌灿烂"。人们常把教师比作蜡烛,在教学中倾心奉献的教师所传射出的烛光,一定会接收到辉煌灿烂的反光。

  大学语文是一门弹性很大的课程,它有时被当作中学语文教学的延伸,以巩固和扩展语言文学知识为目标,偏重工具性,吴满珍不采用这样的路径,她着重于人文精神的教育。本书中有好几位学生提到吴满珍对唐代文学家韩愈《祭十二郎文》的讲授,她以切身体会讲说父女之情、亲人之情,有一个学生写道:"在我的记忆里,从未有过一位老师在课堂上潸然泪下,没有一位老师在自己的学生面前展露出自己内心最真实的感情。您的形象很逼真、很自然、很亲切,不像是一位长辈的耳提面命,更像是一位久违的老朋友在倾诉自己的辛酸与心灵的历程。"文学艺术基本的功能是情感的传达,大学里的文学课程,通过审美的途径,生动而自然地进行文化熏陶和人格培育,这是教学的良好状态、最佳境界。当物质欲望膨胀,利己主义肆无忌惮地侵蚀年轻一代的时候,我们的文学教育致力于唤起对于人与人之间真情的感受力、反应力,唤起敏锐的同情心和鲜明的正义感,培养细腻的享受被爱和施爱的幸福能力。往这个方向努力,是大学语文课程的正途,是大学文科教育的正途,是我们各级各层次教育的正途。

  退休以后,吴满珍又承担起本科 1406 班班主任的工作,这个同时以她的名字命名的班级,曾在各级各类比赛中都有突出表现,并受到文学院各级领导的一致好评。本书中"满珍班"的每位同学都给老师写了一封信,他们在信中不约而同地提到,端午节时吴老师亲自订制了一百多个粽子。在很多方面,班主任工作都有异于教师教学工作,它不仅包括组织班集体活动、增强班级凝聚力,还包括对学生进行思想政治教育、关注学生多方面发展,等等。当代大学生寻求个性解放,其复杂多样的个性化需求使得做好大学生班级管理的工作绝非易事,而要创新班主任工作更是难上加难。任务多,责任也大,就是在这样的情况下,退休后的吴满珍仍能在新的工作领域做出尝试,并做出成绩,令人敬佩。

  吴满珍与学生的关系不限于讲授者和聆听者的关系,她关心学生的生活,在学生遇到困窘时伸出关怀的援手,帮助学生规划人生,协助他们选择深造、就业之路,乃至协助他们选择人生伴侣。早年的学生叫她"老师姐姐",近年的学生叫她"老师妈妈",在我接触和了解的范围里,得到这样称呼的教师相当少见。我们的教育、教学正在加速实现信息化、数字化、网络化、多媒体化,小学和中学尤其是大学,也在快速推进远程教学,学生可以便捷地随时从互联网听到千里、万里之外的教师授课。信息化是人类文明进步的潮流,这已经带来教育方式和学习方式的变革,我们应该欢迎它,并且积极地参与进去。但是,无论技术如何进步,教师和学生的直接接触,教师的言传身教,是任何先进的技术所无法代替的。相反,科学越是发达,技术越是进步,爱的教育、情感教育,越是会凸显其重要性,"老师姐姐""老师妈妈"的角色越是凸显其崇高和珍贵的价值。从这样的大背景看,本书具有一种特别的意味,是值得一读的。

"从学生中来,到学生中去"
——也谈我的教书育人体会

毕娇娇[①]

摘要:不断推进的新时代国家职业教育改革,对职业院校教师在专业素质、职业道德等方面提出了更高的要求,而教师作为践行本科层次职业教育的主体,履行教书育人职责的同时,也应该不断思考和优化教学方法和育人理念。本文主要分享了笔者在语文教学中贯彻"从学生中来,到学生中去"理念的教学体会,指出该理念是教师教学科研发展的主要方向,是成为新时代"四有"好老师的核心要求,同时也是职业院校教师"工匠精神"的评判标准,并指出要实现这一育人理念,就必须提高教师自身的业务能力,深入理解职业教育规律,探索创新教学方法,全面提升专业素质和道德修养。

关键词:职业教育;大学语文教学;教书育人;体会

教育强国是实现中华民族伟大复兴的基础工程。2019年包括我校在内的15所本科层次职业教育试点学校工作的开展,标志着我国高等教育在实现教育强国的征程中又迈进了历史性的一步。职业院校教师在本科职业教育教学中起着决定性的作用,是本科职业教育教学的主要实践者。习近平总书记在2018年的全国教育大会上指出,教师是人类灵魂的工程师,是人类文明的传承者,承载着传播知识、传播思想、传播真理,塑造灵魂、塑造生命、塑造新人的时代重任。如何很好地将教师作为教育工作者的角色内涵落到实处,如何在自己的教育教学工作中成为新时

---

① 毕娇娇:西安汽车职业大学人文学院讲师。

代下的"四有"好老师,作为一名正在完成从学生到教师角色转变的年轻教师,笔者想基于两年的教学工作经历,浅谈一点自身教书育人的体会。

两年前作为新入职教师,通过参加岗前培训、与同行教师沟通、加强自身学习等多种途径,笔者努力完成从学生到教师在身份、心理及业务能力等方面的转变,并在这一过程中不断学习职业教育理论,了解职业教育特征,掌握职业教育规律,努力研究教学对象,探索适合自己的教学方法,提升自己的教学水平。随着学校升格为本科职业院校,国家对我们年轻教师更是提出了严格的要求。结合自己的教学经历,笔者深刻地体会到"从学生中来,到学生中去"是新教师成长的重要途径,也是我们一生的职业使命。

一、在教育教学中体现并坚持"从学生中来,到学生中去"

人的一生都处在外界教育和自我教育当中,无论是具体的家庭教育、学校教育还是社会教育,教育成功的关键都在于受教育者是否从内心主动接受教育。苏霍姆林斯基说:"只有能够激发学生去进行自我教育的教育,才是真正的教育。"教学是教师的教和学生的学所组成的一种人类特有的人才培养活动,是学校教育的中心环节。对于教什么、怎么教,著名语言学家吕叔湘先生说过:"教学,就是教学生学,主要不是把现成的知识教给学生,而是把学习的方法教给学生。"也就是说,学校教师以符合学生实际情况的教学内容为载体,教授特定的基本知识并在此基础之上提升掌握知识的能力,由此实现自身较好的成长。

作为教学四要素之首的教师,要具备扎实的专业知识和教育学理论知识;要掌握教育规律;要树立热爱教育、快乐教学的观念;要主动探索适合自己的教学方法,形成自己的教学体系和教学风格;要关爱学生,发现学生特长,了解学生心理,严格要求学生,促使学生在端正自己学习态度的基础上,培养自己的兴趣爱好,形成自己的学习方法,建立自己的价值观体系,真正实现"从学生中来,到学生中去"。

(一)做好教学工作,探索适宜的教学方法

从事教学工作两年来,笔者主要承担了学校的高职语文、大学语文、应用文写作等基础类课程,教学对象分别是初中起点的五年制职业大专学生、职业大专学生、本科职业院校的学生。虽然同是语文类课程,因为三种层次的学生在知识储备、态度能力、学习需求、培养方向等方面存在很大的不同,因此在教学内容和教学方法的侧重上有所不同。

1. 教学内容的安排

高职语文教学重在基础,大专语文教学重在应用。基于初中起点的高职语文,我们会以中国从古到今的经典文学作品为载体,指导学生练习自我表达、规范书写、实用性写作,并在此基础上组织学生进行演讲、朗诵等语文活动;职业大专学生

的应用文写作课程,我们会在课前讲述基本的写作常识和写作专用语,并提前要求学生在半个学期内完成包括个人简历、求职信、顶岗实习报告、申请书、消息、劳动合同、感谢信、倡议书、宣传海报等常用应用文的写作练习。

对以高层次技术技能型人才为培养目标的本科职业院校的学生来说,要在教学内容的选择和安排上更多地培养他们获取知识、掌握知识的能力,培养良好的表达能力和思辨能力,陶冶情操和提升人文素养。因此在具体的教学过程中会设置课堂教学和课后教学。其中在课堂教学中,绪论课主要概述课程性质和课程目标,引导学生清楚大学语文与中学语文的区别表现在学习内容的广泛性和通识性、学生学习的主动性和积极性、语言表达的思辨性和娴熟性、课程的工具性和人文性,将大学语文课堂教学分文学、语言文字、民俗文化、写作表达四个专题。在具体教学中以教材为参考、文学史为大纲、不同专题为内容、文学作品为载体,并设置不同的教学主题活动,邀请学生参与。一个学期的语文课堂上,多数学生表现积极,课堂气氛活跃,教学效果良好。课堂之外,我们围绕民俗文化的调查写作、备课讲课、写作表达、语言类表演、书法绘画等主要内容,设置了"守望乡土""我爱讲台""语苑撷英""爱的告白""翰墨飘香"五个主题特训教学活动,以供学生自主选择并完成学习考核。通过课后教学活动的安排,学生不仅深入了解了中华优秀传统文化,还在过程中学会使用中国知网等多种学习平台,提升了学习能力,涌现出了较多优秀作品,并且能轻松将自主学到的知识和方法反哺到课堂教学的学习中去。很多学生表示,课下学习比课上学习收获更多。

笔者发现,在教学内容的安排上,固然要依照学校的人才培养要求,但更多的是教师要主动去尝试探索新的利于学生发展的教学内容,并且将这些内容在反复呈现给学生的过程中改进、优化,不断紧贴时代主题,围绕学生的学习特征,这样才能促进师生共进,教学相长。

2. 教学方法的运用

教学方法是教师教授方法与学生学习方法的统一。在高职语文和应用文写作的教学过程中,主要采用讲授法和练习法,教师在结合学生学习能力的基础之上,给定主题,引导学生练习,以实现教学目标,并在教学引导过程中,通过不同奖罚措施,鼓励学生养成课堂学习习惯,指导学生形成自己的学习方法。

在职业院校大学语文的教学中,针对不同教学内容,我们主要借助微信群、超星等多种教学平台,采用启发式、任务驱动式等不同教学方法。在具体教学中,结合学生专业发展方向,设置不同话题,引导学生正确认识语文学习在专业学习和个人发展中的价值;结合学生身心发展的阶段性特征,分组布置探究性学习任务,培养学生分析解决问题以及合作探究的能力;结合学生所能掌握的学习资源,设置民俗文化调查等项目,引导学生学会使用网络等资源,自主完成调查写作的每项学习任务,培养学生组织策划能力、应用文写作能力。

每次上完课后,笔者都会坚持写教学日记,记录当天教学的点滴,并不断总结成功的教学经验,探索新的教学方法,不断尝试、不断改进。

(二)发现学生特长,培养学生的学习兴趣

每个学期开学,笔者都会特意在语文教学中特设教学活动来激发学生的兴趣。在高职语文教学中,笔者很重视学生的书写态度,也很重视学生的普通话水平,制定相关奖励制度,由此便培养起了学生对书法和朗诵的兴趣,出现了学生争相写好字、争相上台朗诵的好现象。在本科职业院校大学语文的教学中,笔者安排课后特训主题教学活动,通过与学生一对一的沟通辅导,在此过程中也可将自己的兴趣爱好分享给学生,不断发现不同学生的特长,让学生在硬笔书法、戏剧表演、论文写作、相声表演等领域各显所长,甚至不断引发了学生对"互联网+"大学生创新创业的兴趣,以及对物理、数学、天文、历史、民俗等不同学科的喜爱。笔者在此基础之上进行的课堂教学,效果颇佳,初步取得了较为满意的教学成果。

(三)帮助学生成长,成为学生的知心朋友

笔者作为正在完成从学生到教师角色转换的年轻教师,更愿意深入学生,了解学生,做学生的知心朋友。大多数学习高职语文课的初中起点的学生是留守儿童,性格怪异、厌倦学习、基础薄弱、思想消极、沉迷游戏的学生较为普遍。因此,在教学中,要针对学生的性格,与学生多交流学习之外的事情,了解他们的心理特点、家庭情况、精神所需,从内心深处靠近学生,这样便能经常获得学生的信任和喜欢。而职业大专学生则更多地表现出对自身专业发展的迷茫,笔者便结合自己的学习和工作经历,建议他们参军入伍,帮助他们提升学历,帮助他们处理学习和生活中的疑难问题,久之,师生之间不光有了很高的信任度,而且还多了一份温存。同学们经常这样评价:"老师具有无私奉献精神,最像军人,更像姐姐。"在首届本科职业学生当中,笔者对不清楚本科职业教育的学生进行答疑,对专业方向不明确的学生进行指点,对高考后思想懈怠的学生进行教育,对学习良好的学生进行鼓励,平时积极参与学生组织的社团活动,主动帮助学生适应新生活,平时关心学生身心健康,甚至对学生在情感问题上进行开导。半个学期结束后,作为教师的自己也成了学生的"师姐"。无论是高职语文课上初中起点的学生,还是新入校的本科职业学生,都是独立的、有思想的个体。只要成为学生的知心朋友,我们在耐心帮助他们获得青春时期健康成长的同时,也能获得从教学方法、教学内容到教学效果的改变。

(四)敦促学生学业,端正学生的成长态度

成为学生的知心朋友,并不意味着在学业上对学生放松,要在跟学生和谐相处中,端正学生的学习态度,促使学生建立正确的价值观,树立学习的自信心,帮助他们健康成长。两年来,与学生相处中,有些学生企图通过拉近跟老师的关系来获得

更高的成绩,或者是企图蒙混过关,毫无责任感。对于此种现象,笔者从不迁就,而是耐心跟学生沟通,尽量在他的不足中指出他的优点,鼓励他,并在获得学生信任的基础上引导他培养正确的学习态度和生活态度。在上学期的本科职业大学语文的教学中,有些学生选择了民俗文化调查写作,但是不知道如何开展调查,索性不交,想蒙混过关。笔者通过微信等通信手段走近学生,与他们建立起信任感,然后针对学生的不同情况,或是鼓励,或是建议,或是批评,最后得到学生的认可,保质保量完成作业,而且渐渐端正了语文学习态度,甚至培养起了语文学习的兴趣。爱因斯坦曾说,学校教育的终极目标,是要让每一个学生在走出校门的时候,不是作为一个专家,而是作为一个和谐的人。这就为我们说明,教师在教学中更要注重对学生从学业到生活态度的教育。笔者深深体会到,良好的教育是一项润物无声、用心耕耘的伟大的事业,用心教学虽辛苦,但是很幸福。

二、"从学生中来,到学生中去"是对教师的必然要求

时代在更新,社会在进步,教师作为人类灵魂的工程师更要树立终身发展的职业理念,要成为什么样的教师是我们每位年轻教师应该思考的问题。笔者认为,在教育教学中坚持"从学生中来,到学生中去",是教师自身长远发展的必然要求,是新时代下做"四有"好老师的必然要求,是本科职业层次教育健康发展的必然要求。

(一)以学生为中心的教学科研是教师发展的主要方向

教师职业的性质决定了我们发展的主要方向就是在具体的教学科研中要以学生为中心。身为教师就要有热爱教育的职业信仰、教书育人的职业使命、教学相长的职业方向和终身学习的职业发展。我们要不间断地思考教学内容的安排和教学方法的设计是否真正符合学生学习的需求,是否真正可以保障教师自己能够向前发展。只有真正对学生的学习和发展起到良好的效果,才能说明之前的教学经验是可行的。事实证明,自觉在实际教学过程中提炼感性经验,形成课题,并用课题的研究成果来反哺教学,是十分有效的教师发展路径。教学经验的提炼过程,是我们对教学对象掌握情况的反思过程;课题研究的过程,是我们对已有教学方法和教学内容的优化过程。因此,作为教师要时刻以学生为中心,开展自己的教学科研工作,不断反思和总结,才会不断进步和成长。

(二)以学生为中心是新时代"四有"好老师的核心要求

2014年,习近平总书记考察北京师范大学时强调,今天的学生就是未来实现中华民族伟大复兴中国梦的主力军,广大教师就是打造这支中华民族"梦之队"的筑梦人,勉励全国广大教师做有理想信念、有道德情操、有扎实学识和有仁爱之心的新时代"四有"好老师。我们应树立热爱学生、奉献教育的理想信念,要拥有能在

学生中间"身正为范"的道德情操,要自觉丰富自己的学科知识、专业知识、经验知识和人文知识,提高自己的教学水平,要关爱学生,与学生建立亦师亦友的关系。总之,能真正做到以学生为中心,重学生之所想、做学生之所需、谋学生之所行,是符合新时代"四有"好老师的核心要求。

(三)以学生为中心是职业院校教师"工匠精神"的主要评价标准

本科职业试点学校工作的开展,标志着我国职业教育体系的完善,也标志着中国的教育迈向了新的征程。教师是推动学校教育工作前进的主力军。职业教育的目标是为国家实现制造强国的伟大战略培养工匠型人才,职业院校的教师要有"工匠精神",即立德的职业操守、求精的职业态度、坚守的职业道德、奉献的职业品格。教师是否用师德去熏陶学生,是否用教学科研去培养学生,是否用热爱教育的理念去感化学生,是否用高尚的价值观去影响学生,是否在自己的教育教学工作中真正做到以学生为中心,是评价教师是否具有"工匠精神"的主要标准。因此,我们年轻教师势必要做一个在教学上拿得起、在科研上展得出、在品质上没得说,唯精唯一,心无旁骛,一心一意为学生的新时代教师。

三、继续做"从学生中来,到学生中去"的新时代教师

教育要进步,教师就要先进步。因此,教师在专业发展问题上必须具有"无需提醒的自觉"。作为新入职的教师,我们要迅速发现自身存在的不足,并主动查漏补缺,在不断巩固专业知识的同时,更要努力学习职业教育理论,探索新的教育教学方法,形成自己的教学体系和教学风格,强身健体,不将就自身的发展,更不将就学习的学生。

(一)提升知识素养,提高业务能力

孔子的弟子有若认为:"君子务本,本立而道生。"教师职业成就感和幸福感的获得取决于自身的专业水平和职业价值。而教师的专业水平和职业价值取决于教师的学科知识、专业知识、经验知识和人文知识。因此,我们既要关注所教学科的前沿动态,也要尝试去了解相关学科的知识。在教育教学工作之余,通过参加论坛、培训、讲座,阅读期刊文章、最新书籍等途径主动去巩固已获得的专业知识和相关学科知识,这样做既可以提高自身的业务能力,也可以取信于学生。一个教师如果没有丰厚的知识储备和过硬的专业能力,那么在具体的教学过程中势必会固执于教材,失信于学生,懈怠于职业,落后于发展。教师必须树立终身学习的观念,通过对学科知识、专业知识、相关学科知识的巩固和学习,提高业务能力,提升知识素养。

（二）学习职业教育学理论，掌握职业教育规律

由于职业教育体系正逐步完善，职业院校的在职教师多数是普通高等院校出身，虽然掌握扎实的理论知识和专业技能，即使在入职前经过岗前培训、学习，获得教师资格证书，也是在普通高等教育模式下进行的，加之教师没有更多的职业院校教学经历，从入职培训到获得资格证书，到开始承担教学都不能体现出职业教育属性。因此，基于对职业教育的忠诚与热爱，作为通识类课程教师，我们必须要用普通高等教育的精神和在普通高等教育下培养起来的学习能力来引领自己主动去适应职业教育教学，进行二次职业化，学习职业教育教学理论，掌握职业教育规律，正确认识普通高等教育与职业高等教育、本科职业教育与专科职业教育的区别，正确把握培养高层次职业技术技能型人才的培养定位，深入钻研学校各专业的特征，结合人才培养目标和学生的实际情况来制定自己的教学内容和教学方法，让学生有收获，让自己有进步，将本科层次职业教育落到实处。

（三）探索新的教育教学方法，形成自己的教学体系和教学风格

爱迪生说："天才是百分之一的灵感加上百分之九十九的勤奋。"不是每个人都具有从事某种职业的天赋，因此，在诸多因素的利导下，我们会选择一种职业作为我们终身发展的方向。但是，不能囿于现状，不能困于抱怨，我们要主动去寻找能让我们在职业发展的道路上长远发展的方法。作为教师，教学起初，我们会将自己老师的教学方法和教学风格"复制"过来，加以运用，在具体的教学过程中会有"摩擦"和"磕绊"，这个时候就是我们去探索教学方法，形成自己的教学体系和教学风格的起点。首先，教师根据自己已有的教学经验，设想出新的教学体系和教学方法并加以反复实践，总结出新的成熟的教学体系和有效的教学方法，并在具体的教学过程中善于总结不同群体的学生所能接受的教学风格。其次，教师要有沟通交流的能力，在平时的教学工作中，虚心向教学经验丰富的教师、学习态度端正的学生请教，来不断优化自己的教学方法，塑造自己的教学风格。再次，教师要定期去参加职业教育教学方面的培训，积极学习新的教学方法，比如建立在"互联网＋"平台上的职业教育类混合式教学方法的学习和探索，实现信息化教学，为职业教育教学注入新鲜血液。

（四）强身健体，提升思想涵养

教师是学校教育健康运行的主要推动力，教师的身心存在问题，势必会影响学校的教育教学工作。因此，作为年轻教师要树立健康工作的观念，不仅要在工作之余强身健体，更重要的是始终不忘提升自己的思想涵养。努力学习中华优秀的传统文化，积极汲取优秀思想文化的智慧，主动去营造和谐教育风气，培养创新意识，

抵制学术腐败,反对不良作风,拒绝偷懒耍滑,真正用自己的职业道德和职业精神去感染学生。笔者以为,"工匠精神"可以针对每一种职业,我们要培养具有"工匠精神"的各行各业的学生,首先得让他们有某种宏观的纲领性精神,并用这种纲领性精神去指导他们自身成长的每一步。因此,教师作为学校育人的主体力量,必须要在人格上体现职业道德,在工作中体现职业精神,做一个具有"工匠精神"的教育工作者。

坚持"从学生中来,到学生中去"是教师获得职业幸福感和成就感的源泉,是教师自身长远发展的主要方向,是新时代下"四有"好老师的核心要求,也是本科职业教育健康发展的主要保障。作为新时代的职业院校的新教师,笔者要继续不忘教育初心,牢记育人使命,不断学习职业教育理论,掌握职业教育规律,探索职业教育教学方法,迅速转变角色,努力提升技能,时刻更新理念,不落后,不跟风,踏踏实实,永葆本真,从学生中来,到学生中去,做一名称职的新时代职院教师!

参考文献

[1] 殷建平.关于教书育人的体会与思考[J].高等教育研究学报,2003(02):77-78,86.

[2] 郑秀林.教书育人的两点体会[J].北京电子科技学院学报,1997(01):5-8.

[3] 胡道成.不忘为人师表初心 牢记立德树人使命[J].贵州教育,2018(12):21-25.

第四章　学科探源

周金声　戴汝潜∶从辨识「语文」到构建「中华语文学」

何二元∶民国大师论大学国文（四则）

王春雨∶20世纪40年代关于大学国文选目论争的学科史意义

从辨识"语文"到构建"中华语文学"

周金声① 戴汝潜②

摘要：新文科建设需要将几方面的力量整合融会，但"语言""文字""语文"长期分离，各执一端。学界对这些常用词语的理解和使用也存在歧义，很有必要对其进行溯源、比较和分析，加以厘清。我们认为："语"指"借助音节声调表达意义的声频系统，简称'言语'"；"文"指"用笔画构形表达思想的图形符号系统，简称'文语'"；"语文"是二者的合称。广义的"语言"指抽象的能够表达思想信息的系统，狭义的"语言"即"言语"。现行的语言学其实是"言语学"，真正包含言语研究和文语研究的学问应该称作"语文学"。建构中国气派的"中华语文学"才能最终处理好中国语文教育的根本问题，从而解决大学语文和中小学语文的关系及其学科的问题。

关键词：语文；语言；概念；辨析

长期以来中小学语文教育与大学语文教育脱节，"语文"教育界与"语言""文字"研究界"各自为政"，交集很少，研究者们对"语文"的认知也各执一端，这是导致中国语文学科概念含糊、难以确立的根本原因。为此，我们认为有必要对学界常涉及的"语言""文字""语文""中文"等概念加以厘清。特别是在新文科建设的大背景下，要融合创新，努力"从我国改革发展实践中提出新观点、构建新理论，努力构建具有中国特色、中国风格、中国气派的学科体系、学术体系、话语体系"。③ 从根本

---

① 周金声：汉口学院文法学院教授；湖北工业大学国际中文教育硕士生导师。
② 戴汝潜：中国教育科学研究院原研究员。
③ 沈壮海.创造新时代中国特色哲学社会科学的新增量[EB/OL].(2021-04-21). https://m.gmw.cn/baijia/2021-04-21/34779359.html.

上解决语文教育的问题。

一、对"语文"一词使用历史的回顾与反思

张之洞在1887年所呈《创设水陆师学堂折》中首次使用"语文"一词,其中有"挑选博学馆旧生通晓外国语文算法者三十名""其陆师则学德国语文""语文但取粗通"等数句用到"语文"一词,虽然主要涉及外国语文,但其"语文"二字的基本意思应该是指"语言文字"。①

在近代知识分子群体中最早使用的"语文"一词也与"语言文字"紧密相连。1897年,梁启超在《论中国之将强》谈及赴美中国留学生学习外语情况时写道:"当其初达美境,于彼中语文一无所识,二三年后则咸可以入中学校。"②1903年邓实先生在《鸡鸣风雨楼独立书·语言文字独立第二》中指出:"一国既立,则必尊其国语国文,以致翘异而为标志。故一国有一国之语言文字,其语文亡者,则其国亡;其语文存者,则其国存。语言文字者,国界种界之鸿沟,而保国保种之金城汤池也。"③这里明确将"语言文字""国语国文"缩略为"语文",并将语言文字视作"保国保种"的关键。据张毅考证,20世纪初直到1949年前,"语文"一词在各种纸质媒体上的使用已经十分普遍。鲁迅、阮真、王力、叶圣陶等学者都使用过"语文",既有《语文》《现代语文》期刊,各种期刊文章的标题中出现"语文"的也非常多,如《中国语文研究》(《新科学》1939年第1卷第2期)、《古代语文体系之探讨》(《国文月刊》1947年第61期),其中又以讨论语言文字改革的居多,如黎锦熙的《大众语文的工具——汉字问题》(《社会月报》1934年第1卷第5期)、《世界语与中国新语文运动》(《教育杂志》1937年第27卷第7期)等。《现代语文》1941年第9期上还刊发了《保卫民族语文》一文,其中使用"语文"一词达四十余次,该文指出"(日本)法西斯侵略者施行语文侵略和语文统治,反对民族语文发展",提出要"保卫各民族的独特语文"。曹伯韩对"语文"做了明确的概念界定:"语文是语言文字的合称,分开来说,平常所谓语言是口头的语言,而文字是书面的语言,后者以前者为基础,而实质是同一的。"④这可以说是最早对"语文"一词做得最明确的界定。

"语文"一词第一次出现于教育领域是在1904年。张百熙、荣庆、张之洞所拟《奏定学堂章程》,其《学务纲要》规定"译学馆,意在通晓各国语文,俾能自读外国之书,一以储交涉之才,一以备各学校教习各国语文之选"。《译学馆章程》也有"令学外国语文者入焉,以译外国之语文"。"语文"首先用于指外国语言文字的课程。1905年,清朝在废除科举制度以后,开始办新学堂,设国文课,教授历代文言文作

---

① 苑书义,孙华峰,李秉新.张之洞全集·第一册·奏议[M].石家庄:河北人民出版社,1998:575-576.
② 梁启超.饮冰室合集[M].北京:中华书局,1989:13.
③ 光绪癸卯政艺丛书·政学文编·卷七(影印本)[M].台北:文海出版社,1976:173-174.
④ 张毅.六十年"语文"史论(1887-1950)[J].教育学报,2013(6):119-120.

品。五四运动提倡白话文,国文课受到冲击,小学改设国语课,教材主要选用白话短文或儿歌、故事等,突出白话口语特点,而中学依然设国文课。国语课与国文课并存。20世纪40年代,陕甘宁边区教育厅编辑审定的《初中国文课程标准草案》规定:"提高学生对大众语文和新社会一般应用文字的读写能力。掌握其基本规律与主要用途,获得科学的读、写、说的方法,养成良好的读、写、说的习惯,这是本学科的基本目的。"虽为国文课,实际上明确强调"大众语文"和"读说写"综合性的目标。① 1964年,叶圣陶先生在《答滕万林》的信里解释设定"语文课"的缘由时说:

> "语文"一名,始用于1949年华北人民政府教科书编审委员会选用中小学课本之时。前此中学叫"国文",小学称"国语",至是乃统而一之。彼时同人之意,以为口头为"语",书面为"文",文本于语,不可偏指,故合言之。……其后有人释为"语言""文字",有人释为"语言""文学",皆非立此名之原意。第二种解释与原意为近,唯"文"之含义较"文学"为广,缘书面之"文"不尽属于"文学"也。课本中有文学作品,有非文学之各体文章,可以证之。第一种解释之"文字",如理解为成篇之书面语,则亦与原意合矣。②

这里所说的"语文"明显与张之洞、邓实、曹伯韩等所用"语文"的含义是一脉相承的,就是指"国语——口头表达的语言"与"国文——书面表达的文字"的统称。叶圣陶后来又进一步解释说:"为什么不叫'语言'呢?口头说的是'语',笔下写的是'文',两者手段不同,其实是一回事。功课不叫'语言'而叫'语文',表明口头语言和书面语言都要在这门功课里学习的意思。"③明确强调口头表达为"语",书面表达为"文","两者手段不同",其本质都是表达思想,所以说"其实是一回事"。

但是后来学界理解出现了泛化多义。

首先,从西方语言学引入中国来看,一般认为"1916年F. de Saussure的《普通语言学教程》(*Cours de Linguistique Generale*)问世,它标志着现代语言学的诞生"。④ 索绪尔在《普通语言学教程》第一章《语言学史一瞥》中,把他之前的西方语言研究分为三个时期:第一个时期是古代希腊人所创建的"语法研究"时期;第二个时期是以文本研究为主要对象的19世纪比较语言学产生之前的文法研究,国内翻译称为"语文学",又叫"传统语言学";第三个时期是"比较语法"时期。这里的"语文学"的含义大概是指以文法研究为主的学问。后来人们普遍认为19世纪以后产生的现代语言学是真正的研究语言的学问,比如岑麒祥在《普通语言学》中说:"语言本来是自有人类社会以来就有的,但是运用科学的、历史的方法去研究语言事实,使语言的研究能成为一种真正的完整的科学却是十九世纪头二十五年的事情。

---

① 张毅.六十年"语文"史论(1887-1950)[J].教育学报,2013(6):119.
② 叶圣陶.叶圣陶语文教育论集[M].北京:教育科学出版社,1980:730.
③ 叶圣陶.叶圣陶教育文集[M].北京:人民教育出版社,1998:218.
④ 赵世开.汉英对比语法论[M].上海:上海外语教育出版社,1999:1.

在这以前,一般人所做的都是一些零散的语法工作和语文学工作,而不是真正有科学体系的语言学工作。"①甚至有人认为"广义的语言学包括传统语言学和现代语言学。语文学就是语言学的一个部分。狭义的语言学指的是同语文学相对的现代语言学"②。

现代西方也有将语言学划分为前后期之说,以19世纪前25年为分水岭,划分为"前科学"时期和"科学"时期。以所谓的"科学"为标准,大体认为"前科学"时期的语言学即语文学,而现代语言学是现代意义上的"科学时期"的语言学。比如宋振华、刘伶在《语言理论》中说:"语言学界有一种通行的说法:十九世纪才产生了语言学,或者说才有了真正的语言科学。我们不妨以苏联语言学就契科巴瓦的主张为代表。他在20世纪50年代初的论著中认为:'语言的科学,溯其起源,迄今不过一百五十年'。并把语言学史划分为'前科学'时期和'科学'时期。"③认为自古代起到19世纪是"前科学"时期,自19世纪以后是"科学"时期。这基本上是承袭索绪尔的学说的。所谓科学的语言学主要指历史比较语言学和普通语言学,岑麒祥也认为语言科学成立于19世纪初,由各种语言学的历史比较研究的结果加以概括化、系统化而成了普通语言学。④

其次,从中国古代小学研究到现代引进西方语言学建构现代汉语的角度来看,王力说:"语文学(philology)和语言学(linguisitcs)是有区别的。前者是文字或署名语的研究,特别重在文献资料的考证和故训的寻求,这种研究比较零碎,缺乏系统性;后者的研究对象则是语言本身,研究的结果可以得出科学的、系统的、细致的、全面的语言理论。中国在'五四'以前所作的语言研究,大致是属于语文学范围的。""语文学在中国语言研究中占统治地位共历两千年,直到今天,仍然有不少这方面的学者。"⑤这些引进西方现代语言学理论的学者认为语言学是把语言自身当作自己的唯一研究对象的科学,就是索绪尔所说的,为语言就语言而研究语言的学问,这是典型的西方科学逻辑观。

吕叔湘在《中国大百科全书》中的专论《语言和语言研究》中以《走向语言学》为小标题写道:"从语文学发展到语言学,有几个方面的变化。①研究重点从古代转向现代,从文字转向语言。②研究的范围从少数语言扩展到多种语言。③零散的知识得到了系统化。④语言的研究完全摆脱为文学、哲学、历史研究服务的羁绊。中国的语言研究也不再是作为经学的附庸的'小学'了。"⑥这些语言工作者所说的"语文学"的"语文"与叶圣陶等先生所主张的"语文"完全不是一回事。对后代语文

---

① 岑麒祥.普通语言学[M].北京:北京大学出版社,1956:4-6.
② 百度百科"语言学"词条.[EB/OL].https://baike.baidu.com/item/%E8%AF%AD%E8%A8%80%E5%AD%A6/3632?fr=aladdin.
③ 宋振华,刘伶.语言理论[M].沈阳:辽宁人民出版社,1983:3.
④ 岑麒祥.语言学史概要[M].北京:科学出版社,1958:232.
⑤ 王力.王力文集·中国语言学史[M].济南:山东教育出版社,1984:4-6.
⑥ 中国大百科全书[M].北京:中国大百科全书出版社,1993:2.

教育界与语言学界的分化埋下了伏笔。

引进西方的先进科学理念,这对建构和深入探讨语言文字本体规律的学科很有价值。马学良等研究者在《普通语言学》中还专门设了《传统语文学和现代语言学》进行比较的一节,总结现代语言学的追求和价值:①在研究对象和范围上,开始从纯语言的角度研究语言;②在研究方向上,不再局限于描写语言中的某些个别的、零散的问题,或某一方面的问题,而是从个别到一般、从具体到抽象、从局部到整体、从语言实际到语言理论。把语言作为一个形式系统来研究;③在研究方法上,主要采取归纳法和演绎法,根据一般的逻辑定理做基础性推论,再加以证实;④在研究程序上,不是零星无序的经验主义,而是具有跟其他自然科学相同的特点,即观察—假设—验证,系统地进行研究,提出一整套理论,形成了语言学的典型研究程序。① 但是在如何看待中国传统的文字学、音韵学、训诂学上,却有失偏颇。比如他们将中国传统的"小学"与西方"传统语文学"同样看待,并总结出五个共同特点:①都局限于一种语言的研究,而且常常是本族语;②都侧重于对前人留下的哲学、宗教、历史、文学等方面的古典文献进行考证、诠释和评注,目的是帮助人们读懂这些古典文献;③一般都不是从语言的角度为语言而研究语言,而是从属于其他学科;④都把口语看作不登大雅之堂的俗语,不予重视;⑤在研究方法上多失之于零散、静止和片面,缺乏系统的、全面的、发展的观点。几乎都是从否定的角度总结的,认为"那时的语言研究,还没有发展成为独立的学科,一般被称作为'语文学'"。② 这样的对照分析,用综合性视野来审视反而更说明传统的研究方法更符合语言文化的本质。

对这种见解,早在1906年,著名学者章炳麟先生就认为中国传统的小学研究不同于西方的"传统语言学",主张将文字、音韵、训诂,"合此三种乃成语言文字学。……方为确切"。③

传统语言学和现代语言学当然是有区别的。但是将"传统语言学"叫作"语文学"未必确切,又将其与"科学"挂钩,就忽视甚至贬低了古代语言文字学的成就和价值。按这一观念,中国古代就没有真正的语言研究了,中国古代的小学就不是语言科学。这是不符合历史事实的,也是造成现代汉语与古代汉语脱节的原因。由于这样的断裂和自信缺失,我国至今没有完成"摆脱印欧语眼光"(沈家煊)构建起"基于汉语研究、符合汉语语言事实的语法框架与体系"(陆俭明)的理想。早在1958年黄景欣在《论语言学史的研究》一文中就批评说:"第一,从历史事实看,古代语言学的研究曾有惊人的蓬勃发展","第二,根据这样的分期来衡量各个国家的语言学,特别是我国的语言学,必然会产生对这些语言学的成就的虚无主义的态

---

① 马学良,瞿霭堂.普通语言学[M].北京:中央民族大学出版社,1997:44-45.
② 马学良,瞿霭堂.普通语言学[M].北京:中央民族大学出版社,1997:42-43.
③ 章太炎.论语言文字文学[J].国粹学报,1906.

度。"①其实中国古代的"小学"中的音韵学,并不是单纯考察生理的、物理的语音的,而是从其社会功能和相互关系方面着手,把握语音的同一和对立,这与现代的音位学是相近的,是具有科学性的。怎能认为是不科学的,或者是非语言学的研究呢?照搬西方语言学理论观点的中国现代语言学家,在强调西方现代语言的科学精神的同时,却忽视了中国传统语言文字研究的科学成就。宋振华、刘伶在《语言理论》中批评说:"在语言研究中,有人以十九世纪为线,把语言学的历史区分为'前科学'时期和'科学'两个截然不同的时期,这种区分实际上是不科学的。"②他们认为这一说法重视的是语言自身的内部结构,而忽视了语言的社会功能,忽视了语言是传情达意的思想工具的本质属性,就像中医与西医是从整体关系还是从局部出发看问题一样,如果从狭隘的"科学"视角观看问题就会走向极端。

综上所述,西方所谓"普通语言学"传入中国,引入了仅仅局限于研究"语言"的"科学的话语权",导致汉文字研究的衰落;中断了此前我国原本就具有现代科学意味的、综合"语言和文字"研究、符合中国实情的"语文学"研究传统。所以,用"语文学"一词翻译西方认为是"前科学"时期的"传统语言学"是不确切的。

二、对"语""文"及其"语文"正本清源地厘清定义

"语"字最早见于金文,从后来的楚系简帛到篆书、隶书,其形态变化都不是很大。《康熙字典》的解释为:"吾言为语……言者直言,语者相应答。……《诗·大雅》于时言言,于时语语。《疏》直言曰言,谓一人自言。答难曰语,谓二人相对。《礼·杂记》三年之丧,言而不语。《注》言,自言己事也。语,为人论说也。"《汉语大字典》(1989年第一版)的解释为:"①议论,谈论,辩论。②交谈。③说的话。④语言。"甚至还有包含"诗、文、谈话中的字"和"诗、文、谈话中的句"的意思。《辞海》的解释为:"话;言语。谈话。"《现代汉语词典》将"语"解释为"话",又将"话"解释为:"说出来的能够表达思想的声音,或者把这种声音记录下来的文字。"综合这些解释,可以明确得出共同的理解,即"语"的本源、基本含义就是口头表达的音频信息,即使《汉语大字典》解释为"语言"时举的例子,"欲其子之齐语也"(《孟子·滕文公下》)和"汉语汉心吐蕃身"(白居易《缚戎人》),也主要是指口头语言。

再看"文"字。甲骨文就有,写作,金文图像更为丰富,比如,《说文》:"错画也。象交文。像两纹交互也。纹者、文之俗字。"说明其最初的本意是指正立之人身上的刺画花纹。又说:"黄帝史官仓颉,见鸟兽蹄迒之迹,知分理之可相别异也,初造书契。……仓颉之初作书,盖依类象形,故谓之文。其后形声相益,即谓之字。

---

① 黄景欣.黄景欣语言研究论文集[M].南京:江苏教育出版社,1995:181.
② 宋振华,刘伶.语言理论[M].沈阳:辽宁人民出版社,1983:1.

文者,物象之本;字者,言孳乳而浸多也。"①认为仓颉受到鸟兽足迹启发,依类象形地描画,创造出了象形文。但受象形的局限,后来又出现了借文创构会意、指示和形声字,就像母亲生儿育女,孳乳了许许多多的字。所以《汉语大字典》引杜预、朱熹注,"文,字也",明确解释"文"为"字,文字",还解释为"言辞;文辞","文言文的省称"。《辞海》也解释为"字;文字。文章"。对"文字"定义为:"记录和传达语言的书写符号,扩大语言在实践和空间上的交际功能的文化工具。"《现代汉语词典》也立"文字"专词,解释为:"记录语言的符号"和"语言的书面形式"。很明显,都将"文"看作与"语"对应的一种书面视觉的表意(音)形式。尽管大多数观点受索绪尔观点的影响,认为文字是记录语言的书写符号,但显然都承认其与口头语言不同,而主要是一种视觉信息系统。

这说明"语"和"文"都是传情达意的信息系统,但二者承载和表达的方式以及借助的载体显然不同。"语"的单纯意义就是指"语言"或"言语",即口头表达形式;"文"的主要意义就是"文字""文章",即书面表达形式。这是传情达意的两个系统。

任何语言文字和词语的含义都会随着时代的发展、思想文化的发展变化而发生扩大或者缩小的变化。考察"语"和"文""字"的独立本意,似乎变化不是很大,但含义的外延和扩展是显而易见的,特别是对"语言""文字"互译概念的理解,因为涉及西方和东方的文化就会产生很大的不同。东西方采取的是两种不同的载体体系,虽然从人类共性看,信息交流模式有许多共性,但不同的民族由于人文历史地域的不同形成了截然不同的思维和生活习性,作为文化基因的语言文字就会产生特殊的个性特征。西方语言文字是一种表音体系,其文字就是记录语音,索绪尔甚至认为"语言与文字是两种不同的符号系统,后者唯一存在的理由是表示前者"②。"中国文字本来是一种描绘姿态与形象的,并不代表语言。换言之,中国文字本来只是标意而不标音。但自形声字发明以后,中国文字里面声的部门亦占着重要地位,而由此遂使文字和语言常保着若即若离的关系。"③西方的文字与语言都是通过音义关系的建构表达思想的单系统格局,而汉语言文字是通过音义和形义的对应建构起来的表达思想的双系统格局,所以说西方拼音语言是单轨发展机制,汉语言文字是双轨发展机制。④ 因而,西方语言研究的学问属于语音语言研究系统,尽管19世纪以前是以文本书面语研究为主的,但也是基于音义关系的研究,只不过侧重于书面记录的语言而已,所以都应该称为语言学,后来索绪尔主张侧重口头语音语言研究,建构起"现代语言学",相对来说,过去的语言学就自然应该称作"传统语言学"。而中国的语言文字迥然不同,所以章炳麟先生提出要将中国传统的小学与现代语言学结合起来,重新建构"中国语言文字学"是非常明智的。也就是说这

---

① 许慎.说文解字·序[M].北京:中华书局,1963:1.
② [瑞]索绪尔.普通语言学教程[M].高明凯,译.北京:商务印书馆,1980:47-48.
③ 钱穆.中国文化史导论[M].北京:商务印书馆,1994:89.
④ 周金声,赵丽玲.关于语言与语文及其教学的思考[J].汉字文化,2018(5):26.

门学问既研究书面表达文字体系,也研究口头表达的言语系统,两者相辅相成,共同构成一门涉及语言和文字系统的学科,其内容传承古代音韵学、训诂学、文字学,又借鉴西方语言学创新中国现代语文学,可以简称为"中国语文学"或者"中华语文学"。

三、"语文"的根本内涵与发展语文教育

综上所论,应该十分肯定地形成共识,中华"语文"的本义或者说狭义就是"语言文字"的缩略。"语"指"口头表达的语言",即"借助音节声调表达意义的声频系统";"文"指"书面表达的文字",即"用笔画构形表达意义的图形符号系统"。

但是"语言"的本质存在于思维之中,它是一个与人类思想和情感对应相通的最高层面的概念。因此,这个词具有更为广义的内涵,比如"旗语""手语",《辞海》解释为:"指用以示意的动作或信号。"《现代汉语词典》解释为:"代替语言进行交际的方式。"吕必松先生分析道:"根据索绪尔关于区别'语言'和'言语'的理论,我们把'语言'看作一种抽象的系统,把'言语'看作这种抽象系统的表现形式。……'语言'存在于'言语'之中,是对'言语'的抽象。人们只有通过'言语'才能感知和学会'语言',因此,无论是研究语言,还是学习和教授语言,都必须以言语为对象。"① 这说明"语言"还有一个广义的含义,也就是说,广义的"语言"应该指可以借助某种符号载体传递的信息系统。借助手势表意就构成"手语",借助旗帜表意就构成"旗语",借助计算机数字程序表意就构成了C语言,借助肢体表意的信号系统就是肢体语言,如此还有"舞蹈语言、绘画语言、音乐语言",等等。根据系统论原理,可将其归纳如图1所示:

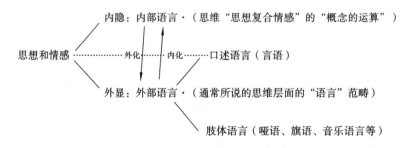

图1 思想、情感和语言的对应关系

由此看来,"语言"有广义和狭义之分,广义的"语言"指抽象的能够表达思想信息的系统,这个系统分为"内部语言"和"外部语言"两部分。"内部语言"既是思维活动的运行机制,也构成思维内容本身;"外部语言"则是"内部语言"的外化了的物化形态。显然,二者是对应于思维活动而言的。这种物化的形态,可以运用人体的

---

① 吕必松.汉语和汉语作为第二语言教学[M].北京:北京大学出版社,2007:30.

各种感官或肢体予以表达。可见,借助口和声带发出的音节音位表达思想情感的声频系统,只能是狭义的"语言",即现代通常称之为的"言语"。

人的想法可以用口头言语的形式表达出来,也可以通过体态动作表达,也可以借助道具等不同的符号形式表达。人们在还没有弄清楚语言的本质特性时,总是将"口头言语""体态动作"等"符号形式"统称为"语言"。显然,无论是怎样的物化状态,都属于思维的"外部语言"范畴。这说明不同的符号系统既有共性,彼此之间又有着相互转换的可能性。其中既有口述语言,也包括肢体语言范畴的"书面语言"(常人手写输出,盲文则完全手触输入输出)。无论是口述的还是肢体的语言,都离不开视觉、触觉等感官的综合作用(比如,"会说话的眼睛"),二者一致的功能是表达思维内核的"思想和情感",区别只是各自表达的介质和形态不同。比如,口述语言和肢体语言的输入器官分别为耳朵和眼睛,其载体分别是语音声频和视觉符号,其本质都是一种信息系统。

因此,以思维为核心,研究这两类语言及其关联性才是广义的、真正的"语言学",而且应该正名为"语文学",特别是对于中国语言文字文化来说更是如此。它与现行的语言学具有本质上的区别。这样的称谓也符合现实社会语言生活的实际,比如我们习惯说"英语""法语"或是"满语",等等,不仅仅是指"口述语言",而且包括"书面语言"。二者同源于内部语言、并归于同宗的外部语言,但是,思想与情感交流的介质和过程却有本质上的区别,一个是"声讯",一个是"形符",各自有各自的内在规律。我们可以简明地用图2呈现如下:

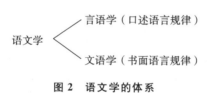

图 2　语文学的体系

从上面的简明关系的系统标识,可以看出,近代语言学的言语研究没有包含汉文语研究,也没有研究的能力,也就是说,现代汉语只做了汉言语研究,而不可能做汉字和汉文(中文)研究。可见,用狭义的语言——实则仅仅是言语,解决不了"书面语言"的问题,基本概念是不适宜、也不合逻辑的。难怪语言学家陆俭明先生在新近出版的《话说汉语走向世界》中专门指出,"书面语是在口语基础上经过提炼加工的语言",还特别强调"汉语要走向世界必须加强汉语书面语教学"①。近代惯称的"语言学"研究将自己局限在"言语规律"的研究是有失偏颇的。因为"书面语言"与其他同一层面的各种狭义的"语言"一样是表达思维的相对独立的系统,其丰富的内涵远远超出了"记录音节"的所谓"语言"(实为"言语")的范畴。从"语言对应着思维而言","口述语言"研究的对象是"言语",是广义语言的下位概念,学界却将

---

① 陆俭明.话说汉语走向世界[M].北京:商务印书馆,2019:31-32.

研究言语的学问误作广义的"语言",并自命为"语言学",这是以小度大。然而,这就是中国语言学的现状。现代中国语言学面对的是脑科学、思维科学、系统论、信息论和中国哲学、中国文化学、中国文字学,等等,远不是西方语言学之简单的"言语规律研究"。因此,很难设想用这样的研究成果来编制教材、教授学生,进行学术传承、海外传播,会有什么预期的成效、理想的成就。"穿洋靴子走国道"的日子早该结束了。

我们应该深刻认识到照搬西方语言学,将其嫁接到汉语、汉字、汉文研究的不当,必须从根本上扭转误导中国语文教育严重滞后的理论,使之复归本源,重上正轨,予以重建的真正的"语言学"其实应该是"语文学"学科。

汉语的学习和研究根在汉字,汉字最初以象形示意,并且引申会意、指事,延伸示意,即使后来出现的形声字也不是简单的"作为声符示音"的,绝大部分字还是源自以形示意的。因此,建立在"以形示意的形意文字"基础上的语文(汉语文),从理论上说就是汉字语和汉语,也就是习惯上笼统说的"语言和文字"。严格地说,语文包括汉语、汉字、汉文三个部分。作为学术界和高等教育领域的中国语文学,目标在于研究汉言语学、汉字学和汉文学(实际是汉文章学,不能误解为"文学")的理论与应用。而语文课程在基础教育领域,概括地讲是学习言语和文语的基本规律的应用,以及应用言语和文语的基本规律,所谓"规律的应用和应用的规律"。总之,重点就是应用。比如,汉字的理据规律只需了解基础知识就可以了,重在应用;掌握偏旁部首之类,并不需要对每个字的理据做深入学习和研究,这就是"基础规律的应用"。但是,在认识汉字之后,使用汉字的过程中,又有应用的规律性,比如,书写的工整、词语的推敲、成文的技巧、融入感情的朗读,进而应用语言文字进行书面表达的写作,等等。伴随着"应用"的学习还包含教育、教养等内容。由于国内普遍崇尚西方语言学理论,一些基本理念和概念混沌,造成基础语文教育界存在重语轻字、过度看重拼音等问题,需要我们高度重视和努力厘清正道。

由此我们认为,立足于中国语言文字生活的土壤,要尽快建构起"中华语文学"即"中华语言文字学"的理论体系,有了中国气派的"中华语文学"才能最终解决中国语言文字工作和生活中存在的种种问题,也才能彻底处理好中国语文教育的根本问题。

民国大师论大学国文(四则)

何二元[①]

摘要：民国大师教大学国文，人们已经谈得很多；民国大师论大学国文，似乎还较少人谈。本文撮举四则史料，以供同行尝鼎一脔。

关键词：国学大师；大学国文；刘半农；钱基博；周作人；徐中玉

刘半农的实验报告

刘半农是一个文学家，早期创作走的是香艳路子，最出名的有新诗《教我如何不想她》：

> 天上飘着些微云，地上吹着些微风。啊！微风吹动了我的头发，教我如何不想她？月光恋爱着海洋，海洋恋爱着月光。啊！这般蜜也似的银夜，教我如何不想她？水面落花慢慢流，水底鱼儿慢慢游，啊！燕子你说些什么话？教我如何不想她？枯树在冷风里摇，野火在暮色中烧，啊！西天还有些儿残霞，教我如何不想她？

后来被著名的语言学家赵元任谱成曲，广为传唱。那时候他的名字还不是半农，而是"半侬"，更有好事者考据说是"伴侬"，可知其"香艳"程度。后来到北大教书，他专心做学问，但偶尔仍然会泄露其本色，譬如为清末名妓赛金花作传。后来传未成，身先死，据说赛金花前往吊唁，并送了一副挽联："君是帝旁星宿，下扫浊世

[①] 何二元：杭州师范大学人文学院副教授，全国大学语文研究会副会长。

秕糠,又腾身骑龙云汉;依乃江上琵琶,还惹后人挥泪,谨拜手司马文章。"

然而时局造英雄,新文化运动渐起,刘半农得风气之先,成为《新青年》的重要撰稿人之一,尤其是一篇《我之文学改良观》,与胡适的《文学改良刍议》、陈独秀的《文学革命论》遥相呼应,成为新文化运动的得力干将。因受蔡元培之邀,刘半农正式出任北大预科国文(大学预科国文是民国大一国文的前身,即今天大学语文的前身)教员,如此推算,刘半农即是大学语文前辈的前辈。

刘半农教预科国文,首先研究他的学生,他问:"现在学校中的生徒,将来是否个个要做文学家?"研究的结论是否定的:"所教的学生,将来都不是要做文学家的。"既然如此,就发生了进一步的疑问:

第一,现在学校中的生徒,往往有读书数年,能做"今夫""且夫",或"天下者天下之天下也"的滥调文章,而不能写通畅之家信,看普通之报纸杂志文章者,这是谁害他的?是谁造的孽?

第二,现在社会上,有许多似通非通,一知半解的学校毕业生:学实业的,往往不能译书;学法政的,往往不能草公事,批案件;学商业的,往往不能订合同,写书信;却能做些非驴非马的小说诗词,在报纸上杂志上出丑。此等"谬种而非桐城,妖孽而非选学"的怪物,是谁造就出来的?是谁该入地狱?

于是,他把大学预科国文的教学实验,变成了"教授应用文之实验",实验宗旨可以概括为这样一句话:"只求在短时期内,使学生人人能看普通人应看之书,及其职业上所必看之书;人人能作普通人应作之文,及其职业上所必作之文。"并把实验心得最终写成这份题为"应用文之教授"的报告。至于报告的具体内容,种种非常详尽的细节,大家可以自己去读,这里不再赘述。

最值得注意的是,以刘半农这样的一个文学家(也早已列入国学大师),不因其个人趣味,把大学语文教成"教我如何不想她"之类的创意写作,而是设身处地为学生的人生考虑,倡导应用文写作,这是怎样的一种胸怀呢?拿教育学的术语说,这是"以学生为中心",而非以教师兴趣、教师所长为中心;拿政治上的术语说,这是"人文关怀"——人文主义本来就包括人文批判、人文追求、人文关怀三个方面——所以今天读这篇文章,值得我们这些天天把"以学生为中心"和"人文主义""人文性"挂在嘴边的教师们好好反思。

当然刘半农并非完全排斥文学教育,他的"应用文"概念,是包含若干文学因素的,譬如与学生生活关系密切的"小品文""游记"及"白香山纪事诗"(当指其新乐府诗),就都包括在内。而且从新文化运动的大势看,五四同人内部显然做了分工:胡适等人强调白话文学,而钱玄同、刘半农等人强调白话应用文——不是厚此薄彼,乃是分兵合击。

只是这样一来,后来的研究者们往往就有了误解,长期以来只把它当成一篇谈应用文的文章,而忽视了它其实还是中国大学语文最早的一篇实验报告。

钱基博的始业教育

钱基博是钱钟书的父亲,一篇题为《不要忘了钱基博》的文章说:"钱基博以毕生精力治国学,安身立命于国学,熔铸生命于国学,对国学进行了全面而深入的研究,为后世提供了丰硕而极有价值的国学成果,是当之无愧的国学大师。"

抗日战争时期,国民政府出于长期抗战的需要,在湖南蓝田创办国立师范学院(即钱钟书《围城》中"三闾大学"的原型),钱基博任国文系主任,同时兼授大一国文课。他给学生讲的第一堂课,题为"依据湘学先辈之治学方法以说明本院之一年级国文教学",按今天的说法,也就是一堂大学语文的"始业教育课"。

讲话开场白说:我为什么要依据湘学先辈之治学方法以说明本院之一年级国文教学呢?一因为本院地点在湖南。二因为在座的诸位大多数是湖南人。然而更有一层深长的意义,就是国文之在湖南,很有一番光荣灿烂的历史,震耀过全国的人文。我治文学史,湖南人先辈的集子,就读到很不少;所以对于文学灿烂的湖南,时时欣慕,几乎如古人说"虽不能至,心向往之";而今来到湖南了,眼看到诸位生在这个文学灿烂的故乡,上辈有许多文学光荣的祖先,是何等的可敬可慕呀!

接着他如数家珍地叙说:

湖南有衡山这样伟大的南岳,崔巍突兀,雄峙湘中,五岭盘郁,横亘南境;又有湘江千里清澈,纵贯南北,曲折奔赴以与长江汇合,造成八百里洞庭湖的浩渺,君山烟云,泛滥渟蓄;如此山水,足当"雄深雅健"四字,孕育产生的文学,也自然"雄深雅健",人杰而地更灵。

中国最浓郁最古老的一种革命韵文,要算楚辞。楚辞是战国时候,楚大夫屈原不得志于怀王,自伤忠不见信,既已放逐到湘,行吟泽畔,听了湘江岸头先民许多娱神祭鬼的歌,含英咀华,就用他的调子,写成楚辞之离骚、九歌、九章等作,长短句错落以赴繁弦促节;在古代,韵文要算是一种革命。因为中国古而又古的第一种韵文,是《诗三百篇》,句多四言;现在屈原变以长短句,解除了句格的束缚,化典重为激扬;同一香草美人,寄意比兴,而国风婉转以附物,楚辞卓出而高骧,遂以开汉代之词赋。然而屈原不是放逐到湘,不是于湘江岸头鸟兽草木,神话传说逐一细意体会,不能写出离骚、九歌、九章的这一种革命韵文。

中国第二次文学革命,要算唐朝的古文;就是把六朝骈文的韵律句格,种种拘束,一切解放;那时文学革命巨子,是韩愈、柳宗元。韩愈刻画人物,工于叙事。柳宗元雕绘山水,独擅写景。然而柳宗元模山范水这一类的游记文学,也是到了湖南才开始写作;因为他得罪了朝廷,贬官到永州做司马,放怀山水,就写成了《游黄溪记》《始得西山宴游记》《钴鉧潭记》《钴鉧潭西小丘记》《至小丘西小石潭记》《袁家渴记》《石渠记》《石涧记》

《小石城山记》，博览物态，逸趣横生。曾文正公说得好："古文家少恬适之一种，独柳子厚山水记破空而游，并物我而纳诸大适之域，非他家所可及。"然而不是永州山水的清深旷邈，那儿能孕育柳宗元这一种山水恬适的游记文学呢！

接着他又详细叙说湖南近百年来产生的杰出人物。整篇讲话，都是这样一种如数家珍、洋洋洒洒的风格，若用今天的办法做起PPT来播放，一定富丽无比。处于国难时期的在座学生，开学伊始，听到这样一篇热情洋溢的讲话，想来一定是个个热血沸腾，发誓要把这门课上好。

钱基博其实不是湖南人，他是江苏无锡人，无锡也是人文荟萃之地，钱基博在无锡任教的时候就特别重视地域特色，讲究因地施教，重视乡土教育，参与编写了《无锡地方志》，并写成了《江苏省立第三师范学区纪念人物志》，在《钱基博集》中还有《方志汇编》《无锡光复志》等专书。假如让他讲"依据吴越先辈之治学方法以说明本院之一年级国文教学"，肯定也能讲得头头是道。但是到了湖南，他就研究湖南人文，挖掘湖南地方资源，针对湖南籍学生准备教案，这对我们今天如何上好大学语文课，无疑有很大的启发。

周作人"赋得杨柳"

周作人教大一国文课，从来没见人提起过，笔者在《现代大学国文教育》中首先独家考证。考证的起点，是1917年，周作人应邀到北大教书，同年4月3日，访蔡元培校长，得知在学期中间不能开新的功课，只能临时安排他教预科国文（即后来的大一国文），这使周作人大为丧气，10日下午又往北大访蔡校长，辞教国文的事。幸好蔡校长惜才，让他暂在北大国史编纂处充任编纂之职，月薪一百二十元，终于挽留下这位日后新文化运动的得力干将。所以周作人给人的第一个印象是：他不愿意教大一国文课。

可是人算不如天算，五年后，胡适介绍他去燕京大学兼课，担任的是中国文学系新文学组的教学，周作人被这"新"字吸引，很高兴地应允了，谁知去了之后才知道，原来还是国文课，后来他回忆说："根本原是与我在五年前所坚不肯担任的东西一样，真是大上其当。这不知怎样解说好，是缘分呢，还是命运，我总之是非教国文不可。"

又有佐证，根据冰心在《当教师的快乐》一文中说："一九二六年我从美国留学回来，在母校燕京大学国文系当了一名讲师。……我教一年级必修科的国文，用的是古文课本。大学一年级的男女学生很多，年纪又都不大，大概在十七到二十岁之间。国文课分成五个班，每班有三四十名。因为他们来自全国各地，闽粤的学生，听不大懂马鉴主任、周作人、沈尹默、顾随、郭绍虞等几位老先生的江南口音，于是教务处就把这一部分学生分到我的班上。"这岂不是说那些能听懂"江南口音"的学生的大一国文课便由周作人等先生来教了吗？

还有一个佐证，是周作人自己写的《杨柳》，其中说到："有一个时期我曾在某处教国文，担任过本一的作文三年。"就这样，笔者顺藤摸瓜，找到了周作人的《杨柳》，并将它选入人民出版社版《大学语文》教材。在这篇随笔中，周作人开篇便说："杨柳这题目是我所喜欢的，已经有好几年了，我常想自己来写篇文章，也想叫人家写。……我同友人们谈到国文考试，总反对那些古学或策论的试题，常说只要写一篇谈杨柳的文章就好，虽然实在也还没有实行过。可是我一直至今还是这样想，相信要考学生的国文程度须得赋得杨柳。""赋得"就是命题作文。周作人对大一国文有特别的见解，他说："所谓国文，特别在考试时，干脆地一句话实在即是作文，即现今通用文字的应用，合格的条件只是文理通顺。"他批评说，不知道从哪一朝代起国文这名称变成与国学同义，作文题目往往如"养浩然之气论""抗日救国策"等，实在是不适合学生做，也实在是考查不出学生的真实作文水平。所以他主张"赋得杨柳"，这样的题目人人能做，最能看出实际水平。

周作人当时是新文学运动的重要人物，他倡导的"美文运动"取得了很大的实绩，而他还要把这种新文学精神带到国文教学中，当时五四同人也都认为新文化运动非得占领了课堂才算真的成功，如此看来，"赋得杨柳"的主张倒是非常有意义的。

除了在燕京大学兼课，那时周作人还在北京女高师兼国文课，这篇《杨柳》提到学生时用的都是"她们"，让人猜想是讲的女高师的教学经历。他把这新文学运动的精神，直接带到国文教学，引导学生参与到"美文"创作中去。这样看来，北京女高师在那个时候涌现出苏雪林、庐隐、冯沅君、程俊英、石评梅、陆晶清等一批女作家，是否与这"赋得杨柳"的主张有些许关系？笔者只是猜测，有兴趣者可以进一步考证。

徐中玉继往开来

徐中玉是民国大学国文的最后一位大师。1948年，他在《国文月刊》上发表《国文教学五论》，其中第四论是《关于大学一年级国文》。文章开头就说："大学一年级的国文，近年来始终是一个问题，讨论得似已不少，可是一般说来，仍旧没有什么显著的进步。"接着从课程、教材、教师、教学等方面详细讨论。

他说，大学国文的性质，应该是国文课，不能包打天下，"要以国文科来代替学术史、思想史，甚至所谓'固有文化'的传授根本是不可能的事。不但学者不可能接受，教者也不可能传授。"

教材方面，他认为大一国文应该重在作文训练，现在学生写的是语体文，但是部颁教材却全是文言文，而且偏重周、秦、两汉的诗文，唐、宋文只有十七篇，明、清文各只一篇，近人的作品一篇也没有，这是不应该的。

教师方面，他说"有些学校不知重视这门科目，有些资深教授不愿意担任这门科目，于是国文课便成了资识俱浅者的分配物"，他认为这是这门课缺少进步的重要原因。他主张每个教授都得担任一班的国文课，假如教授不够，那么大学里"少用几个职员，就可以多聘几位教授了，在国文功课上来省钱，不但太笨，简直是罪恶"。

他还设身处地为教师们考虑，说"国文课又确实辛苦，因为有许多文卷"，所以"国文每班的人数应以二十五人为度，三班九小时七十五人，每两周作文一次勉强还可以来得及。每班人数如果超出三十人，便当减少授课时数为两班六小时，否则，也当另外致送一点报酬"。这些话是七十年前说的，却完全像是在说今天的事情，是徐老超前乎？抑或大学语文滞后乎？令人深思。

徐老的这篇文章似乎为民国大学国文做了一个了而不了的"了结"，其后这门课在大陆沉寂了三十年，三十年后的一天，一个人再次想起了徐中玉，这个人是南京大学校长匡亚明。1978年秋天，南京大学率先恢复了大学语文课程，校长匡亚明对当时的语文教材不满意。徐中玉刚刚摘掉"右派"帽子，匡亚明主动和他联系，希望合作编写一本高水平的教材。

还有一种说法，1980年夏，徐中玉在庐山参加"中国文艺理论学会"年会期间，不慎患病，中途回沪在第六医院治疗。南京大学中文系侯镜昶教授特来医院看他，说匡亚明校长有意恢复久已被无形取消的"大学语文"课程，希望与华东师范大学一道来提出倡议。后一种说法见于徐中玉的文章，因此更加可信。就这样，1980年，匡亚明、徐中玉振臂一呼，各校群起响应，大陆高校重开大学语文课，徐中玉成为大学语文全国统编教材主编、全国大学语文教学研究会首任会长，成为这门课的灵魂人物。大学语文乃有其后三十多年的局面。

恩格斯曾说过但丁是中世纪最后一位诗人，同时又是新时代最初一位诗人。这句话用在徐中玉身上也非常恰当，他是百年大学语文承前启后的一位大师级人物，最近有一篇文章题目就是《走近大师：拜访"大学语文之父"百岁老人徐中玉》。

然而，70年前，徐中玉指出的大学国文的种种问题，今天依然存在，重开后的大学语文多次陷于困境，"尴尬"与"边缘化"成为这门课的两个常见的关键词。回顾百年历史，大学语文似乎陷入了"三十年河东，三十年河西"的历史怪圈。假如按徐老的算法，这门课从五四新文化运动算起，那么1919年到1949年的30年，是民国大一国文时期；1949年到1979年的30年是大陆高校停开这门课的时期；1979年到2009年的30年是大陆高校重开大学语文的时期。如今快40年了，这门课依然健康发展——是历史的魔咒终于打破了吗？我觉得原因之一还是在于徐中玉先生的长寿，他的生命似乎已经融入大学语文里了，尽管也有人对这门课有种种非议，但是还没有一个人敢冒天下之大不韪，挑战一个百岁老人的存在。

如今徐中玉先生已经103岁了，仍然非常健康，最近他和儿子一起去体检，有很多指标显示他比儿子还要健康。2014年春节，笔者和《中国教育报》的黄蔚主编去拜望他,他正在和谭帆会长闹别扭,不愿意去医院疗养,非要跑回家里,他说我还要做点事情呢!我想,他说的事情应该就有大学语文吧。

人可氏曰:美哉大语,肇自癸卯,世纪更迭,百年不堕。才人辈出,大师云集。中有良玉,继往开来。荫我后生,泽我家国。称彼兕觥,寿者永年!

(注:此文系旧作,徐中玉先生已于2019年6月25日去世。)

20世纪40年代关于大学国文选目论争的学科史意义

王春雨[①]

摘要：20世纪40年代，魏建功、朱光潜等人曾围绕"大学国文选目"展开论争。这次论争不仅涉及有关文言文与白话文比例的教材编写理念，更包含教学方法、学科性质、培养目标等学科建设的深层次问题。论争焦点正是此后大学语文学科建设的完善方向，教育家们已经在教材、培养目标、课程性质等方面为大学语文学科的建设指明方向。

关键词：20世纪40年代；大学国文；选目；大学语文

1942年10月，民国教育部颁布"大学国文选目"，训令全国高校施行。选目拟定者为魏建功、朱自清、黎锦熙、卢前、伍俶傥、王焕镳六位语文教育家。"大学国文选目"历时近两年完成，共50篇，均为文言文，采用四部分类法排列选文次序。选目在颁布之后因其"复古倾向"等引来多方争议。1942年《高等教育季刊》第2卷第3期推出"大学国文教学问题特辑"，刊登黎锦熙《大学国文之统筹与救济》、魏建功《大学一年级国文的问题》、朱光潜《就部颁"大学国文选目"论大学国文教材》、朱自清《论大一国文选目》、魏建功《答朱孟实先生论大一国文教材兼及国文教学问题》、阮真《如何教今日大学之基本国文》等文章，记录了拟定者与异议者之间的"交锋"。除刊登在《高等教育季刊》的文章外，还有杨振声《新文学在大学里》、丁易《谈大学一年级的国文》、李镜池《谈大学国文教学问题》、徐中玉《关于大学一年级国

---

① 王春雨：吉林大学文学院课程与教学论专业在读硕士研究生。

文》、陈觉玄《部颁大学国文选目评议》等文章均论及"大学语文选目",阐发各自关于教材编写理念、培养目标、教学法等意见。20世纪40年代的那场论争已经过去70多年,大学语文学科建设也已走过百年历程,彼时与此时所面临的境况差异良多,然而回溯历史,重温那段论争,仍然给人历久弥新之感。大学语文是"中国现代语文学科创建伊始就有的一门重要课程"①,关于教材、教法、学科性质、培养目标等的探讨从未平息,追忆学科发展历史,继承前人优秀成果,对于超越自身藩篱,建设完整、成熟的大学语文学科具有重大意义。

一、论争为大学语文教材规范化建设指明方向

就其本质而言,大学国文教材具有选本性质。"任何一种选本,都是在某种观点下产生的。"②"大学国文选目"并非一蹴而就,编辑委员会曾为教材选目做过周密的预备工作,选目正是"某种观点"的体现。魏建功在《大学一年级国文的问题》中提到,他曾对战时后方征集的20个单位1051篇选文,以"各时代中作家与其被选篇数"为主题进行细致统计分析,发现1051篇选文,"没有找到一篇文章在二十个大学院校过半数的单位里不约而同的选授","二十个单位的大学院校选文里找不出一个客观的共同标准"。不同院校大学生修习的作家选文并不固定,这样的教材编写实情对"初入大学的青年没有什么好处",此时需要找到一个"客观标准",进行"意志集中"的调整,结束"不算合理"的选本乱象,50篇选目正是编辑委员会基于此种局面做出的统一安排。③ 除了解大学国文教材情况外,魏建功的文章还提到选目充分考虑当时"高级中学国文课程标准"、学生程度以及实际授课时长。④ 黎锦熙在《大学国文之统筹与救济》中说:选目虽然无一篇白话文,但能做作文示范的白话佳篇早已在"小学阶段植其基","初中阶段立其干"。⑤ 朱自清在《论大一国文选目》中也有类似表述:选目有其"编订要旨",且考虑高中国文教材"周秦两汉文入选的并不少,唐以后文更多",为连贯起见,"大学教材自然应该侧重唐以前文"。⑥ 作为编辑委员会的成员,他们在文章中的一些观点不排除为选目辩护的嫌疑,但从文章论述可知,选目在确定前,专家们已充分了解大学国文以及中学国文教材的基本情况。50篇选目虽然"复古",但这是在总了解、总统筹之后的总安排。这一"总安排"考虑大学国文教材编写乱象,努力寻求教材建设的统一标准,同时兼顾中学国文教材难易递进程度及选目重复等问题,将大学国文学科置于整个语文

---

① 何二元.现代大学国文教育[M].上海:华东师范大学出版社,2017:8.
② 张国风.清华学者论文学[M].北京:清华大学出版社,2001:90.
③ 魏建功.大学一年级国文的问题[J].高等教育季刊,1942,2(3):32-40.
④ 魏建功.大学一年级国文的问题[J].高等教育季刊,1942,2(3):32-47.
⑤ 黎锦熙.大学国文之统筹与救济[J].高等教育季刊,1942,2(3):9.
⑥ 朱自清.论大一国文选目[J].高等教育季刊,1942,2(3):53-54.

教育系统中考量,也即现在经常被提到的"大中衔接"①视野。该视野使大学国文教材有根基、有层次、有高度,加深其与中学国文教材的联系,避免陷入孤立无援、封闭循环的怪圈。

教材编写过程中对高中国文课程标准的实施效果以及学生之程度、兴趣爱好等问题,拟定者与异议者们均有考量,但在"适应"与"拔高"点上却出现分歧。黎锦熙认为教材应综合实际,"勉力做到合理的一种统筹",而不是"统筹中的一种救济"。②魏建功也认为教材是本着"兼顾学生的程度"而不是"将就学生的程度"。③他们二人的看法合乎古人常说的"取法乎上,仅得乎中"的观点,希望通过选目建立一个上等标准,经过讲授、修习,使学生达到中等水平。阮真并不赞同二人观点,他认为"部定教材标准过高,绝对不适合于学生实际程度"。并分析古今之教学情况不同,"今日学校科目繁多,非昔日书塾比",昔日学生国学根基深厚,而今日学生读经读史根本不能,因此"取法乎中,可免几乎中。取法乎上,必得下下",教材选编"当以学生之程度、兴趣需要以及处世应用为准","不适于学生学习之程度者,非良教材"。④朱光潜也认为教材标准过高,并不能带来实际影响,需因材施教,选"有明显的规模和法度可循,文字不宜过于深奥"之篇目。⑤教材编写到底要适应学生程度还是要拔高学生的程度?经过专家们的论争,结论不言自明。选目编选立足学生现有程度,是保证教材发挥实际作用的标准之一。然而学生程度并不是一成不变的,其受时间、地域、学科等变化而不断变化,教材编写理念不应囿于某一标准,墨守成规,阮真对魏建功、黎锦熙的反驳意即在此。世界上唯一不变的就是永远积极置身于变化当中,大学语文教材编选理念考虑学生实际程度,就是要与时俱进,不能原地踏步。今天,大学语文教材种类丰富、数量繁多,或许正是因为对此种理念的践行。以"大学语文"为题名,在中国国家图书馆网站可检索到2500种教材,其中也包含非大学语文课堂使用的拓展读本、教师手册等。粗略统计,大学语文教材数量已超过2000种,如此繁多的教材中不乏精品,也不乏粗制滥造、毫无参考价值的拼凑本。教材编写数量暴增,是否意味着更高层面的教材编写理念缺失?是否需要进行"意志集中"的调整? 在全国范围内使用统一标准的教材是否可行? 70多年前,前辈们早已做出尝试,备好方案。黎锦熙在《大学国文之统筹与救济》中,提出社会科学、文艺、学术思想、自然科学、应用科学五大类国文教材构想。这一想法后来没有实施,但它并不是凭空想象,而是深感统编教材的实施难合实际而提出的补充方案。在全国范围内推行统编教材确实不合适,但各个院校纷纷使用自编教材,也会造成教学乱象;长此以往,不利于学科建设。黎锦熙构想的五大类

---

① 何二元,黄蔚. 母语高等教育研究[M]. 杭州:浙江大学出版社,2013:7.
② 黎锦熙. 大学国文之统筹与救济[J]. 高等教育季刊,1942,2(3):9.
③ 魏建功. 大学一年级国文的问题[J]. 高等教育季刊,1942,2(3):44.
④ 阮真. 如何教今日大学之基本国文[J]. 高等教育季刊,1942,2(3):68.
⑤ 朱光潜. 就部颁"大学国文选目"论大学国文教材[J]. 高等教育季刊,1942,2(3):50.

十种教材,既立足专业种类,又着眼学科统一,确实值得一试。

大学语文独立学科的建立需要众多有影响力的学术成果及经典著作支撑,但并不意味着它需要无限多的教材充数。为何其他成熟的独立学科如古代文学等均可找到通用、规范化的教材,而大学语文却不能? 20 世纪 40 年代,教育家们是否已经从统编教材出发,着手建立独立的大学国文学科,我们不得而知。但是他们留下的"大中衔接"视野、立足实际的态度、考虑差异又着眼统一的方法早已为大学语文教材规范化建设指明方向。张福贵教授说:"一个专业的成熟,应该有公认的规范化教材。"今天的大学语文教材建设不应该裹足不前,而是要在前人科学理念的指导下奋起直追,去编写权威的、拥有同一性的、可供推广的规范化教材。

二、论争为大学语文课程性质定位奠定基础

课程性质的定位是关乎学科发展的根本大计,对于教学目标以及教学方法等有着直接影响。

陈觉玄《部颁大学国文选目评议》认为,大一国文教学应注重"训练写作技巧""灌输国学思想""提高文艺兴趣"三个目标,强调"大一国文不是思想史,不必贪多务得"。① 朱光潜《就部颁"大学国文选目"论大学国文教材》认为,"大学国文不是中国学术思想,也还不能算是中国文学,他主要地是一种语文训练"。② 论争中提到的阅读与写作、"立本"与"示范"、"文言"与"白话"的观点,均围绕这一核心展开。阮真在《如何教今日大学之基本国文》中,提出重文而不重质的观点。"重文"是指重视立意、构思、运笔谋篇、遣词造句技术。"重质"是指重视学术思想、掌故考据等文章内容。陈觉玄的注重"训练写作技巧",朱光潜的"语文训练",阮真的"重文"都是着眼于语文形式技巧的训练。朱自清《论大一国文选目》针对朱光潜的核心观点提出反对意见:"大学语文不但是一种语文训练,而且是一种文化训练。"③即大学国文既是语文训练,也是文化训练,着眼于形式又兼顾其内容。关于大学国文性质的论争,没有形成一致的、为人们所接受的意见,也许这就是大学语文课重开后,有关学科性质的争论不曾停止的直接原因。

何二元、黄蔚的《母语高等教育研究》统计了自 1982 年以来十四届全国大学语文研究会以课程性质为议题的阐述:"单独看每一届年会的阐述都很正确,但综合来看,却一届和一届都不相同。"他们认为科学的学科定位应具备"稳定性和重复性""连续性""科学的方法论"三个条件,建议大学语文最好还是回到"形式学科"这一起点。④ 其观点侧重"听说读写"能力的培养,可使大学语文抵御文学、应用写

---

① 陈觉玄.部颁大学国文选目评议[J].斯文半月刊,1943,3(13):2-5.
② 朱光潜.就部颁"大学国文选目"论大学国文教材[J].高等教育季刊,1942,2(3):49.
③ 朱自清.论大一国文选目[J].高等教育季刊,1942,2(3):53.
④ 何二元,黄蔚.母语高等教育研究[M].杭州:浙江大学出版社,2013:53-80.

作、通识教育等的冲击。何二元、韩建立主编的《大学语文》教材深入贯彻该理念，强化"对语言文字'听说读写'的能力"训练。[①] 韩建立教授认为，大学语文教材"以文学史为线索呈现传统文学经典"，大学语文的独特作用是"大学里其他人文类课程所无法代替的"，它是"传承千年文脉、对大学生进行文化自信教育的重要课程"。[②] 以新角度、新眼光重新审视大学语文，强调"听说读写"能力的培养是中学语文教学的主要目标，而大学语文应紧跟时代发展，并从文化自信角度赋予其新内涵。杨建波教授在《给大学语文教师的建议》中，针对大学语文"形式训练说"进行过修正："大学语文的教学内容是以中文专业的课程为核心，广义的文学作品；大学语文的训练是包括工具性与技能性在内，又超越工具性与技能性之上的人文意义上的训练。"[③]杨教授在"形式训练说"的基础上，从教学内容角度肯定大学语文的人文训练意义。两位教授的观点从不同角度对何二元教授的"形式学科"进行了补充。仔细揣摩他们的观点，以及历届全国大学语文研究会上关于学科性质的阐述，发现这些表述虽然各有侧重，但总的来看，各家观点从未超出"语文训练"与"文化训练"，"重质"与"重文"，也即"形式"与"内容"的范畴。关于大学国文课程性质并没有定论，大学语文重开后也在不断思索其自身定位。无论经过多少次思考与追问，有关大学语文课程性质的论争似乎一直在前辈们留下的争论范畴内探索，当然也有超越，但显然已经为大学语文课程性质的定位奠定了基调。

三、论争强调大学语文教学应该读作联络

教材是语文能力培养的重要载体，教材选目既考量编者的编选理念，也影响教学方式的选择，教学目标的达成，因此教材选目是整个教育过程的重要环节。"白话文被引进国文科的教材，是现代语文教学的一个重大发展。""20世纪40年代，国文科的教材中要不要选文言文或要不要选白话文，这已经不成问题。"[④]"不成问题"的意思是没有异议，达成共识。因此大学国文教材选目不录白话文，均选文言文，必然引起不满。今天的大学语文教材当然不会再出现类似情况，但是关于"文言文"与"白话文"的争执问题，却远不是"时代使然"那么简单，其背后所包含的教学目标、语文能力培养等问题仍然值得认真思索。

魏建功在《大学一年级国文的问题》中说，他知道50篇选目"或许失之过深"，"不能算是合于理想"。[⑤] 黎锦熙又在《大学国文之统筹与救济》中解释：大一学生

---

① 何二元，韩建立.大学语文[M].北京：高等教育出版社，2020：1.
② 韩建立.从20世纪40年代的一次论争看大学语文课程建设的若干问题[G]//谭帆，杨建波.大学语文论坛(第四辑).上海：华东师范大学出版社，2021：41.
③ 杨建波.给大学语文教师的建议[M].武汉：长江出版社，2018：48.
④ 李杏保，顾黄初.中国现代语文教育史[M].2版.成都：四川教育出版社，2003：193.
⑤ 魏建功.大学一年级国文的问题[J].高等教育季刊，1942(3)：44.

练习写作仍当以白话文为主,并无对50篇中任何一篇模拟之必要,能做示范的选文,初中阶段有很多,而且高等的白话文,在"语源词汇""文学上创造之意境"等方面,和"文言初不分家"。① 他们显然明了选目问题以及白话文的重要示范作用,清楚学生读文言文,却作白话文的实际,所以才会在文中不停提到"补充教材""课外阅读",反复强调"课程设置""师资责任",而选目未收录白话文,致使读文训练与作文训练分离已是不争事实,恐怕这才是引来批评的重要原因。朱光潜在《就部颁"大学国文选目"论大学国文教材》中毫不掩饰其反对意见,指出:"选编教材时应有一个先决问题:大学国文教学究竟应悬怎样一个目标","一个受高等教育的人,他起码就应有用中国文阅读和写作的能力","大学国文就应悬训练阅读和写作两种能力为标准","国文选本在任何学校中都应该偏重示范"。② 朱光潜认为教材编写前需明确自身目标,应选易于模仿、有法度可循、技巧浅近的文章做示范,培养学生的阅读和写作能力,这是受过高等教育的人起码应做到的。朱自清作为国文教材编选者在论争中甚至与异议者朱光潜站在同一面,坦言:"重古的选本不可避免地使阅读和写作脱了节",③直接承认选目导致读写训练分离的实情。阮真作为异议者也认为:"基本国文之教学,究应以通作文为最重要之目标。"他结合教学实际指出中学国文教学之所以失败,就是因为太重文言文,大学国文教学亦然。教材与学生格格不入,教法自相矛盾,长此以往学生必然厌习基本国文,因此凡选之文,皆应使"学生能模拟习作为主"。大学国文该采取何种教法?阮真认为:"读文作文,必须联络",即读作联络教学法,以"教作文之观点教读文,使其读文为作文之预备功夫"。在具体教学中,"作文必须根据读文以命题",教者不能随意出题,可根据读文程度相应提高作文题目程度。④

除了以上观点,《国文月刊》上刊登的杨振声、丁易、徐中玉等人的文章也与此相关,颇具启示意义。杨振声在《新文学在大学里——大一国文习作参考文选序》中认为,部定课本有甚高的学术价值,但"不能很适合地帮助学生习作","近代文明国家,没有不是语文一致的"。⑤ 丁易在《谈大学一年级的国文》中提出,大学一年级设置国文的目的是"补救","大学国文选目"编订要旨并没有补救意思,就"要旨"而论,50篇选目与其"阅读古今专科书籍,欣赏古今之代表作品的'今'字不合"。⑥ 徐中玉也赞同"补救"说,认为大一国文应"重在作文的训练",希望学生能"自由运用语体文和'近代文言'写作明白清楚的文字","教材编选当准此而行"。⑦ 丁易、徐中玉的观点再次提出大学国文教材应选白话文,杨振声甚至从国家战略高度强

---

① 黎锦熙.大学国文之统筹与救济[J].高等教育季刊,1942(3):9.
② 朱光潜.就部颁"大学国文选目"论大学国文教材[J].高等教育季刊,1942(3):50.
③ 朱自清.论大一国文选目[J].高等教育季刊,1942(3):53.
④ 阮真.如何教今日大学之基本国文[J].高等教育季刊,1942(3):66-69.
⑤ 杨振声.新文学在大学里——大一国文习作参考文选序[J].国文月刊,1944(28/29/30):2.
⑥ 丁易.谈大学一年级的国文[J].国文月刊,1948(41):10.
⑦ 徐中玉.国文教学五论(续)[J].国文月刊,1948(67):7-9.

调"语文一致"的必要性。

通过对"文言""白话"之争的局部梳理,朱光潜等人关于文白之争的根本诉求也"跃然纸上":大学国文应同时培养学生阅读、写作两种能力,选目不应该只有文言文而无白话文。只选文言文,只能训练学生读的能力,而不能训练写的能力。大一学生习作已经以白话为主,习作的关键在于模仿,学生不能模仿文言文写白话文,应模仿白话文写白话文,但部颁教材中无一篇白话选文,学生无从模仿,写的训练无法实施。因此,国文教材应选有法度可循的白话文为作文训练示范,使阅读与作文紧密联络,实现阅读能力与写作能力彼此照应,齐头并进的教学目标。论争表面上看是文言文与白话文的选目之争,实质是针对大学国文教学读作分离的实际而进行的思索、探讨,最终解决办法是"读作联络"。

阅读是写作的前提,写作是阅读的输出;忽视其中任何一种能力都不利于另一种能力的培养。论争的意义在于提示大学国文教学不可将读文、作文割裂,应"读作联络",使学生具备最基本的读作能力。历史的车轮不断向前,当代的大学语文教材不会再反复出现所谓"重古"的选本,白话文也早已经成为中华民族共同语,一代又一代的学子已经养成用白话文写作的习惯,这是否意味着语文教育界对文言文的背弃与遗忘?答案肯定是不会。韩建立教授说:"挑选与引导学生阅读时文不是教学上的妥协与迁就,而是一次'唤醒'——用阅读时文去唤醒渐趋沉睡的阅读欲,进而延伸开来,去涉足绵延数千年由经典构成的文章'长河'。"[①]文言文所记录的民族历史、灿烂文化,早已融进整个中华民族的血液,成为一代又一代人的集体无意识。文言文与白话文的地位不断变化,关于它们的论争却从未远去,以白话文为代表的语文形式训练和与以文言文为代表的文化素养传承,已经成为新的论争点活跃在教育界,这不仅仅是关于教学目标的思考,更是对整个大学语文课程性质的追问。

20 世纪 40 年代教育界围绕部颁选目的探讨,着眼于基本国文的教育定位,同时又深度剖析选目背后的社会制度、学科性质、课程设置、师资责任、学生实际等问题。虽然这次争论已过去 70 多年,但教育家之间相容与不相容的观点,正是百年大学语文学科建设的焦点所在。毫不夸张地说,20 世纪 40 代的选目论争,为大学语文学科发展与完善,奠定了基调,指明了方向。在追忆时重构,在质疑处思索,在反省中前进,大学语文学科建设应以这一高度为起点,不断突破、不断完善。

---

① 韩建立.从 20 世纪 40 年代的一次论争看大学语文课程建设的若干问题[G]//谭帆,杨建波.大学语文论坛(第四辑).上海:华东师范大学出版社,2021:44.

第五章　学术集萃

杨建波：神仙传说与黄鹤楼诗词

郭巧瑜：试论鲁迅小说《孤独者》中的隐含作者

周作菊：《听听那冷雨》中「雨」的意象溯源

黄蕉凤：人文式的还是神文式的：再论墨家「天志」的两种理解路径

陈道雷：中国古代自然观的画面与当代价值

[美]杨志翔：儒家经世致用传统对清末民初留美学生之影响——以胡适、蒋梦麟为例

宋云云　张益鸣：常用中成药和西药名称的语言学比较

神仙传说与黄鹤楼诗词

杨建波[①]

摘要：黄鹤楼的得名，历来有"因山名楼"和"因仙名楼"二说。"因山名楼"说与楼的地理位置分不开，"因仙名楼"说是和仙人驾鹤的传说联系在一起的。众位仙人骑鹤登天的传说，被文人墨客即兴拈来，歌咏抒怀，乃至成为创作名楼诗词的源泉。李白的诗大大提高了吕洞宾在黄鹤楼的知名度，"玉笛""梅花"成为黄鹤楼诗词最常用的意象，"江城"也成为武汉的别称，而李白本人的名垂黄鹤楼也与此有关。

关键词：黄鹤楼；神仙传说；诗词

黄鹤楼有1700多年的历史。三国吴黄武二年（223年），东吴在长江边上筑夏口城，一来设防，二来屯兵，并前据大江之险，后依青山之固，在城西黄鹄矶上建造了一座用于军事瞭望指挥用的岗楼，此即最初的黄鹤楼。晋灭东吴以后，结束了魏蜀吴三足鼎立的局面，社会趋于安定，黄鹤楼也由一座军事性的岗楼逐渐演变成供人登临游憩咏觞的场所，演变成一座集游览、文化于一体的名胜建筑。一千多年来，黄鹤楼屡毁屡建。清光绪十年（1884年）蛇山脚下民房起火，殃及黄鹤楼，只剩紫铜顶盖一架。光绪三十三年（1907年）湖广总督张之洞在黄鹤楼故址附近建奥略楼，此楼貌似故黄鹤楼，但毕竟不是人们心目中的黄鹤楼。1956年，因修建长江大桥的需要，奥略楼被拆毁。"文革"后，百废待举。1981年，重建黄鹤楼的工程正式启动。经过两年多的时间，终于在被毁100年之时（1984年），黄鹤楼以崭新的

[①] 杨建波：湖北大学文学院教授，全国大学语文研究会副会长，湖北省大学语文研究会会长，武汉地区大学语文研究会名誉会长。

面目重新屹立于蛇山之巅。新黄鹤楼距江边约 1000 米,较原址向后推了一些。

一

黄鹤楼的得名,历来有"因山名楼"和"因仙名楼"二说。"因山名楼"说与黄鹤楼的地理位置分不开。黄鹤楼坐落在蛇山的黄鹄山黄鹄矶上。在古汉语中,"鹄""鹤"二字有通用情形。千百年来,以"鹄"称山,以"鹤"称楼,相沿成习。"因仙名楼"说是和仙人驾鹤的传说联系在一起的,它们给黄鹤楼罩上了一层浓厚的道教色彩。驾鹤仙人为谁?《黄鹄山志》卷首语说:"曰王曰费,荀仙吕仙。""王"指王子安,"费"指费祎(费文伟),"荀"指荀瓌(荀叔玮),"吕"指吕岩(吕洞宾)。《南齐书》载:"黄鹤楼在黄鹄矶上,仙人子安乘黄鹤过此。"《太平寰宇记》载:"黄鹤楼在县西二百八十步,昔费祎登仙每乘黄鹤于此憩驾,故号黄鹤楼。"《述异记》载:"(荀瓌)憩江夏黄鹤楼上,望西南有物,飘然降自霄汉,俄顷已至,乃驾鹤之宾也。……宾主欢对。已而二字御览引有辞去,跨鹤腾空,眇然烟灭。"而流传最广、最为老百姓熟悉的,对黄鹤楼"因仙名楼"说影响最大的乃是辛家酒店与仙枣亭的传说,这是八仙之一吕洞宾的传说。辛家酒店的传说大致是这样的:黄鹄矶头有个辛氏寡妇,开小酒铺,一天有位道人前来讨酒,辛氏慷慨应允。以后,老道每日必来,辛氏有求必应。一年后,老道要去云游,前来辞行,他拾起地上的橘皮,在壁上画了一只黄鹤,对辛氏说:"它会照你的吩咐跳舞唱歌,招徕顾客。"说完便不见了。辛氏靠黄鹤发了大财。一日,老道重返酒店,取下身上的铁笛,吹了起来,黄鹤闻声而下,载着老道而去。原来老道是八仙之一的吕洞宾。辛氏用多年积攒的钱在原地盖起了一座高楼,取名黄鹤楼,楼内供奉吕洞宾的仙像。仙枣亭的传说大致是这样的:黄鹄山上有一棵古老的枣树,叶茂干粗,就是不结枣。一天,忽然结满大枣,幽香袭人。人们传说这是仙枣,吃了可以成仙。太守得知,派兵将枣树围定,又派书童去摘枣,不料书童一去不返,原来书童先吃了仙枣升仙去了。其余的仙枣化为乌有,太守气急败坏。傍晚同知邀太守下棋,太守棋艺颇精,却不知处于败势。忽然有人插言:"太守败弈。"一局下来,太守果然输了。两人好生奇怪,寻找插话之人,不见有人,却传来悠悠的笛声,循声追至仙枣树下,发现有诗一首,墨迹未干,诗后署一"吕"字。之后,人们于此建亭,曰仙枣亭。另外,黄鹤楼还流传有吕洞宾卖桃、赠石、打井等许多传说。看来在诸位黄鹤仙人中,有关吕洞宾的传说最多也最动人。"因山名楼"说尽管比较实际,然而人们却更钟情于幻想和传说。神仙传说使黄鹤楼更具魅力,更富风采,更享盛名。而"因山名楼"说也不是不带一点神奇色彩。"鹄"与"鹤"两字虽有通用的现象,但鹄与鹤毕竟是两种不同的鸟。鹄,亦称黄鹄,即天鹅,是自然界实有的。而自然界却没有黄鹤,只有丹顶鹤、白鹤。正是由于现实中没有,才能吸引人们去遐想和追求,正如世上本无凤凰,凤凰却成了人们心向往之的祥瑞象征一样。古代帝王以黄为尊,把世上实有又稀有的鹤涂上一层尊贵的黄色,让它变得扑朔迷离,不是更能增加名楼的神奇性吗？试想,如果黄鹤楼叫成黄鹄楼,它的风采无形中不就黯然失色了吗？

二

神话和仙话是古代人民在长期的劳动生活中集体创作的,反映了人民的愿望,因此大多富于人民性,而人民性的东西往往具有永久的魅力,易为人们所接受和欣赏,故后世的文艺创作常常以神话和仙话为素材或题材。那么有关黄鹤楼的神话中流传的众位仙人骑鹤登天的传说,被登楼览胜者即兴拈来,歌咏抒怀,乃至成为创作名楼诗词的源泉也就很自然了。既然黄鹤楼生就与"仙""鹤"有血缘关系,那么黄鹤楼诗词也必然与"仙""鹤"有血缘关系。"仙""鹤"是黄鹤楼诗词中最常出现的意象,最常歌咏的对象,舍此就不成其为黄鹤楼诗词。

历代著名文人如宋之问、孟浩然、王维、李白、白居易、贾岛、苏轼、黄庭坚、王十朋、辛弃疾、刘过、杨基、李梦阳、顾景星、袁枚、张维屏、黄遵宪等在黄鹤楼都有题留。楼因人显,人因楼名。他们的名字永远和黄鹤楼在一起。

我们今天见到的最早的黄鹤楼诗词是被誉为"唐人七律,当以此为第一"的崔颢的《黄鹤楼》。"自经崔颢题诗后,别是人间翰墨场",崔颢的《黄鹤楼》不仅在诗坛上独辟蹊径,别开咏仙诗、咏楼诗之生面,且以"烟波江上使人愁"的诗句奠定了大多数黄鹤楼诗词"愁"的感情基调。"白云黄鹤"被作为武汉的别称一直沿用至今,令人不能不惊叹此诗的生命力。崔颢之后,文人骚客接踵而至,造就了卷帙浩繁的黄鹤楼诗词。这些浩繁的黄鹤楼诗词,除像崔颢一样把抒情的落脚点放在思乡上,还有抒别友之愁的:"黄鹤楼前日欲低,汉阳城树乱乌啼。孤舟夜泊东游客,恨杀长江不向西。"这是以气节名世的明代诗人李梦阳写的《夏口夜泊别友人》。诗人把别友的满腹愁怨洒向长江,以黄鹤楼前的昏暗景象来衬托自己的别离之苦,以江水不可改向西流比喻自己别友而去实属万不得已。有抒不遇之愁的:唐代苦吟诗人贾岛一生坎坷曲折,怀才不遇,累举不第,他在《黄鹤楼》诗中,含蓄地写道:"青山万古长如旧,黄鹤何年去不归？……定知羽客无因见,空使含情对落晖。"就像知道自己游名楼也无缘见到黄鹤仙人一样,诗人知道自己蹇塞的命运是无法改变的,感叹只能在这千古名楼之上,对着夕阳的落晖,默默地倾诉一腔幽怨之情。有抒忧国之愁的(这是黄鹤楼诗词中最具光彩的一类诗):《满江红·登黄鹤楼有感》是岳飞传世的三首词之一。其手书墨迹原在民间收藏家手中,辗转流传800多年直到20世纪初才在《国粹学报》上得到公开发表。手迹后面有明代书法家文徵明等许多名人的题跋。抗日战争时期,有位爱国人士把此词手迹刻在石上,陈列于黄鹤楼旧址,并以拓片的形式分赠抗日战士,不久日寇侵入武汉,原碑不知去向。新中国成立后,在汉阳发现了这块石碑,已断为两截。现陈列的碑是根据原碑拓片复制的,基本上保持了岳飞手迹那种遒劲有力、气势奔放的原貌。这首词虽也是写愁情的,但更多表现的是词人誓死收复失地的英雄气概。上片运用对比的手法描绘了中原大地昔年的繁华和今日的凄凉,下片表明对当前形势的忧虑和请缨报国的强烈愿望。兹录原诗于下:

> 遥望中原,荒烟外、许多城郭。想当年、花遮柳护,凤楼龙阁。万岁山前珠翠绕,蓬壶殿里笙歌作。到而今、铁骑满郊畿,风尘恶。
>
> 兵安在?膏锋锷。民安在?填沟壑。叹江山如故,千村寥落。何日请缨提锐旅,一鞭直渡清河洛。却归来、再续汉阳游,骑黄鹤。

南宋布衣词人戴复古的《水调歌头·题李季允侍郎鄂州吞云楼》也是一首洋溢着爱国之情的好词:"筹边独坐,岂欲登览快双眸?……百载一机会,人事恨悠悠!骑黄鹤,赋鹦鹉,谩风流。岳王祠畔,杨柳烟锁古今愁。"李季允为南宋有名的爱国将领,当时知鄂州。他登临吞云楼(吞云楼为宋代建造)不是为了领略大好风光,而是为了筹划边防之事。他凝视北国,目眦尽裂,南宋政府一次次错过了抗金的大好机会,主战派与主和派的斗争从来就没有间断过。李将军不由地将"恨"从边防"军事"转向朝廷"人事"了。崔颢的《黄鹤楼》、祢衡的《鹦鹉赋》都不足风流,只有岳飞的抗金壮举才永远为人称颂。俯视杨柳烟中的岳王祠,展望抗金前途,诗人戴复古不由愁上心头。有抒亡国之愁的:明末抗清志士"岭南三大家"之一的陈恭尹,他的七律《岁暮登黄鹤楼》沉郁凄苦:"……昔人去路空云水,粤客归心向洞庭。莫怨鹤飞终不返,世间无处托仙翎。"诗人以天地之大与黄鹤之小形成的强烈对比,暗喻国破家亡,大千世界无法容下明朝的一个遗民,暗示自己无路可走,只有含恨归隐。

黄鹤楼诗词中还有不少写景诗与咏史诗。如:"秋色空濛古鄂州,蒹葭如雪抱江流。谁招黄鹤乘云下,指点当时旧酒楼。"(石崌森《黄鹤楼》)"孙曹百战何在?大江千载狂澜。谁倚楼头呼鹤?秋风落日危阑!"(刘诜《和龙麟洲题黄次翁〈黄鹤楼图〉》)

黄鹤楼诗词中有一些诗可以称得上是比较典型的游仙诗。明代杨基的两首诗《雪中登黄鹤楼》《雪中再登黄鹤楼》描写了黄鹤楼在一场罕见大雪中的瑰丽景象,抒发了不求功名利禄但以神仙自娱的高洁志趣和旷达胸怀。"瀛洲咫尺非难到,鹤背琪花落纱帽。……更着仙人紫衣裘,卧听吕岩吹铁笛。""平生不愿万户侯,亦不愿识韩荆州。……他日重来五百春,楼前花草一番新。相逢不识纯阳子,何用重寻回道人。"

以抒情言志为其特征的诗歌,必须做到情景交融,才能有一唱三叹的审美效果。景,指客观事物(景物);情,指诗人主观的思想感情。对于黄鹤楼诗词来说,其景,一方面指名楼与大江组成的壮丽景象,另一方面指有关神仙传说中的仙与鹤。或借自然美景抒情,或借羽客仙鹤抒情,这就是黄鹤楼诗词抒情的主要特点。在有幸登临黄鹤楼的墨客骚人看来,似乎黄鹤、仙人都不是人们心造的幻影,而是世上实有之物。他们登高远眺、把酒临风,情随事迁、心随物远,以无作有、以虚及实,由古及今、由仙及我,无不生出许多感慨。黄鹤、仙人被墨客骚人充分意象化,成了他们感情的依托,染上了他们各自彼时彼地的感情色彩。黄鹤仙人与文学的渊源可谓深矣!

三

世界各国皆有神,唯有中国才有仙。凡人经过长年累月的修炼方可成仙,仙人都有出处,确有其人。在三位主要的黄鹤仙人中,费祎系三国蜀人,王子安系晋人,吕岩系唐人。崔颢诗的前两联歌咏的应为王子安,因为崔颢为唐开元年间人,吕岩为黄巢起义时期人,崔生活的年代不可能有吕洞宾的传说。《太平寰宇记》云:费登仙后"每乘黄鹤于此憩驾",崔诗既云"黄鹤一去不复返",因而也不可能指费。后世诗人用崔意、步崔韵,与其相和者甚众,他们笔下的黄鹤仙人多应指王子安。

吕洞宾出现后,王子安的鹤仙地位便渐渐不及。因为就整个黄鹤楼诗词来看,吕洞宾的传说入诗最多,不少诗人虽也写"黄鹤一去不复返",但他们却误把不复返之仙人当作吕洞宾。这一方面是由于吕仙的传说流传最广,记录得最生动、最具体,另一方面不能不说与唐代的大诗人李白有很大关系。李白的诗大大提高了吕岩在黄鹤楼的知名度,而李白本人的名垂黄鹤楼也与此有关。

李白在世几乎比吕岩整整早一个世纪,他们两人难道会有什么联系吗?这就要从李白流放夜郎途经江夏时所作的那首著名的《与史郎中钦听黄鹤楼上吹笛》一诗说起。原诗是这样的:

一为迁客去长沙,西望长安不见家。

黄鹤楼中吹玉笛,江城五月落梅花。

前两句,诗人引贾谊之典隐喻自己看不到政治前途与归宿。后两句,造物抒情,旧地重游,诗人欲言无语,《梅花落》的曲声,代他说出了心里话,诗人仿佛看到笛声吹落了漫天梅花,他的忧思与激愤也似乎像梅花一样充塞于天地之间。然而这首诗又怎样与吕岩挂上钩并且挂得是那样紧,以至对整个黄鹤楼诗词的创作产生了可与崔颢的《黄鹤楼》相比的影响呢?这却是这位"谪仙人"所万万没有预料到的。说起来很简单,这里头的奥妙除了李白本人好求仙访道,是道教中人外(李白是正式受过道箓的道士文人),还巧合在一个"笛"字上。黄鹤楼仙话传说中的吕洞宾,经常在黄鹤楼一带吹铁笛。在最有影响的辛家酒店和仙枣亭的传说中,吕洞宾都是一个吹笛之仙。黄鹤楼内供奉的吕氏神像,也是携笛跨鹤之像。在吕氏生前甚多题留中,有一首《题黄鹤楼石照》的七绝(相传这就是题在仙枣树下的那首诗):

黄鹤楼前吹笛时,白蘋红蓼满江湄。

衷情欲诉谁能会?惟有清风明月知。

可见传说之所以为传说,多少还是有些根据的,不会全系乌有。传说与仙话,是互为因果的。无论从仙话到传说,还是从传说到仙话,都是更加理想化、更加完善了。作为凡人的吕氏生前确实于黄鹤楼吹过笛(有诗为证),以仙人的面目出现于黄鹤楼头的吕氏又常常吹笛（尽管吹的是铁笛）。而李白恰恰又写了"黄鹤楼中吹玉笛"的诗句，加之不少评析者在评析李白之诗时往往没有究其所以或忘了二人的生卒年月，多想当然地以为李白于黄鹤楼中听到的笛声就是吕洞宾的仙乐。这样的牵强附会似乎并没有歪曲李白诗的原意，反而增添了诗的美感和神秘感。而人们对于具有神秘感的东西，往往怀有持久的注意和兴趣，因为它能吸引人们去撩开神秘的面纱，探索事物的本源。于是文人墨客或将错就错，或以假为真，如此一代一代沿袭下来，在后世黄鹤楼诗词中，便出现了甚多化用、套用、借用李白诗句的作品。试略举几例："昔向江边问，今向江边游。玉笛仙吹黄鹤楼，梅花落也否？"（鲁杰）"跨鹤仙人意共倾，落梅一曲有余情。依稀以为歌苹野，玉笛声中寓鹿鸣。"（刘金兰）"一笛清风寻鹤梦，千秋皓月问梅花。"（胡翰泽）李白诗出成典，"玉笛""梅花"被人们用之千年而不废，直至1984年黄鹤楼重建，举办黄鹤楼诗会时，不少当代诗人仍用到它们："玉笛当吹欢庆曲，白云尽释家国愁。"（李蕤）"忽闻窗外飞琼笛，歌满江城情满喉。"（常海）

  对于这样一个文学现象应做何解释呢？"玉笛""梅花"是李白为了表达当时的感情而选取的两个能够引起人某种联想的意象，是情景交融、虚实相生的复合体，具有很强的比兴意味。比兴的基本特征就是贵情思、轻事实。"玉笛""梅花"不一定是实有之事之景，这些意象主要用来表达当时的情绪以打动人心，因此，艺术感染力十分强烈。艺术感染力强烈的意象大都在不同程度上具有历史的承袭性。比如，"烟柳"多用来描写景象的朦胧美，"乌啼"多用来渲染友人的离情别意。李白的"玉笛""梅花"这两个意象被当成典故，一而再，再而三地被不同时期不同作者袭用，在黄鹤楼诗词歌赋中反复出现，正是意象的这种历史承袭性所致。但引用现成意象如若一味被某种固定的意义所束缚，那意象也就失去了生命力与感染力。事实上意象还具有多义性。比如"月""菊"这些意象，它们在不同作者甚至在同一作者笔下所呈现的感情彩就往往不同。旧意象总需创新才高妙。李白的"玉笛""梅花"这两个意象，一来本身就很美，二来又恰与吕洞宾的传说相合，因此被文人骚客喜用也就很自然了。不过，后世文人借用这两个意象是为了表达自己彼时彼地的特定感情，他们多已舍去李白原先的比兴意味而赋予了新的比兴意味，这就使人们于欣赏玩味之际有常吟常新之感。总之，诗仙李白的"玉笛""梅花"，能够如此长久地为后世文人沿用不废，以至影响了李白以后的黄鹤楼诗词创作者的思路、造语，不能不说是中国文学史上的一个壮观之景。李白的《与史郎中钦听黄鹤楼上吹笛》名噪黄鹤楼诗坛，它将黄鹤仙人吕洞宾的传说点染得更加美丽动人，它使许多黄鹤楼诗词的意境更加幽深邃远，扑朔迷离。因为此诗，"江城"也成为武汉的别称。

  撇开"因山名楼"说，来看神仙传说、黄鹤楼和文学创作三者的关系，可以说没有神仙传说，就没有黄鹤楼，也就没有黄鹤楼诗词。在所有歌咏台阁名胜的诗词中，黄鹤楼诗词以其历史的悠久、卷帙的浩繁著称，也以其带有浓郁的神仙道教色彩著称。黄鹤是财源茂盛、吉祥如意的象征，吕洞宾是惩恶扬善、济贫扶困的化身，尽管世上本无黄鹤,洞宾并非仙人,但人们仍把对人生的美好希望和对幸福的执着追求寄托在他们身上。

我国是一个以诗著称的国度,诗在我国文学史上一直占有重要地位。无疑,整理黄鹤楼诗词这样宝贵的文化遗产,对了解和研究有关作家的生平和创作,对了解和研究神仙传说、神仙思想与诗词创作的关系,对丰富我国的文学宝库,有着不可低估的价值。

试论鲁迅小说《孤独者》中的隐含作者

郭巧瑜[①]

摘要:"隐含作者"是由美国文学理论家韦恩·布斯提出的一个叙事学概念,即作者在写作时所创造的一个"替身",这一概念对叙事学产生了深远的影响,并被许多批评家运用在作品分析之中。鲁迅小说的叙事技巧素为人所称道,本文运用"隐含作者"这一概念对鲁迅小说《孤独者》进行文本细读与分析,通过梳理隐含作者、叙述者以及受述者的关系,揭示小说中的隐含作者实质上与小说的主体性意识密切相关,以期更深入地理解《孤独者》这篇具有自传意味的小说。

关键词:鲁迅;孤独者;隐含作者;叙述者;受述者;不可靠叙述

"隐含作者"(implied author)是美国文学理论家韦恩·布斯于1961年在其重要著作《小说修辞学》中提出的一个叙事学概念,对后来的研究者产生了深远的影响。布斯认为,作者"在他写作时,他不是创作一个理想的、'非个性'的一般人,而是一个'他自己'的隐含的替身"[②]。

鲁迅的小说尤其是第一人称小说具有丰富的叙事意蕴,但较少有从"隐含作者"这一角度论述的。正如布斯所说:"……不管一位作者怎样试图一贯真诚,他的不同作品都将含有不同的替身,即不同思想规范构成的理想。……作家也根据具体作品的需要,用不同的态度表明自己。"[③]在鲁迅的作品体系中,我们可以明显感受到他在不同文体间采取了不同的态度与笔法以"表明自己",如其小说与杂文便

[①] 郭巧瑜:北京师范大学-香港浸会大学联合国际学院中国语言文化中心讲师。
[②] 韦恩·布斯.小说修辞学[M].华明,胡晓苏,周宪,译.北京:北京联合出版公司,2018:66.
[③] 韦恩·布斯.小说修辞学[M].华明,胡晓苏,周宪,译.北京:北京联合出版公司,2018:67.

明显采用不同的笔法,而这些不同文体之间的区别也使鲁迅的作品构成了一个富有张力的复杂整体。

尽管大部分评论家在分析鲁迅的小说时,大都不区分真实作者与隐含作者,而是笼统地称之为"作者"或"鲁迅",但是在某些文本中,我们可以看出"作者"的叙事立场或态度是与别的文本有区别的,也即是鲁迅(真实作者)在写作时呈现出不同的隐含作者的形象。在这些例子中,从分析隐含作者的角度出发,能给我们带来解读文本的新启示。本文将选择收录在鲁迅的第二部小说集《彷徨》中的短篇小说《孤独者》作为分析对象,揭示鲁迅在写作此文时复杂的叙事意识及叙事技巧。

一、《孤独者》中隐含作者的特殊性

之所以选择《孤独者》这一文本,是因为它在鲁迅的创作体系中具有特殊的意义。首先,在完成这篇小说之后,鲁迅并没有马上将其发表,这是十分少见的情况(另外一个类似的例子是《伤逝》,这两篇小说完成的时间非常接近,有着某种文学创作上的亲缘关系)。由此我们可以推测,由于面向的读者与之前并不一样,因此《孤独者》的隐含作者,与鲁迅的其他小说也是不一样的。

鲁迅的大部分小说,尤其是《呐喊》中的隐含作者,根据王富仁的说法,"他假想中的读者就是那些'在寂寞中奔驰的猛士',是热心于社会改革的人们",[①]因此其创作无可避免地具有一定的社会功效性,为了使这些"猛士""不惮于前驱",鲁迅不惜用了一些"曲笔",使作品的基调不至于过于消极,[②]这便是作为隐含作者的鲁迅在写作时充分地考虑到小说的读者及其社会影响的明证。而到了《彷徨》,虽然鲁迅自述"战斗的意气却冷得不少",因此作品总体上的基调更加低沉、颓唐,但作为一名成熟的艺术家,他也意识到在创作《彷徨》时,"技术……比先前好一些,思路也似乎较无拘束"[③]。实际上就是肯定了《彷徨》中的技巧比《呐喊》更加成熟,而"思路也似乎较无拘束",似乎也包含了对读者以及社会影响的考虑在减少的因素。因此从总体上来说,《彷徨》的隐含作者与《呐喊》的隐含作者相比,在艺术和思想上是更加自由的,也更少地考虑读者的反应与需求。

《孤独者》里隐含作者的特殊性,一方面在于在创作之时,这一隐含作者并不直接面对真实读者,因此对读者的考虑可能是鲁迅所有小说中最少的;另一方面,与另一篇完成之后也没有马上发表的小说《伤逝》相比,《孤独者》的隐含作者、叙述者(narrator,即"我")、受述者(narratee,即主角魏连殳)与真实作者(即现实生活中的鲁迅)有着非常紧密的联系,叙述者与受述者都与现实生活中的鲁迅有高度的相似

---

① 王富仁.鲁迅小说的叙事艺术[J].中国现代文学研究丛刊,2000(3):9.
② 鲁迅.鲁迅全集(第一卷)[M].北京:人民文学出版社,2005:447(《呐喊·自序》).
③ 鲁迅.鲁迅全集(第四卷)[M].北京:人民文学出版社,2005:469(《南腔北调集·自选集自序》).

性,是鲁迅小说中自传性意味最强烈的一篇,而《伤逝》的叙述者(涓生)与隐含作者以及作者本人之间的界限与区别还是比较明确的,这一点与鲁迅的其他小说别无二致。在《伤逝》中,隐含作者对于涓生的态度是反讽的,尽管小说中强烈的抒情成分有时会模糊这一立场,使读者对主人公涓生产生同情之感,但明智的读者在阅读过程中,还是可以感受到隐含作者对叙述者的批判立场,而在《孤独者》中,隐含作者对于叙述者"我"的立场却表达得十分模糊。正是隐含作者、叙述者、受述者与真实作者这种特殊而紧密的关系,使《孤独者》成为鲁迅小说中一个独特的文本。在下文中,笔者将从隐含作者与叙述者的关系、隐含作者与受述者的关系出发展开分析。

二、隐含作者与叙述者的关系

一般认为《孤独者》中的叙述者"我"(名字叫申飞,是鲁迅的笔名之一)是一个可靠叙述者,因为他所提供的情节、信息等是可靠的,而叙述者的感情在小说中多是十分冷静的,与《伤逝》的主人公——这一感情浓烈的不可靠叙述者(unreliable narrator)形成了鲜明的对比。① 但实际上,"我"并不是一个完全的可靠叙述者,而是可靠叙述者与不可靠叙述者的混合体。

根据詹姆斯·费伦的理论,"不可靠叙事"可以分为三大轴,即"事实/事件轴""价值/判断轴"以及"知识/感知轴"。② 《孤独者》的叙述者"我",在"事实/事件轴"上所提供的信息是可靠的,但是在"知识/感知轴"上则未必。"我"的不可靠叙述,主要体现在他对受述者魏连殳的态度与感情方面。

我们先来看看《孤独者》的著名开头:"我和魏连殳相识一场,回想起来倒也别致,竟是以送殓始,以送殓终。"③"以送殓始,以送殓终"这一以死亡为开始与结尾的故事应该是沉重的,但"我"仅用了"别致"这一轻巧的词汇来形容,似乎显示出"我"对魏连殳及其故事的淡漠。但这一淡漠是否真实?我们可以在接下来的阅读中找到答案。

在"我"与魏连殳交往的前期,因为还不算熟稔,因此情感上的确并不十分亲密。但是到了小说的第三节,"我"仅仅只是在旧书摊上看到魏连殳拿出来卖的古书,便"觉得震悚","震悚"一词显然并不是一个轻巧的词汇。接下来,魏连殳主动到"我"的家里做客,与"我"闲谈时看到孩子来了,便抓了把花生米,本想分给孩子们吃,但孩子们听到他的声音便作鸟兽散,都走了,这时"我""很觉得悲凉"。"悲

---

① 关于《伤逝》叙述者的不可靠叙述,可以参看刘禾.跨语际实践[M].宋伟杰等,译.北京:生活·读书·新知三联书店,2014:185-194.
② 转引自申丹.叙事、文体与潜文本——重读英美经典短篇小说[M].北京:北京大学出版社,2009:60-62.
③ 鲁迅.鲁迅全集(第二卷)[M].北京:人民文学出版社,2005:88.以下《孤独者》的引文不再另外标注。

凉"与"震悚"一样,并不是轻巧的词汇。从这两个细节足以见出,开头第一段貌似淡漠的情感,其实是叙述者的一种伪装。

同样地,在收到久别的连殳的信后,得知连殳的生计有了着落,"我"的心理负担似乎减轻了一点,一方面强调"自己的确渐渐地在忘却他",另一方面却又总是"忘却"不了:"不知怎地虽然因此记起,但他的面貌却总是逐渐模胡;然而又似乎和我日加密切起来,往往无端感到一种连自己也莫明其妙的不安和极轻微的震颤。"但最终的结论仍然是:"总之:我其实已经将他忘却了。"读到这里,熟悉鲁迅"忘却"与"记忆"双重辩证法的读者,不难看出,"我"实际上还是不能完全地"忘却"连殳,正如鲁迅本人因为不能"忘却"牺牲的"左联"五烈士一样,写下了著名的《为了忘却的记念》。实际上,《孤独者》通篇对于魏连殳的回忆,亦正是叙述者"我"对于魏连殳不能"忘却"的明证。

因此,我们可以看出,叙述者"我"在对于魏连殳的感知方面,实际上是一个不可靠叙述者。在一些小说中,隐含作者与叙述者的态度立场是非常接近的,叙述者某种意义上就是隐含作者的代言人,但是在另外一些小说中,隐含作者并不等同于叙述者(尤其是不可靠叙述者),甚至与叙述者有着很大的差异。而《孤独者》中的情况是,隐含作者与叙述者之间的距离是浮动、不固定的,二者有时接近甚至重合(正如上文提到的那样,叙述者与真实作者有时非常接近),有时却是明显的背离。《孤独者》的叙事者,对于主人公/受述者魏连殳总体来说是同情的(不能"忘却"),因此当叙述者表现出对魏连殳深切的关怀与同情时,他与隐含作者的态度是高度重合的,而叙述者表现出对魏连殳的淡漠与疏离时,叙述者的叙述便游离于隐含作者的真实态度之外了。

不仅如此,叙述者"我"有时还是隐含作者的批判对象。例如在小说的第一节,"我"去参加魏连殳祖母的葬礼,"我"对那些前来打算看戏的庸众并不欣赏,但"我"恰恰"也是去看的一个"。更明显的是,"我"在为了生计问题离开S城之前,"恐怕大半也还是因为好奇心,我归途中经过他家的门口,便又顺便去吊慰"。这样的"我"与那些庸众实际上并无区别。隐含作者对于这些庸众的态度是不屑和鄙薄的,但这种不屑和鄙薄,却正是通过其中一员的叙述者之口表达出来,在这里叙述者便呈现出一种悖论,而这种悖论,则是叙述者的双重身份所造成的:他作为情节/事件的见证者,以及道德价值的判断者。① 在前一种身份中,"我"作为庸众中的一员,是隐含作者的批判对象之一,而在"我"对周围的庸众做出讽刺性的描述时,"我"的态度与立场则与隐含作者重合了。

由上面的分析可以得知,叙述者"我"与隐含作者有着多重关系,二者时而接近,时而背离。那么,隐含作者为何要将叙述者的态度处理得如此暧昧呢?这与隐

---

① 根据E·M·福斯特的观点,小说具有两种意义上的内容,一种是故事,另一种是"价值",见E·M·福斯特.小说面面观[M].苏炳文,译.广州:花城出版社,1984:24-25.

含作者对主人公/受述者魏连殳的态度有着直接的关系。

三、隐含作者与受述者的关系

《孤独者》的主角魏连殳既是受述者,又是"二度叙述者",因为在小说中,有大量魏连殳向"我"讲述自身经历与感受的情节。熟知鲁迅生平的读者都知道,魏连殳这一人物的特殊性在于,他是鲁迅所有小说中与真实作者本人最为接近的一个人物,而这也得到了鲁迅本人的确证。① 因此,很多评论家都认为《孤独者》具有浓厚的自传意味。作为真实作者的鲁迅极少会在小说中描写自己,因此,如何处理这一与真实作者高度相似的人物,便是隐含作者首先要处理的问题。

隐含作者显然并不想将魏连殳作为一个直接描写的对象,因此才在小说一开始便安排了一个叙述者"我",借叙述者之口来描述主人公的形象。但是随着故事的展开,随着叙述者"我"与魏连殳日渐相熟,感情的联系日益密切,魏连殳的形象也慢慢成熟、丰满,直到故事的高潮——叙述者收到魏连殳的信并将其全文引用在小说中时,这一人物便从叙述者对其的描述中跳脱出来,正式成为了小说中的第二个"我",即"二度叙述者"。

隐含作者与二度叙述者的关系,显然并没有和第一叙述者(申飞)的关系复杂。隐含作者对魏连殳的态度基本上是同情、理解的,这一态度贯穿了全文。隐含作者对第一叙述者的着墨很少,读者甚至对其一些基本信息(比如说他的外表、教育背景等)也不甚了解,但隐含作者却对魏连殳的背景、家庭、形象、话语、心理进行了全方位的浓墨重彩的描写,读者可以感受到,隐含作者在魏连殳这个角色身上倾注了极大的热情。但是,隐含作者显然有着自己的叙事策略,他对魏连殳这一与真实作者极为相似的角色的热情保持着警惕,因此在故事一开始便要设立一个叙述者,以便与这一他投入了极大热情的角色拉开距离。在收到了信这一故事高潮过后,叙述者"我"又马上回到了小说开头貌似淡漠的态度:在得知魏连殳的死讯后,叙述者"觉得很无聊,怎样的悲哀倒没有",而隐含作者也在小说的最后一个部分(第五节)加入了另一个用于间接描写魏连殳的叙述者,即"大良们的祖母",魏连殳生前的房东太太。对于魏连殳当上杜师长顾问后的情况,读者和"我"都是经由房东太太之口知道的。由于这一角色显而易见的局限性,房东太太充当了一个在"价值/判断轴"以及"知识/感知轴"上的明显的不可靠叙述者,她对于魏连殳的判断显然不符合魏连殳的实际情况,也不符合隐含作者的判断。如她认为魏连殳"总是高高兴兴的",但实际上"我"以及隐含作者都知道魏连殳此时的心态已濒临崩溃与绝望。隐含作者再次通过房东太太这一叙述者,与受述者魏连殳拉开了距离,将自己的态度隐藏在房东太太这一讽刺性角色的不可靠叙述背后。

---

① 胡风.鲁迅先生[J].新文学史料,1993(1):8.

由此我们可以得知，虽然隐含作者对受述者魏连殳抱有极大的书写热情，但他依然控制着这一热情，通过不同的叙述者来间接呈现魏连殳的形象，试图将这一与真实作者极为接近的角色客体化、对象化。运用了类似手法的还有同样收录在《彷徨》中的《在酒楼上》，但是与《孤独者》相比，这篇小说不仅篇幅较短，叙述者也较为单一，主角吕纬甫的形象与经历单纯是靠"我"的描述以及他自己的大段讲述表达出来的，不同于《孤独者》中，魏连殳这一角色既有"我"的描述、乡人对其的印象、房东太太的间接描述，也有他直抒胸臆的表达（给申飞的信），在表现方式上更加丰富了。

总体来说，隐含作者对魏连殳这一角色的塑造是煞费苦心的，尽管倾注了极大的书写热情，但仍保持着某种克制的叙事距离，这就是造成隐含作者与叙述者"我"时而重合、时而背离的复杂关系的原因。

四、隐含作者的意义：主体性的获得

正如王富仁所说："鲁迅小说的哲理意义是在小说的整体结构模式中呈现出来的。"①而《孤独者》这篇小说，也很典型地体现了钱理群先生所说的鲁迅独特的"自我辩驳"②的文体特征。《孤独者》中的"我"与魏连殳的谈话有多次辩难的场景，值得一提的是，魏连殳与真实作者鲁迅的相似性固然是明显的，但细读文本可发现"我"也有不少与真实作者相似的地方（如看佛经）。不仅小说的叙述者与受述者（代表了真实作者的不同方面）存在着辩驳关系，隐含作者与叙述者的距离以及与受述者的距离，也都包含着某种辩难关系。在这一意义上，隐含作者不仅高于叙述者，也高于受述者，在他为叙述者与受述者设置的这种互相辩驳的关系中，在他们互相对立又无法说服对方的矛盾中，形成某种所谓"复调"的特质，读者此时便能感受到在背后操控着这些矛盾与悖论的主体，这便是隐含作者——一个在寻找着人生道路与叩问着某种终极意义的主体。通过互相辩驳的方式，主体性被凸显出来了。

与受述者魏连殳相比，叙述者"我"不是一个具有完整主体性的人物（正如前文提到，关于他的一些关键信息是残缺的），但同时魏连殳也是一个失败了的主体，他对社会与庸众的自毁式复仇导致了自己的最终毁灭（死亡），宣告了这一主体的失败。

在小说的末尾，"我"似乎与魏连殳重合了，关于"我"发出了狼似的"惨伤里夹杂着愤怒与悲哀"的长嗥的一段描写，与魏连殳在其祖母葬礼上的表现一模一样。而在这一强烈的感情倾泻之后，"我"却又回到了小说开头的淡漠状态："我的心地

---

① 王富仁.鲁迅小说的叙事艺术（下）[J].中国现代文学研究丛刊，2000（4）：75.
② 钱理群.鲁迅作品十五讲[M].北京：北京大学出版社，2003：75.

就轻松起来,坦然地在潮湿的石路上走,月光底下。"在这儿,"轻松"与"坦然"与"别致"一样,都是较为轻快的词汇。但是,隐含作者是否与"我"一样感受到了"轻松"与"坦然"? 实际上,小说末尾两段感情上的巨大反差在现实生活中恐怕极少出现,但由于"我"并不是具有主体性的叙述者,这一结尾体现的其实是隐含作者的态度:他对魏连殳的死亡感到"愤怒与悲哀",然而,他对魏连殳的复仇方式亦有着清醒的认识,并判定这是行不通的,因此在最后还是保持了与受述者的叙事距离(间隔)。正因为"我"的情感变化过于反常,隐含作者的叙事声音此时才显得格外清晰。隐含作者通过各种手法精心塑造了魏连殳这一人物,将其作为某种自我投射,最后又将其推入毁灭的命运,在这一从肯定到否定的辩证过程中,不仅叙述者"我"与魏连殳的对话形成了某种吴晓东所说的"交互主体性"[①],隐含作者也与魏连殳形成了某种缠绕的关系,最终通过对魏连殳这一主体的"扬弃",隐含作者也获得了某种主体性,这就是小说结尾处"轻松"与"坦然"的真实含义。

在《孤独者》这篇小说中,对非主体性的叙述者"我"的出色驾驭,对魏连殳这一主体的成功塑造与冷静判断,显示出隐含作者高超的叙事水平与深沉的哲理思索。而背后支撑这一切的,正是真实作者鲁迅深厚的文学素养与社会历史经验。

---

① 吴晓东.鲁迅第一人称小说的复调问题[J].文学评论,2004(4):146.

《听听那冷雨》中"雨"的意象溯源

周作菊[①]

摘要：台湾诗人余光中在其散文名篇《听听那冷雨》中，以"雨"作为审美对象，展现了"雨"的意象的多重审美内涵。"雨"是音形义统一的文化符号，既是自然景观，又是文学审美意象。我们运用汉字文化的视角，从汉字之"雨"，追溯到卜辞自然物象之"雨"，再到古诗审美意象之"雨"，对《听听那冷雨》中"雨"的意象进行溯源。通过对"雨"的意象的纵深开掘，从中寻出一些"雨"的意象所代表的文化意蕴。

关键词：《听听那冷雨》；意象；雨；溯源；汉字；卜辞

余光中先生在他的散文名篇《听听那冷雨》中说："只要仓颉的灵感不灭，美丽的中文不老，那形象、那磁石一般的向心力当必然长在。因为一个方块字是一个天地。"[②]每个汉字都是一个"魔方"，记载着丰富的中国文化，讲述着古老的中国故事。"雨"是音形义统一的文化符号，既是自然景观，又是文学审美意象。"雨"中蕴藏着中华文明的密码，绵延着华夏祖先的希望。"雨作为古典诗词的常见意象，之所以负载如此之多的艺术蕴含，正在于来自传统的伟大力量，对雨意象的每一次新鲜体验，都使我们获得了返溯原始、亲历往古的伟大力量！"[③]我们对《听听那冷雨》中"雨"的意象进行溯源，追溯到汉字鼻祖时期——甲骨文时代，来感受"雨"文化的源远流长。

---

① 周作菊：湖北大学文学院讲师。
② 杨建波.大学语文[M].4版.北京：北京大学出版社,2017:232.
③ 傅道彬.晚唐钟声：中国文化的精神原型[M].北京：东方出版社,1996:148.

一、汉字文化之"雨"

中国的汉字是音形义统一的文化符号。汉字一字一幅画,日月山川、风霜雨雪等都可形象成字,具有"书画同源"的形体美。"雨"是象形字,它是一个古老的汉字,甲骨文写作:ⅲ、ⅲ、ⅲ,甲骨文将"雨"生动形象地摹画出来。台湾诗人、散文家余光中先生曾这样赞美道:"凭空写一个'雨'字,点点滴滴,淅淅沥沥,滂滂沱沱……视觉上的这种美感,岂是什么 rain 也好 pluie 也好所能满足?"①"雨"字,金文写作雨,小篆写作雨,隶书写作雨,从"雨"字的形体演变可看出其字形上的变化不大。"雨"在上古时期有两种读音:上声和去声。"雨"作名词和动词(义为"下雨")用,读上声;作及物动词用,读去声。如《左传·隐公九年》:"三月,癸酉,大雨震电。庚辰,大雨雪。"第一个"雨"是名词,读上声;第二个"雨"是及物动词,读去声。音义:"雨雪,于付反。"疏:《正义》曰:"《说文解字》曰:'雨,水从云下也。'然则雨者,天上下雨之名。既见雨从天下,自上下者因即以雨言之。雨蠡亦称为雨,故下雪称为雨雪也。"②《尔雅·释天》:"风而雨土为霾。"音义:"雨土,音芋。"③《汉书·王莽传》:"真定、常山大雨雹。"注:"雨音于具反。"④汉字是表意字,其特点"因形示义",汉字的形和义关系密切,还可以"因形索义"。关于"雨"字本义,《说文解字》曰:"雨,水从云下也。一象天,冂象雲,水霝其间也。……凡雨之属皆从雨。"段玉裁注:"引申之,凡自上而下者称雨。"《说文解字》中"雨"部字有 50 个,与"雨"有关的"水"部字更多,可见"雨"字的引申义非常丰富。现代辞书对"雨"的解释简单明了,《辞源》1979 版:"1.空气中水蒸气遇冷凝为细小水点,积重则下降为雨。2.降雨。"《辞海》1999 版:"1.云中降落的液体水滴。2.下雨。"古典文献中对"雨"的阐释注重文化意味的引申。《周易·小畜卦》记载:"亨,密云不雨,自我西郊。"[彖]曰:"小畜之势,足作密云,乃自我西郊,未足以为雨也。何由知未能为雨?夫能为雨者,阳上薄阴,阴能固之,然后烝而为雨。"⑤《春秋元命苞》曰:"阴阳和为雨。"《大戴礼记》曰:"天地之气和则雨。"《开元占经·雨占》曰:"雨者,阴阳合,而天地气交之所为也。"⑥《群经音辨·辨字音清浊》曰:"雨,天泽也。"《周易·乾卦》谓:"云行雨施,品物流形。"

---

① 杨建波.大学语文[M].4 版.北京:北京大学出版社,2017:233.
② 《中华大典》工作委员会,《中华大典》编纂委员会编纂;郑国光.中华大典 地学典 气象分典-[M].重庆:重庆出版社,2014:195.
③ 孙玉文.汉语变调构词研究[M].北京:北京大学出版社,2006:108.
④ 孙玉文.汉语变调构词研究[M].北京:北京大学出版社,2006:108.
⑤ 王文采.周易经象义证(上)[M].北京:九州出版社,2016:227.
⑥ 王文采.周易经象义证(上)[M].北京:九州出版社,2016:227.

二、卜辞自然物象之"雨"

在《听听那冷雨》中,余光中先生用纵横捭阖之笔,对自然之雨做了尽情的描写:冷雨、细雨、疏雨、骤雨、急雨、雷雨、暴雨,从春雨绵绵到秋雨潇潇,从霏霏不绝的黄梅雨到斜斜的西北雨、从湿湿的灰雨到干干爽爽的白雨……关于"雨"的自然景观被作者描绘得淋漓尽致。

早在殷商时期,殷人对气候天象极为关注。很多古籍中都记载了商都的旱情,如《艺文类聚》卷一二引《帝王世纪》,汤伐桀之后,大旱七年,史卜曰:"当以人祷。"商代社会以农业为主,旱情对农业收成十分不利,故甲骨卜辞对气象的记录颇为详细。《大戴礼记·曾子天圆》:"阴阳之气,各尽其所,则静矣,偏则风,俱则雷,交则电,乱则雾,和则雨。阳气胜,则散为雨露;阴气胜,则凝为霜雪。阳之专气为雹,阴之专气为霰,霰包者,一气之化也。"由此可知大自然气象变化万千。古老的殷商卜辞中早已精妙地记载了很多自然天象的变化,有阴、晴、雨、风、云、雾、雷、雹等。

例:贞:兹雨不唯年?(《甲骨文合集》10140)(这条卜辞贞问:这场雨不会损害年成吗?)

例:丙辰卜:丁巳其阴抑?允阴。(《甲骨文合集》2760)(在丙辰这天卜问:到丁巳这天会阴吗?那天果真是阴天。)

例:惠甲其宁风?惠乙宁?(《甲骨文合集》30260)(是在甲日为使风停息而举行祭祀好呢,还是在乙日举行这种祭祀好呢?)

例:辛酉卜,𣪘贞:自今至于乙丑其雨?壬戌雨,乙丑不雾不雨。(《甲骨文合集》6943)(在辛酉日卜,由𣪘贞问:从今天起一直到乙丑那天会下雨吗?壬戌那天下了雨,乙丑那天没有雾也没有雨。)

风、雨、雷、电等气象变化,殷人无法科学地做解释,殷人崇尚鬼神,以为是神灵所为。《论衡·乱龙》曰:"神灵之气,云雨之类。"殷商占卜之风盛行,殷人对气象的占卜尤为频繁,特别是卜测"是否降雨"最频繁,《释名·释天》曰:"雨者,辅也,言辅时生养也。"雨能滋养万物,也会造成水旱灾害,因而卜辞对"占雨"的记录颇为精细,有大雨、小雨、烈雨、延雨、從(从)雨、卤雨、正雨、蔑雨、炅雨等。甲骨文中形容词数量贫乏,但多数是修饰"雨"的形容词,用来表示雨量和雨的形态特征,反映出殷人的"原始崇拜"——自然崇拜。

例:贞:今日其大雨?(《甲骨文合集》12598)(这条卜辞贞问:今天会有大雨吗?大,雨量充沛)

例:贞:今夕不其小雨?(《甲骨文合集》12712)(这条卜辞贞问:今天不会有小雨吗?小,雨量较少)

例:贞:其亦烈雨?贞:不亦烈雨?(《甲骨文合集》6589)(这对卜辞贞问:又会有暴雨呢?还是不会这样呢?烈,猛烈;烈雨犹暴雨)

例：不其亦延雨？（《甲骨文合集》12801 正）（这条卜辞贞问：不会又有连绵不断的雨吗？）

例：唯兹雨不延。（《甲骨文合集》21021）（这条卜辞贞问：这场雨不会连绵不断吗？延，绵延）

例：弗從（从）雨？（《甲骨文合集》12691）（这条卜辞贞问：不会有相当大的雨吗？从，猛烈）

例：王占＊曰：其唯卣雨。（《甲骨文合集》14468）（大王依据卜兆推测说：大概会有和顺的雨。"卣"即"调"，和顺）

例：己亥卜，争贞：在焆田，有正雨。（《甲骨文合集》10136 正）（这条卜辞贞问：如果在焆地田猎，那么会有"正雨"吗？正，足够）

例：癸亥卜，贞：旬一月昃雨自东。（《甲骨文合集》21021）（昃，日照人影之侧斜，表示日已西斜）

例：宾贞：蔑雨惟有它。（《甲骨文合集》12895）（蔑，微弱）

其他例子另有：不多雨（《甲骨文合集》38160）（多，降雨次数较多）；至壬雨少三月（《甲骨文合集》20942）（少，降雨次数少）；甲子卜：不联雨（《甲骨文合集》32176）（联，连绵）；乙巳卜中贞：于方非人皿雨（《甲骨文合集》24892）（皿，猛烈）。

余光中先生在《听听那冷雨》中说："翻开一部《辞源》或《辞海》，金木水火土，各成世界，而一入'雨'部，古神州的天颜千变万化，便悉在望中，美丽的霜雪云霞，骇人的雷电霹雹，展露的无非是神的好脾气与坏脾气。"[1]这段话揭示了殷商时期以神为本的文化特征。《礼记·表记》中说："殷人尊神，率民以事神，先鬼而后。"殷人不了解自然科学，对天象的变幻莫测缺乏认知，认为旱灾或水患都是至上之神——"帝"的"令"，因此殷人崇拜"帝"、敬畏"帝"。殷人信仰的"帝"，掌管农业，主宰自然神灵，特别是主宰"是否或何时降雨"，有"令雨"的重要权力。陈梦家指出"殷人的上帝或帝，是掌管自然天象的主宰，有一个以日月风雨为其臣工使者的帝廷。"[2]由此可见殷人的神学观念以天帝、上帝为最高存在。

例：自今至于庚寅帝不其令雨？（《甲骨文合集》14148）（这条卜辞贞问：从今天起一直到庚寅那天上帝不会命令降雨吗？）

例：戊子卜，殻贞：帝及四月令雨？贞：帝弗其及今四月令雨？（《甲骨文合集》14138）（这条卜辞贞问：上帝会赶在四月份命令降雨呢，还是不会赶在这个四月份命令降雨呢？）

例：帝令雨足年？帝令雨弗其足年？（《卜辞通纂》）（上帝命令下雨是对年成好呢？还是不好呢？）

---

[1] 杨建波.大学语文[M].4 版.北京：北京大学出版社，2017：233.
[2] 陈梦家.殷墟卜辞综述[M].北京：中华书局，1988：580.

余光中先生在《听听那冷雨》中说："雨是女性,应该最富于感性。"①这句话不仅表达了雨的阴、柔,更揭示了殷商祈雨、祭雨仪式中的巫文化。《说文解字》云:"巫,祝也,女能事无形,以舞降神者也。"可知巫为女性,为舞者,巫以舞蹈降神,巫的重要职事是"事鬼神"。殷人重巫术,好祭祀,尤其盛行祈雨祭祀,如《左传·昭公元年》:"山川之神,则水旱疠疫之灾,于是乎禜之。日月星辰之神,则雪霜风雨之不时,于是乎禜之。"在祈雨祭祀如雩祭、烄祭中,或焚巫的祈雨仪式中,女性发挥着重要的作用,她们以女巫身份出现,王充《论衡》言:"巫知吉凶,占人祸福,无不然者。"弗雷泽在《金枝》一书中说:"在公众巫师为部族利益所做的各种事情中,最首要的是控制气候,特别是适当的降雨量。"

例:惠萬雩孟田,有雨。(《甲骨文合集》28180)(这条卜辞贞问:如果由萬这种人到孟田举行雩祭,那么就会有雨吗? 萬:是主要从事舞乐工作的一种人。)

雩祭:《周礼·春官·司巫》载:"司巫掌群巫之政令。若国大旱,则帅巫而舞雩。"郑玄注:"雩,旱祭也。"《礼记·月令》云:"仲夏之月……命有司为民祈祀山川百源,大雩帝,用盛乐。"郑玄注:"雩,吁嗟求雨之祭也。"《周礼·春官·女巫》:"旱暵则舞雩。"郑玄注:"使女巫舞,旱祭崇阴也。郑司农云:'求雨以女巫。'"《说文解字》:"雩,夏祭,乐于赤帝以祈甘雨也,从雨于声。"可见,雩祭即是女巫以舞蹈祈雨降神。《尔雅·释训》:"舞号,雩也。"郭璞注:"雩之祭舞者吁嗟而请雨。"《经典释文》引孙炎云:"雩之祭有舞有号。"综上所述,古之雩祭是旱祭祈雨,以女巫行雩祭,女巫凭借妖媚的舞蹈和歌呼(号呼)来娱神、降神,以感天帝降雨丰年。

如果女巫以舞蹈和歌呼(吁嗟)不能达到祈雨的目的,便用焚巫的极端措施。

例:贞:焚姜,有雨?

勿焚姜,亡其雨?(《甲骨文合集》1121正)(要是焚烧姜这个女性,就会有雨吗?如果不焚烧姜这个女性,就不会有雨吗?)(祈雨被焚者一般是女性,应是商代的女巫。可见女性在祈雨巫术中扮演重要角色。)

勿唯焚(燓),亡其雨?(《甲骨文合集》12851)(这条卜辞贞问:不应该焚烧尫巫,否则不会有雨吗?)

"'燓'字像'尫'在'火'上,应该是专用于'焚巫尫'的'焚'字异体。"②尫巫为女巫。

三、文学审美意象之"雨"

"雨"作为一种客观物象,在散文《听听那冷雨》中成为乡愁的载体,"雨"经过诗

---

① 杨建波.大学语文[M].4版.北京:北京大学出版社,2017:233.
② 裘锡圭.说卜辞的焚巫尫与作土龙[M]//裘锡圭学术文集(第一卷).上海:复旦大学出版社,2012:194.

人情感的点染、融合,具有多重审美意蕴。"大陆上的秋天,无论是疏雨滴梧桐,或是骤雨打荷叶,听去总有一点凄凉、凄清、凄楚,于今在岛上回味,则在凄楚之外,再笼上一层凄迷了。"①文人听雨是情感表现的需要,也是一种审美的追求,这种审美境界中,既呈现出"疏雨滴梧桐""骤雨打荷叶"的视觉的画面之美,也表现出听觉的音乐之美,展现出典雅的美感。"凄凉、凄清、凄楚"不仅实写"秋雨"的寒凉,而且借"雨"渲染孤寂冷清的氛围;"凄迷"更将诗人独在异乡的迷惘和对两岸隔阂不通的"茫然"跃然纸上。

文学起源于神话,神话起源于"巫史文化"和"原始崇拜",古老的卜辞可以说是文学的萌芽。祈雨类卜辞中诞生了中国最朴素的诗歌:"癸卯卜:今日雨?其自西来雨。其自东来雨。其自北来雨。其自南来雨。"(《甲骨文合集》12870)在对雨的祈祷中出现了原始歌谣韵味,句式整齐,写法铺排,"就句意的形象而言,似乎云情雨意正捉摸不定地从东南西北四方袭来,气势颇为壮观。虽说不上是正式的诗,客观上却留给人以饱含诗意的印象"②此后被汉乐府《江南可采莲》继承下来:"江南可采莲,莲叶何田田!鱼戏莲叶间。鱼戏莲叶东,鱼戏莲叶西,鱼戏莲叶南,鱼戏莲叶北。"原始的祈雨祭祀是宗教活动,也是集语言(祭词)、歌舞于一体的艺术活动,"雨"在艺术世界中获得了生命、神圣等原型意味。

"雨"在《诗经》中真正走入文学领域,《诗经》中有些诗是纯粹写雨景的,如《诗经·小雅·信南山》第二章:"上天同云,雨雪雰雰,益之以霡霂。既优既渥,既霑既足,上我百谷。""雨"和六个雨部字"云、雪、雰、霡、霂、霑",写出雨水对农业收成的重要性。但《诗经》中更多的是借雨抒怀,赋予"雨"以思想、情感。如《诗经·小雅·采薇》:"昔我往矣,杨柳依依。今我来思,雨雪霏霏。""雨"和两个雨部字"雪、霏",借"雨"感伤;《诗经·郑风·风雨》:"风雨凄凄,鸡鸣喈喈""风雨潇潇,鸡鸣胶胶""风雨如晦,鸡鸣不已"。"雨"和两个水部字"凄""潇",借"雨"渲染气氛。《诗经·小雅·角弓》中以"雨雪瀌瀌,见晛曰消""雨雪浮浮,见晛曰流"的"雨"和四个水部字"瀌、消、浮、流",借"雨"表达愁绪。《诗经》中的"雨"被作者注入个人主观情感,客观物象与作者主观情感相融合,表达思乡、怀人、孤寂、忧愁等生命体验,形成了"雨"意象的基本内涵。"自然"之雨成为"人化、情化"之雨,"雨"成为一个独特的文化符号。

到唐宋诗词,"雨"的意涵越来越丰富,如白居易《长恨歌》:"玉容寂寞泪阑干,梨花一枝春带雨。"用梨花雨来形容离人泪,突出寂寞之感。李璟《摊破浣溪沙》:"青鸟不传云外信,丁香空结雨中愁。"将丁香与雨融合,愁的境界更加凄迷。李清照《声声慢》:"梧桐更兼细雨,到黄昏,点点滴滴。这次第,怎一个愁字了得。""秋雨、梧桐",意象鲜明,使离愁笼上一层凄清之感。贺铸《青玉案》:"试问闲愁都几

---

① 杨建波.大学语文[M].4 版.北京:北京大学出版社,2017:233.
② 姜亮夫,郭维森等.先秦诗鉴赏辞典[M].上海:上海辞书出版社,1998:927.

许?一川烟草,满城风絮,梅子黄时雨。""烟草""风絮""梅雨"三个新颖的意象,写出了爱情失意的痛苦、感伤。宋人汪元量《邳州》:"乡愁渐生灯影外,客愁多在雨声中。""客——愁——雨声"构成了传统文学中雨的意象的典型艺术形式。再到元明清时期形成的"春雨江南""烟雨江南"的经典表达,如虞集《风入松·寄柯敬仲》的"杏花春雨江南",寥寥六个字描绘江南春色,突出"雨"的地域色彩,更具诗情画意,表现意境之美。明代高启《梅雨》:"江南烟雨苦冥濛,梅实黄时正满空。"写出了梅雨时节的烟雨迷蒙,是雨意象中别有的韵味,构成了雨的意象婉约、迷离的古典审美形式。诗人们用生花妙笔让"雨"成为中国古典诗词中一个不老的意象。

四、结　　语

从甲骨文字之"雨",到卜辞中原生状态的自然物象之"雨",再到独具艺术境界的意象之"雨","雨"既展现了农耕文明时代的自然景观,又展现了流淌于千年诗学历史长河中的人文景观,"雨"在华夏民族中留下了深刻的印记。

参考文献

[1] 郭沫若.甲骨文合集[M].北京:中华书局,1978.
[2] 张玉金.甲骨文虚词词典[M].北京:中华书局,1994.
[3] 许慎.说文解字[M].北京:中华书局,2015.
[4] 辞源[M].北京:商务印书馆,1979.
[5] 辞海[M].上海:上海辞书出版社,1999.
[6] 杨升南.商时期的雨量[J].中国史研究,2008(04):31-36.
[7] 王艳丽.古代求雨仪式的女性主义思考[J].长春大学学报,2007(09):35-37.
[8] 国光红.关于古代的祈雨——兼释有关的几个古文字[J].四川大学学报(哲学社会科学版),1994(03):86-93.

人文式的还是神文式的：再论墨家"天志"的两种理解路径

黄蕉凤[①]

摘要：《墨子》中论述神文主题的三篇《天志》《明鬼》《非命》(即"宗教三论")，占"墨学十论"的三分之一篇幅。根据统计，《墨子》中关涉人文的用词，如"人"有463处；关涉神文的用词，如"神"有116处，"鬼"有181处，"天"有267处，共564处。可见墨家是一个神文色彩明显重于人文色彩的思想学派。"天志"又为墨家之核心，整个墨家理论体系都依"天志"而建立，"墨学十论"各大主张也都由其推演而出。"天志"实为把握墨学核心义理之关键。今人对墨家"天志"的误解，盖在三端：一则以"天志"为墨家自作，神道以设教；再则以"天志"为兼爱等诸主义之外援，不具独立立论的地位；三则以"天志"为王志，屈民以伸君。此皆有涉对墨家"天志"之理解，关涉墨家"天志"究竟是采取人文主义进路或是神学化、宗教化之进路(神文主义进路)的厘定和辨析。有鉴于是，笔者将在本文中略做讨论。

关键词：天志；墨学十论；宗教性；墨家

引　言

《墨子》中论述神文主题的三篇《天志》《明鬼》《非命》(即"宗教三论")，占"墨学

[①] 黄蕉凤：北京师范大学-香港浸会大学联合国际学院中国语言文化中心助理教授，中华文化传播研究院助理处长。

"十论"的三分之一篇幅。根据统计,《墨子》书中关涉人文的用词,如"人"有463处;关涉神文的用词,如"神"有116处,"鬼"有181处,"天"有267处,合共564处。可见墨家是一个神文色彩明显重于人文色彩的思想学派。[①] "天志"又为墨家之核心义理,整个墨家理论体系都依"天志"而建立,"墨学十论"各大主张也都由其推演而出。"天志"实为把握墨学核心义理之关键。今人对墨家"天志"的误解,盖在三端:一则以"天志"为墨家自创,以神道设教;二则以"天志"为兼爱等诸主义之外援,不具独立立论的地位;三则以"天志"为王志,屈民以伸君。本文之旨趣将探讨墨家"天志"的内涵,也即"天志"所彰显的究竟是人文主义路线还是神文主义路线。

一、墨家"天志"并非神道设教,而是"以天为法"的具体呈现

关于墨家"天志"是否神道设教,此端确乎容易引起争论。从文本释诂的角度来看,"天志",即"天的意志"。按照字面上的理解,确属神学范畴(神文领域)。神文主义的特点在于高扬神格,以神为中心。在此之下,人服从于神的主权,受神辖制,居于被支配的从属地位。不过,不少墨研学者对"天志"的理解乃是取一种"去宗教化""去神学化"的人文主义进路——即一方面承认墨家相信天有意志,一方面又认为"天志"是墨家为其政治、经济、文化等主张张目之工具,所谓假神道以行人道,假神道以设教。

若依此推论,则包括"天志"在内的"宗教三论"必然后出于另外七论,是墨家为其"人道"主张寻找历史合法性依据以及宗教信仰上的支持,而创设出来的。例如有论者认为,"天鬼"的赏罚大部分都不是活灵活现的鬼神创造,而是假手于自然或人为。这也就是说,"天鬼"虽然干预世界,但一直又与人的活动一致,这说明墨家对社会统治者的不满,认为真理在天在鬼神,鬼神明辨是非,所以墨家是借对"天鬼"的信仰实现其自由理想,[②]甚至"天鬼"之志乃为"民意""我欲""墨意"(墨子自己的意思)的意思。[③]

笔者认为,单以人文主义进路思索墨家之"天志",有其不足之处。因《墨子》中所言之"天志"乃是自有、永有,不假外求,这在《墨子·天志下》已有言表:"故子墨子置天之以为仪法。非独子墨子以天之志为法也,于先王之书《大夏》之道之然"。墨家以"天志"为"大"为"矩",就是要以天为法,《墨子·天志下》曰:"故子墨子置立天之以为仪法,若轮人之有规,匠人之有矩也。今轮人以规,匠人以矩,以此方圜之别矣。"墨家以"天志"为矩,"天志"又与法仪相关(即"法天"思想)。法天是以天为

---

① 孙中原.墨子大辞典[M].北京:商务印书馆,2016:347-348.
② 薛柏成.墨家思想新探[M].哈尔滨:黑龙江人民出版社,2006:25.
③ 庞家伟,王丽娟.天志鬼神皆人意——从墨子《天志》《明鬼》看其鬼神论实质[J].甘肃高师学报,2011,16(4):120.

法,并非指有限的个人能效法上天。

考察《墨子·天志下》中"置""立"二字在先秦的字义和原文语境中之用法,可知其为同义连用,当作"扶正""植立"观,而非"创造""设立"之意。① 《说文》曰:"置,赦也",《周礼》曰:"废置以驭其吏","置"与"废"对文,古借为"植"字;②《说文》又曰:"立,住也。"③再参以《墨子·法仪》"以天为法"的说法,可知墨家从来没有托天言志或创造"天志",而是扶正亘古本已存有、在彼时为人所淡漠的"天志",以之为行事为人的标准。以托古改制、与天地参的"为天下人立法"的儒家思维理解墨家"天志"说容易产生偏误。《墨子·法仪》所谓"我有天志",《墨子·天志》所谓"置立天志",本质上更接近宗教原教旨主义(Fundamentalism)的复古行为。若我设喻来说明,即类如"我放一个桃在此"或"我有一个桃在此",是"桃"固已在此,"我"设一动作以安置之,并不代表"我"无中生有地创造了一个新叫作"桃"的事物。

二、墨家"天志"并非兼爱等主义的外援,而是"墨学十论"的核心根基

墨家所张扬之"天志",是自外于人类世界的一种客观的外在标准,有要求恪守遵循的律令规范,如兼相爱,交相利;有要求拒斥回避的禁忌区间,如别相恶,交相贼。一切令行禁止,动作行止,都以是否顺从天意、委身上天为依归。墨家在此基础上建立了"天人两分"的世界观,"天"也因之具有意志、有爱憎、有主权、行赏罚的人格神的意味。《墨子·天志》中墨家的关怀有很大部分仍属此世范围,不同于基督教等更多关注彼岸世界,故其言说在此方面更明显地反映在道德伦理和政治哲学之上,故而无多触及拯救、永生、灵魂等纯宗教性的内容。即便如此,也已具"准宗教性"④,即如《墨子·天志上》所言:

> 顺天意者,兼相爱,交相利,必得赏;反天意者,别相恶,交相贼,必得罚。……子墨子言曰:"昔三代圣王,禹、汤、文、武,此顺天意而得赏也。昔三代之暴王,桀、纣、幽、厉,此反天意而得罚者也。"然则禹、汤、文、武,其得赏何以也? 子墨子言曰:"其事上尊天,中事鬼神,下爱人,故天意曰:'此之我所爱,兼而爱之;我所利,兼而利之。爱人者此为博焉,利人者此为厚焉。'故使贵为天子,富有天下,业万世子孙,传称其善,方施天下,至今称之,谓之圣王。"然则桀、纣、幽、厉,得其罚何以也? 子墨子言曰:"其事上诟天,中诟鬼,下贼人,故天意曰:'此之我所爱,别而恶之;我所利,交

---

① 张西峰.墨论选读[M].北京:中国人事出版社,2015:152;姜宝昌.墨论训释[M].济南:齐鲁书社,2016:467;谭家健,孙中原.墨子今注今译[M].北京:商务印书馆,2009:170.
② 段玉裁.说文解字注[M].上海:上海古籍出版社,1981:642.
③ 段玉裁.说文解字注[M].上海:上海古籍出版社,1981:891.
④ 李强.墨子天人二分思想的形成研究[J].黑河学刊,2016,225(3):32.

而贼之。恶人者,此为之博也;贱人者,此为之厚也。'故使不得终其寿,不殁其世,至今毁之,谓之暴王。"

墨家认为天下动乱的原因在于士君子不明"天志"。天无幽不鉴,权能广大,顺天之意兼相爱,天能加其赏,正面典范有尧、舜、禹、汤等圣王;反天之意别相恶,天能罚其恶,反面典范有桀、纣、幽、厉等暴王。天的道路高于人的道路,遵行天意是人无所逃遁于天地间的责任,在这一点上儒墨走向一致,墨子所言"得罪于天,将无所以避逃之者矣"(《墨子·天志下》)与孔子所言"获罪于天,无所祷也"(《论语·八佾》)约为同一个意思,即如《墨子·天志下》所言:

> 是故古者圣人明以此说人,曰:"天子有善,天能赏之;天子有过,天能罚之。"天子赏罚不当,听狱不中,天下疾病祸福,霜露不时,天子必且豢其牛羊犬彘,洁为粢盛酒醴,以祷祠祈福于天,我未尝闻天之祷祈福于天子也。吾以此知天之重且贵于天子也。是故义者,不自愚且贱者出,必自贵且知者出。曰:"谁为知? 天为知。"然则义果自天出也。今天下之士君子之欲为义者,则不可不顺天之意矣。①

"义自天出"又衍生出"义正"的观点,墨家兼爱非攻的主张盖由此出;而非倒因为果,谓"天志"乃兼爱非攻等主义的外援。义由外铄而非自生,为一"应然"状态,类于自然法的原则(The Principle of Natural Law),具有先验性和天启性。②《墨子》行文,大多结论置前而举证置后,从上段引文可见,墨家所标举的"天志"是"不证自明"的真理,后续再援"三表法"和圣王、暴王的案例,不过是追加论证,以进一步强调真理的有效性,一如《墨子·天志下》所言:

> 顺天之意者,兼也;反天之意者,别也。兼之为道也,义正;别之为道也,力正。曰:"义正者,何若?"曰:"大不攻小也,强不侮弱也,众不贼寡也,诈不欺愚也,贵不傲贱也,富不骄贫也,壮不夺老也。是以天下之庶国,莫以水火、毒药、兵刃以相害也。若事上利天,中利鬼,下利人,三利而无所不利,是谓天德。故凡从事此者,圣知也,仁义也,忠惠也,慈孝也,是故聚敛天下之善名而加之。是其故何也? 则顺天之意也。"曰:"力正者,何若?"曰:"大则攻小也,强则侮弱也,众则贼寡也,诈则欺愚也,贵则傲贱也,富则骄贫也,壮则夺老也。是以天下之庶国,方以水火、毒药、兵刃以相贼害也。若事上不利天,中不利鬼,下不利人,三不利而无所利,是谓之贼。故凡从事此者,寇乱也,盗贼也,不仁不义,不忠不惠,不慈不孝,是故聚敛天下之恶名而加之,是其故何也? 则反天之意也。"③

"兼爱"则能顺遂天意的要求,"别爱"则会逆反天意的要求。行兼道为义政,为

---

① 毕沅,吴旭民.墨子[M].上海:上海古籍出版社,2014:106.
② 田宝祥.墨子"天志"范畴略论——兼以康德"上帝存在"与黑格尔"绝对精神"的视角[J].太原理工大学学报(社会科学版),2016,34(1):54.
③ 毕沅,吴旭民.墨子[M].上海:上海古籍出版社,2014:118-119.

天之所欲;行别道为恶政,为天之所不欲。天的律令明确、清晰且二元对立,人在此标准之下,依据个人意志,自由选择信靠上天或远离上天。犹当留意,墨子对"义正"(义政)的论述都是从"积极不作为"的消极方面来讲,如大国不攻打小国,大家不篡夺小家,强者不劫持弱者,尊贵者不凌辱贱人,聪明人不欺骗愚笨人,可见墨家言说中的"义"的总精神是"不可害人"。在"天志"的要求下,兼爱是为除害,除害即为兼爱。由此可见墨家虽为先秦时期最重力行的学派团体,然其之力行并非一种强制性的主动干预行为(强制施于人),因为天志学说所衍生的底层共义,是建立在人人都有免于被他人干涉的权利的"消极自由"[1]的基础之上,此为墨家式样的伦理观道德观之特色。

三、墨家"天志"并非"屈民而伸君",而是"屈君而伸天"

春秋时代的普遍观念是天子为上天的代理人,享有最高权威。及至孟子所处的时代,儒家仍强调天子"受命于天",汤武革命的合法性乃是建立在"替天行道"的基础之上。儒家以"天子"为"上天"的"儿子",墨家则以"天子"为"上天"的臣仆。"天"的地位高于"天子"的地位,"天为贵,天为知而已矣"(《墨子·天志中》)。人间权力的最高代表"天子"的合法性也来自"天"的授予,"天之重且贵于天子","使之处上位,立为天子以法也"(《墨子·天志下》)。天子(包括鬼神)是天推行其意志的工具,而不是相反。依前文释诂,墨子之言说,明显更接近宗教律令似的命令,强对其做人文主义式的解读,恐怕偏离墨子原意。对"天志"做完全"去宗教化"的处理,可能形成类似错误的理解;当然若把"天志"的"宗教性"推至极端,也可能造成同样的错误。《墨子·天志下》曰:

> 是故子墨子言曰:"戒之!慎之!必为天之所欲,而去天之所恶。"曰:"天之所欲者,何也?所恶者,何也?天欲义而恶其不义者也。何以知其然也?"曰:"义者,正也。何以知义之为正也?天下有义则治,无义则乱,我以此知义之为正也。然而正者,无自下正上者,必自上正下。是故庶人不得次己而为正,有士正之;士不得次己而为正,有大夫正之;大夫不得次己而为正,有诸侯正之;诸侯不得次己而为正,有三公正之;三公不得次己而为正,有天子正之;天子不得次己而为正,有天正之。今天下之士君子,皆明于天子之正天下也,而不明于天之正天子也。"[2]

墨子在此处言说中确立了国家政治权力架构的"分权制衡"原则:天为天子之监察者,一如天子为三公之监察者;其后庶民、士人、大夫、诸侯、三公,层层上同于

---

[1] [英]以赛亚·柏林.自由的两种概念[M].陈晓林,译.北京:生活·读书·新知三联书店,1996:202-206.

[2] 毕沅,吴旭民.墨子[M].上海:上海古籍出版社,2014:116-117.

天子,天子再总乎天下之义以上同乎天,从而由"天志"引申出"尚同"。"天"在权力安排中具有"第一身位",高举上天而贬低天子,"屈君而伸天",内蕴超前的民主元素,然争议之处亦在此。郭沫若即认为,墨子是为了巩固王权才抬出天鬼权威,实际是利用了劳动人民的愚昧,非但不民主,反而极端反动。"天是什么呢?天不过是王的影子,故结果是王的意志就是天的意志,王的是非就是天的是非。"①

郭沫若先生之论可商榷之处固多。然今人论及中国最早的"主权在民"思想,亦多以孟子"民本论"为正面典范,而谓墨子"天志说""尚同说"将使社会走向"通往奴役之路"的历程,其致思逻辑大抵与郭沫若先生同。② 孟墨二家学说同具民主因素,何以评价不一,实在值得分析。孟子有"民贵君轻"的主张,"民为贵,社稷次之,君为轻"(《孟子·尽心下》);又提出为政重在"得民心","桀纣之失天下也,失其民也;失其民者,失其心也。得天下有道:得其民,斯得天下矣;得其民有道:得其心,斯得民矣"(《孟子·离娄上》);且张扬"诛一夫"的汤武革命精神,"贼仁者谓之贼,贼义者谓之残,残贼之人谓之一夫。闻诛一夫纣矣,未闻弑君也"(《孟子·梁惠王下》)。在孟子看来,得民心是建立稳固的政治秩序的核心举措,民心所向是执政合法性的唯一来源,王道政治乃由底层民意"由下至上"推衍。君王"受命于天"其实是君王"受命于民",即如先秦诸子的共识文本《尚书·周书·泰誓》所言"天视自我民视,天听自我民听","天命"层层向下筑基,共义根植于民众的意志和诉求。孟子又认为,统治者和被统治者在政治生活中的层级关系,应遵循权利与义务相对等的双向互动原则,"君之视臣如手足,则臣视君如腹心;君之视臣如犬马,则臣视君如国人;君之视臣如土芥,则臣视君如寇雠"(《孟子·离娄下》)。人君不行仁政,行德政即为独夫民贼,臣子可行"革命",依天意民心,剥夺其权力地位,取而代之以承受天命。相较孟子,似乎墨子对统治者与被统治者之间关系的认识,存在"民意"缺位的局限。人民只有义务"上同天子",没有资格进行"革命"。单方面强调在下位者对在上位者的服从,却因之而缺乏对权力的规限和制约。如若天子圣明如尧舜,则上同天子自无问题;如若天子残暴如桀纣,则上同天子当然会造成独裁专制。故有论者依此指出,墨子学说固有"人民性"的一面,然与孟子的民本论相比,在认识上仍显粗糙和落后。③

笔者认为,不能割裂《墨子》全书文本来理解墨子"天志"说"以上正下"之主张。《墨子·天志下》明言为天下立法的根本在"天"不在"天子",正是由于天下人明于"天子正天下",不明于"天正天下",所以才要扶立一个"天志"作为立法的仪轨。《墨子·法仪》曰:"今天下无大小国,皆天之邑也;人无贵贱长幼,皆天之臣也",上天之下人人平等,天子与民众同受天的约束宰制,二者之不同只在社会分工,不在

---

① 郭沫若.十批判书[M].北京:东方出版社,1996:112.
② 李竞恒.墨家与通往奴役之路[J].社会学家茶座,2013(1):27-28.
③ 贺更行.兼爱天下——墨子伦理思想研究[M].北京:中国社会出版社,2013:218.

人格地位。① 天子、政长的位分存废,由其是否顺应天志来决定。《墨子·尚同上》曰:

> 闻善而不善,必以告天子。天子之所是,皆是之;天子之所非,皆非之。去若不善言,学天子之善言;去若不善行,学天子之善行。则天下何说以乱哉?察天下之所以治者何也?天子唯能壹同天下之义,是以天下治也。天下之百姓皆上同于天一,而不上同于天,则灾犹未去也。今若天飘风苦雨,溱溱而至者,此天之所以罚百姓之不上同于天者也。②

在《墨子·尚同上》中,墨子提出"立以为天子"的标准是"选天下之贤可者"。由谁选举?由上天来选举。贤可者的资质为何?为能上同天意。天子上同天意,天则对他们遵从天志的行为追加报偿。今人固然可以诟病上述墨家的政治哲学言说的论述框架是一种循环自证的"理型状态",不过推原《墨子·天志》之本然,所谓天子矫天命而自为的情况,在墨家的理念中是完全不可能出现的。

今人对墨家"天志"思想的质疑,无非是出于灌儒入墨的理解——即谓墨家本意是"屈君而伸天",结果造成"屈民而伸君";且"尊天"抹杀人格平等,有入主出奴、政教合一的神权专制主义倾向。对于这个问题,我们实当留意,墨家对周初以来人文主义天道信仰的改造,尤其是对"汤武革命"的理解。孔子曰:"汤武革命,顺乎天而应乎人"(《周易·革卦·象传》),鼎革旧命更化新命,最终落实在响应民意的基础之上;墨子则曰:"帝善其顺法则也,故举殷以赏之,使贵为天子,富有天下,名誉至今不息"(《墨子·天志中》),将之解释为"尊天"所获得的报偿。换言之,汤武得位行权,建立新政,不再是"他们有天子的命运"的"受命",而是"上天差派他们如此"的"任命"。亦即,儒家以人为"主"而顺天,施展革命的主体在人,先天赋人天命;墨家以人为"客"而遵天,施展革命的主体在天,后天赋权于人。在墨家看来,"贵为天子,富有四海"对天子而言不再是必然,而是有"尊天"的前提。墨家尊天事鬼而非命,本身即反对"立命""造命","爱民"的要求已经充分包含在"天志"的律令之下。由是观之,"天志"绝对不等同于"王志",墨家也绝非为统治阶级代言。反而是孔孟儒家执有命论的观念,恰可能导致统治者托天言志,矫天命以驭下民。

对于这一点,谭家健先生曾提出,墨家"天志"说把超人间的宗教概念还原为人间的是非标尺,作为一种衡量人间普遍意义的方法论,具有哲学意涵而无恐怖色彩。③ 取这种人文主义解读进路的学者,多倾向认为"天志"即神化了的"王志"或"民意","宗教的置入只是为了获得权威的话语权,而不是真信仰"。④ 杨泽波先生则认为:"墨家哲学在某种程度上更像一种宗教,或者更确切一点说,墨家在很大程

---

① 参咸文,李光星.墨子十讲[M].上海:上海人民出版社,2007:67.
② 毕沅,吴旭民.墨子[M].上海:上海古籍出版社,2014:43.
③ 谭家健.墨子研究[M].贵阳:贵州教育出版社,1995:218.
④ 吕艳.天志与人志——墨子天鬼人思想悖逆下的统一[J].枣庄学院学报,2012,29(1):29.

度上走的是一条近似宗教的道路。"①笔者以为杨论更当。墨家"天志"说的题中之义正在于被学者们无意忽略或刻意淡化的"尊天"的宗教信仰,否则我们将很难解释何以墨家不惮在其讲论中反复申说上天那有意志、有好恶的人格神作为及其立天子、行赏罚的超人间权能。墨家否认天命可知,那又如何上说下教,向人民申说其主张呢? 其结果必然是归向宗教信仰。

结语:墨家"天志"非权宜之策,而是活生生的宗教信仰

事实上,排除墨家学说本身具有浓厚宗教色彩的建制形态不谈,单论其"宗教三论",犹可清楚见到上天鬼神为其理论内容提供了鲜明的形上学保证。作为墨家核心义理的"天志"思想,使得整个墨家思想体系具有了宗教向度上的形而上基础,"其思想才能具有终极性的动力,其理论才能变成具体的行动"。②"天志"并非墨家为了宣传其主义而采取的一种人文式的权宜之策,而是一种信仰。由此信仰衍生出相关的思想主张,进而指导道德践履,乃是墨家由信仰至理论再转化为实践的具体行动路线。

---

① 杨泽波.天志明鬼的形上意义——从天志明鬼看道德学说中形上保证的重要作用[J].哲学研究,2005(12):49.

② 杨泽波.天志明鬼的形上意义——从天志明鬼看道德学说中形上保证的重要作用[J].哲学研究,2005(12):49.

中国古代自然观的画面与当代价值[①]

陈道雷[②]

摘要：本文梳理并勾勒中国古代自然观的画面："生生"的自然观、中和的自然观、"一"的自然观、客观的自然观、空(无)的自然观，不仅在理论层面上具有重大而深远的价值和意义——在一定程度上为科学技术和人文学科等提供理论基础和价值向导，而且在现实层面上亦可缓解人与自然的冲突、调和人与人之间的关系、关心个体的身心平衡，从而实现人与自然的和生和处、人与人的和爱和同、个体之人的和立和达。

关键词：生生；中和；空(无)；客观；自然观

引　言

时至今日，无论是个体之人还是由个体之人所组成的人类社会在其人类历史进程中都出现了一系列亟待解决的问题，而以下三类问题无疑是众多问题中的核心所在：人与自然的关系问题、人与人的关系问题和每个个体身心的关系问题。我们在想，在人类文明的历史进程中，有没有一种可供参考、值得借鉴的传统文化、价值、观念经合理的提纯和再结晶后可为我们现代人服务呢？带着这样的疑问，笔者从哲学的角度对中国古代自然观进行一整体观照，看其中是否可探索出解决以上

---

① 本文为2020年重庆市教育委员会人文社会科学研究规划项目"高职院校中华经典'四诵四写四讲'文化协同育人体系创新研究"（项目编号：20SKGH360）成果。
② 陈道雷：重庆电讯职业学院语言文学系副主任，讲师。

三类问题的答案。

我们知道,在一般情况下,中国哲学有一大特点:本体论即认识论即价值观。所以说,中国古代自然观实际上是贯通天、地、人三道的道。

从总体上来说,中国古代自然观是以"天人关系"为纽带或轴心而展开的,表现为没有离开天的人,同样没有离开人的天。天乃人之天,人乃天之人。人在和天"打交道"的过程中,"天"都"在"。天、人作为一对哲学范畴,始终贯穿于中国文化、思想的大背景中。"大致来说,天的概念主要指称神、自然界、自然现象、宇宙天体、天性、天道等,人的概念主要指称个体的人、人类全体、人类社会历史性存在、人性、人道等。"①所以,我们应当而且只能从更广泛的文化视域探寻或体贴中国古代自然观的意蕴。

一、"生生"的自然观

"生生"有有机、动态、连续、变易、日新又新等意。"生生"的自然观即有机的自然观、动态的自然观、连续的自然观、变易的自然观、日新又新的自然观。《周易》的"生生之谓易"②即是说"生生"是易之全体,易是"生生"的化合。是"生生"的大化流行而成就了易,同时是变易、简易、不易、交易的和合开显了"生生"。又有"天地之大德曰生"③,天地万物之变化的一面彰显了天地万物日新又新的品性,这种变化是有机的、动态的、连续的。然而,在这种有机的、动态的、连续的变化之中又有不易、简易、交易。是不易在交易中使变易成为最大可能而又"回归"到简易,而变易和交易又在不易和简易中展开。这是中国古人"独家体贴"出来的自然观。在《周易》中还有"生生"自然观的智慧:"日往则月来,月往则日来,日月相推而明生焉。寒往则暑来,暑往则寒来,寒暑相推而岁成焉。"④正是在日、月的连续变化生生中才有了气象万千的大自然,才有了我们生存得以展开的天地时空场。也正是在寒、暑的有机、动态往来循环中我们才得以明四时、知节气,进而成人事。在中国文化系统中,"生生"自然观可谓时时出场、处处在场。"万物生生,而变化无穷焉"⑤,其大意是:万物在无穷无尽的变化中绵延而开显自己的命之运。"生生"是大生亦是广生,正如"夫乾,其静也专,其动也直,是以大生焉。夫坤,其静也翕,其动也辟,是以广生焉"⑥。专静、直动之乾为大生,翕静、辟动之坤为广生,广生、大生与天、地、人相配,与道合一。

---

① 张立文.中国哲学史新编[M].北京:中国人民大学出版社,2007:123.
② 郭齐勇.中国古典哲学名著选读[M].北京:人民出版社,2005:44.
③ 郭齐勇.中国古典哲学名著选读[M].北京:人民出版社,2005:50.
④ 郭齐勇.中国古典哲学名著选读[M].北京:人民出版社,2005:51.
⑤ 郭齐勇.中国古典哲学名著选读[M].北京:人民出版社,2005:468.
⑥ 郭齐勇.中国古典哲学名著选读[M].北京:人民出版社,2005:44.

老子讲"道生一,一生二,二生三,三生万物"①,更是"生生"自然观的"忠实守护者"。是"生生"给了万物以形上超越,也是"生生"给了道以形下流行。在"生生"中,即超越即流行、即形上即形下,"生生"贯通了超越与流行、形上与形下,超越与流行、形上与形下贴近了"生生"。"生生"在超越、流行、形上、形下中,超越、流行、形上、形下在生生中。道既内在于天地万物又外在于天地万物,是"生生"把道"安顿"在了天地万物,同时也是"生生"把道"超拔"了天地万物,于是有了"生生"之道的自然观和道之"生生"的自然观。老子又言:"人法地,地法天,天法道,道法自然"②,则告诉我们:在生生、有机、动态、连续、变易、日新又新的品性中,人与天、地、道、自然建立了关系,即"法"。因人生生、地生生、天生生、道生生、自然生生而有"人法地,地法天,天法道,道法自然"的智慧流露,其命运也始终暗含着"生生"自然观的意蕴。

二、中和的自然观

中和的自然观是"判天地之美,析万物之理"③的"大自然"观,是"天人之际,合而为一"④的"大自然"观,是"万物并育而不害,道并行而不悖"⑤的"大自然"观,是"保合太和"的"大自然"观。中和的精神、理念、思想、审美、价值既是中国文化大家园的重要成员,同时也在自然观之中得到了很好的体现。《中庸》有言:"中也者,天下之大本也;和也者,天下之达道也。致中和,天地位焉,万物育焉。"⑥中——大本、和——达道,中和位天地、育万物。是中和之大本、达道,之"度",使天地万物各是其所是,呈现出宇宙之大美、唯美、完美。《周易》则言:"立天之道,曰阴与阳;立地之道,曰柔与刚;立人之道,曰仁与义。"⑦天、地、人之道得以立,在于阴与阳、柔与刚、仁与义的中和,中和贯穿于天、地、人,中和之道是天、地、人之道。中和的自然观暗含"和实生物,同则不继"⑧的智慧品性。万物因和而互生、互济,和是有差异、有分殊、有冲突的和,是"物自体"的本性使然而又归然,使然于多、异、杂、乱,而有万物之殊途,归纳于一、中和、有序。和而生生,生生而和,中和之生生,生生之中和在"天地絪缊,万物化醇;男女构精,万物化生"⑨中朗现。天地秉中和之道而絪缊化醇万物,男女行中和之事而构精化生万物。作为万物之"灵"的人内在于天地

---

① 方克立,李兰芝.中国哲学名著选读[M].天津:南开大学出版社,1996:60.
② 方克立,李兰芝.中国哲学名著选读[M].天津:南开大学出版社,1996:57.
③ 郭齐勇.中国古典哲学名著选读[M].北京:人民出版社,2005:195.
④ 郭齐勇.中国古典哲学名著选读[M].北京:人民出版社,2005:354.
⑤ 郭齐勇.中国古典哲学名著选读[M].北京:人民出版社,2005:322.
⑥ 郭齐勇.中国古典哲学名著选读[M].北京:人民出版社,2005:314.
⑦ [清]王夫之.周易内传[M].李一忻,点校.北京:九州出版社,2004:516.
⑧ 方克立,李兰芝.中国哲学名著选读[M].天津:南开大学出版社,1996:16.
⑨ 郭齐勇.中国古典哲学名著选读[M].北京:人民出版社,2005:53.

万物而又外在于天地万物。是中和的"大自然"观使人天相和相通相融,也是中和的"大自然"观使天人相交相利相用。在相和中相交,在相交中相和。相和而人内在于天地万物,相交而人似乎又外在于天地万物,于是"乾道变化,各正性命"①以入"保合太和"之境,以通"同声相应,同气相求"②之意。

古人有"为天地立志"的恢宏气魄,人的中和之为为天地立中和之心,人与天地搭建了中和的平台,一同上演天人和乐。老子有言"万物负阴而抱阳,冲气以为和"③,万物正是在阴阳交合中展开自己、实现自己和成就自己的。"与天合其德,与日月合其明,与四时合其序,与鬼神合其吉凶。先天而天弗违,后天而奉天时。"④即是说,人与天合(和)德、人与日月合(和)明、人与四时合(和)序、人与鬼神合(和)吉凶而"出入"天人之境,"造化"万物之极。中和的自然观在中国文化大系统中亦显亦微,亦微亦显,处于显微之际,微显之间,中"和"显与微,和"中"微与显。"天气悦下,地气悦上,二气相通,而为中和之气,相受共养万物。"⑤其大意是:天地之气相通而为中和之气,上下互悦而彰中和之道,共受而存养、养育、滋养万物。"天地之化随郭然无穷,然而阴阳之度,日月、寒暑、昼夜之变,莫不有常,此道之所以为中庸。"⑥"化"而常之,"常"而化之,度变常化,度变化常,其实就是中庸(中和)之道的具体落实。中和的自然观亦即自然的中和观。

这种中和观于是表达了儒家中庸和人、道家和乐无为、佛家慈悲和众的价值诉求,同样也是个体心平气和、为人和蔼可亲、邻里和睦相处、社会和谐发展、世界和平交流、天地中和康正的价值向导。

三、"一"的自然观

"一"之为"一","一"之是"一","一"之成"一",不是量的度而是质的通。量度上的"一"出场实则有个质通上的"一"在场。"这是一个××"意思就是说"这不是一个××",当我们在这样用"一"时,"一"是实性的质通而非定量的尺度。"一"之是"一"有中和的品性,"一"之为"一","一"之成"一"是"生生"的"呵护"。"一"的自然观亦即"生生"的自然观、中和的自然观的"命"之"运"。

(一)"众之一"的自然观

"一"作为中国文化的因子,中国哲学的基本元素,中国人把握世界的基本方式

---

① 郭齐勇.中国古典哲学名著选读[M].北京:人民出版社,2005:35.
② 郭齐勇.中国古典哲学名著选读[M].北京:人民出版社,2005:37.
③ 郭齐勇.中国古典哲学名著选读[M].北京:人民出版社,2005:92.
④ 郭齐勇.中国古典哲学名著选读[M].北京:人民出版社,2005:37.
⑤ 见《太平经》卷三,[明]张宇初.道藏(第二十四册)[M].上海:上海书店,1988:324.
⑥ 北京大学哲学系中国哲学史教研室选注.中国哲学史教学资料选辑·下[M].北京:中华书局,1982:79.

之一,可谓无处不在,无时不有。正如《老子》所言"昔之得一者:天得一以清,地得一以宁,神得一以灵,谷得一以盈,万物得一以生,侯王得一以为天下正。"①天之所以清明透亮是"一"的"作用",地之所以宁静厚重是"一"的"功显",神之所以灵光开显是"一"的"品性",盈谷、生物、正天下皆是"一"的完满呈现。"一"内涵而又超越天地万物、神、人。也就是说,"一"在天地万物、神、人之中,隐而欲彰;天地万物、神、人又需得"一"方可开显,各自功用才能合而为一,显而欲隐。故而有"历物之意"的"至小无内"的"小一"与"至大无外"的"大一"。大、小之"一"并非体积、形状的较量,而是"吾道一以贯之"的情态。《庄子·逍遥游》中有"若夫乘天地之正,而御六气之辩,以游无穷者,彼且恶乎待哉!"②则融通着与大化为一、与道为一的天地境界。"泛爱万物,天地一体也"③,天地万物为一、为一体是庄子的立言旨趣,以这样的视角观天地显示了古人的大智大慧,进而由自然观开显出了世界观、人生观和价值观。在《庄子·齐物论》中有"天地一指也,万物一马也"④的言说情怀、智慧流露、思议升华,更有"天地与我并生,而万物与我为一"的"待"物之道,这同时也是对人生终极关怀的本真流露。"故其好之也一,其弗好之也一。其一也一,其不一也一。其一与天为徒,其不一与人为徒。"⑤由此可见,在老庄之道中,"一"之道与道齐"一",与道合而为"一",道与"一"大化为道,开显为"一"。"一"更是本源之"一"、众生之"一"、形上之"一"、元始之"一"。"夫一者,乃道之根也,气之始也,命之所系属,众心之主也。"⑥一为道根、气始、命之所系属、众心之主,"一"具有恢宏光大的品性、善润万物的理趣、滋养众生的情态,为元原之元,自然而然也就成了自然观的主体对象。"天地运而相通,万物总而为一"⑦即是说,天地"一"运而通和畅达,总万物而为"一"。

(二)"一之众"的自然观

1. 一心之天

陆王心学的主要代表人物陆九渊有言"宇宙便是吾心,吾心即是宇宙"⑧,在他的哲学思想里,只有发明本心,扩充大气象,才能体悟到本真的宇宙。一心"通"则宇宙"通",一心"中"则宇宙"中",一心"和"则宇宙"和",一心"生生"则宇宙"生生",一心"空无"则宇宙"空无"。心对宇宙的"观照"恰是宇宙对心的"回报"。更有"盈

---

① 方克立,李兰芝.中国哲学名著选读[M].天津:南开大学出版社,1996:58.
② 郭齐勇.中国古典哲学名著选读[M].北京:人民出版社,2005:170.
③ 郭齐勇.中国古典哲学名著选读[M].北京:人民出版社,2005:121.
④ 郭齐勇.中国古典哲学名著选读[M].北京:人民出版社,2005:176.
⑤ 郭齐勇.中国古典哲学名著选读[M].北京:人民出版社,2005:184.
⑥ 王明.太平经合校[M].北京:中华书局,1997:690.
⑦ 郭齐勇.中国古典哲学名著选读[M].北京:人民出版社,2005:343.
⑧ 陆九渊.陆九渊集·卷二十二[M].北京:中华书局,1980:273.

天地间皆心也,人与天地万物为一体,故穷天理万物之理,即在吾心之中。"①人心盈天地间,人心的开化而觉悟到自身与天地万物为一体,人心便能充实而完满地流露出蕴含于其中的天地万物之理。

2. 一气之天

张载有言"民吾同胞,物吾与也",其实是其哲学思想中"气"的大化流行而趋于"民胞物与"的一"气"之天。另有"太虚不能无气,气不能不聚而为万物,万物不能不散而为太虚。"②气通太虚而成万物,秉天地而运四时,一"气"而成天。"万物之生皆本于元气,人于元气中,但动物之一种耳"③,有"气"才有万物的"生生"、万物的"中和",包括人在内。天气滞则四时暴、日月变、江河戾、山川废,人气碍则神明暗、精血阻、四肢麻、五官异。"气"大化流行而天地万物惟适所变。

3. 一理之天

在朱熹看来,"未有天地之先,毕竟是先有此理"④。天地万物的出现、运行、变化等都是理的彰显,理在天地之先,同时又内在于天地之中。天是"天理"的唯一"合法者"。"天者,理也。"在此处,天即是理,理即是天。没有离开理的天,同样没有离开天的理。《淮南子·原道》称:"是故一之理,施四海;一之解,际天地。"⑤一理施四海、际天地,内在而又超越、晦暗而又明朗、混沌而又有序、无在而又无不在。"万物之总,皆阅一孔;百事之根,皆出一门。"⑥古人的智慧更多地表现为推天道以明人事,一门、一空皆为一理,此理总万物,为百事之根。

四、客观的自然观

所谓客观是指作为主体的人对客体对象的比较公正、合理的一种把握方式。客观的自然观则是指人在与大自然打交道的过程中,通过和大自然的交互作用而逐渐形成的"对待"自然的基本观点和看法。如《周易》中有"乐天知命,故不忧"⑦"鼓万物而不与圣人同忧"⑧的客观公允态度,他们对天地做出合理的认识和把握,并充分发挥自己的主观能动性。"天地以顺动,故日月不过,而四时不忒"⑨,天地依其和顺的品性,而日月四时各行其道,这本来就是一种很正常的自然现象,我们

---

① 郭齐勇.中国古典哲学名著选读[M].北京:人民出版社,2005:566.
② 郭齐勇.中国古典哲学名著选读[M].北京:人民出版社,2005:474.
③ 康有为.大同书[M].北京:华夏出版社,2002:337.
④ 郭齐勇.中国古典哲学名著选读[M].北京:人民出版社,2005:513.
⑤ 郭齐勇.中国古典哲学名著选读[M].北京:人民出版社,2005:334.
⑥ 郭齐勇.中国古典哲学名著选读[M].北京:人民出版社,2005:335.
⑦ 郭齐勇.中国古典哲学名著选读[M].北京:人民出版社,2005:43.
⑧ 郭齐勇.中国古典哲学名著选读[M].北京:人民出版社,2005:44.
⑨ [清]王夫之.周易内传[M].李一忻,点校.北京:九州出版社,2004:124.

看到的都是大自然展示给我们的。"坤道顺乎？承天而时行"①，意思就是说，承天而时行本来就是一种自然规律。《道德经》中有"天地不仁，以万物为刍狗"②，天地都是顺其自然，秉道而行，没有什么仁与不仁之分，万物各行其道，自然着"它的"自然。《荀子·天论》称"天行有常，不为尧存，不为桀亡"③，说的就是，天道自然运行，这是它自身的规律，并不会因为某一部分人的主观意志或主观所为而失去其本来品性。荀子又说"万物各得其和以生，各得其养以成"④，天地万物都是以自身的品性——和、养而得以生，得以成，并非有任何外力加以作用。荀子言"夫星之队，木之鸣，是天地之变，阴阳之化，物之罕至者也，怪之可也，而畏之非也。"⑤比如说一些陨石、木之怪声等都只是一些特殊的自然现象，觉得奇怪情有可原，但是没有必要去担心、畏惧它们。《黄帝阴符经》称："天地万物之盗，万物人之盗，人万物之盗，三盗既宜，三才既安。"⑥可见，人与自然的共生、共存，是天道自然的法则。这是中国古人给我们展示的客观自然观的画面。

五、空（无）的自然观

空（无）并非没有、不存在、虚空之意，实乃为"妙有""全有""大有"。"无名，天地之始。"⑦天地的元始境域是空（无），是"妙有""全有""大有"。"天下万物生于有，有生于无。"⑧"万物""有""无"，在"生生"中实现通约，是"无"使"有"成为可能，是"有"使"万物"成为可能。同样，有了"有"，"无"显得更完满；有了"万物"，"有"于是更舒畅。"夫无形者，物之大祖也"⑨，意指无形之"妙有""全有""大有"乃为有形之物的始祖，万物皆由无而出，从无而有。空（无）的自然观更多地体现在佛教思想中，佛教并不把自然视为人的附属物，而是从宇宙视域来观照人，把人视为宇宙的一部分。在他们看来，因缘起，而诸法无实相、无自性，而进入"空门"。佛教空（无）的自然观是建立在"缘起论"基础之上的，万物、万事皆是一"缘"。僧肇《不真空论》中有"夫至虚无生者，盖是般若玄鉴之妙趣，有物之宗极者也"⑩，这向我们阐释的仍是空（无）的自然观，此空（无）乃为般若玄鉴之妙趣。另《大正藏》中有"诸法因生者，彼法随因灭，因缘灭即道，大师如是说。"法生、法灭，皆因缘而起，缘和空（无），道行自然。

---

① 郭齐勇.中国古典哲学名著选读[M].北京：人民出版社，2005：40.
② 郭齐勇.中国古典哲学名著选读[M].北京：人民出版社，2005：82.
③ 方克立，李兰芝.中国哲学名著选读[M].天津：南开大学出版社，1996：140.
④ 方克立，李兰芝.中国哲学名著选读[M].天津：南开大学出版社，1996：140.
⑤ 方克立，李兰芝.中国哲学名著选读[M].天津：南开大学出版社，1996：145.
⑥ 见《黄帝阴符经》，[明]张宇初.道藏（第一册）[M].上海：上海书店，1988：821.
⑦ 郭齐勇.中国古典哲学名著选读[M].北京：人民出版社，2005：80.
⑧ 郭齐勇.中国古典哲学名著选读[M].北京：人民出版社，2005：92.
⑨ 郭齐勇.中国古典哲学名著选读[M].北京：人民出版社，2005：334.
⑩ 郭齐勇.中国古典哲学名著选读[M].北京：人民出版社，2005：408.

结　　语

理论层面上的科学技术和人文科学等,无一不是人们解决现实层面上人与自然的关系问题、人与人的关系问题和个体身心关系问题的一种途径、方法和中介。本文所勾勒出的中国古代自然观的画面正好为解决这一理论上、现实上的问题提供了一种参考和范式、展示了一种图景、树立了一面镜子。亦如习近平总书记所言,中国优秀传统文化的丰富哲学思想、人文精神、教化思想、道德理念等,可以为人们认识和改造世界提供有益启迪。

参考文献

[1] 张立文.中国哲学史新编[M].北京:中国人民大学出版社,2007.
[2] 郭齐勇.中国古典哲学名著选读[M].北京:人民出版社,2005.
[3] 方克立,李兰芝.中国哲学名著选读[M].天津:南开大学出版社,1996.

儒家经世致用传统对清末民初留美学生之影响
——以胡适、蒋梦麟为例

[美]杨志翔[①]

摘要：八国联军之役后,清政府为了救亡图存,决心恢复中断多年的派遣留学生赴美深造之举措。在"中体西用"与"实业救国"思想的影响下,留美学生初到美国时,大多倾向于学习与实业相关的学科。然而,有些学生经过深思熟虑后,最终放弃了实业相关的学科,而选择了他们认为对中国更有价值的人文社会学科,在其专业转换的过程中,儒家传统思想扮演了相当重要的角色。本文以胡适和蒋梦麟为例,探讨儒家经世致用的思想是如何影响清末民初留美学子的求学之路的。

关键词：中体西用；经世致用；儒家传统；留美学生；杜威思想

一、简　介

中国留学事业的开启,可溯源到第二次鸦片战争后的洋务运动时期。当时,为了实现"自强"与"求富"的目的,在美籍华人容闳的斡旋与推动下,以曾国藩、李鸿章为代表的洋务派实权人物,说服了清廷最高决策者慈禧太后,于1872—1875年共派出了幼童120人,远涉重洋去美国求学。遗憾的是,正当这些留美幼童在异国他乡茁壮成长,学业将成之际,由于保守派官僚的谗言,清廷深恐"外洋风俗,流弊

---

① 杨志翔：美国俄克拉荷马大学教育学博士,北京师范大学-香港浸会大学联合国际学院中国语言文化中心助理教授。

多端,各学生腹少儒书,……实易沾染恶习"①,遽然于1881年召回了所有留美学子,此举无疑重创了由洋务派苦心开创的留学事业。1900年义和团运动与八国联军之役后,以慈禧太后为首的朝廷中枢痛定思痛,乃实行新政以图存自救,并重拾由洋务派倡导的留学举措。借美国政府退回部分庚子赔款,以"襄助"中国发展教育之机,清廷经多次与美方交涉后,于1909—1911年间,陆续选派三组留学生(共计180人,史称"庚款留学生")赴美求学。其间,除了公费留美学生之外,民间也多自费赴美留学者。在朝野的合力促成下,留美深造渐成清末的时代潮流。梁启超尝云:"凡'思'非皆能成'潮';能成'潮'者,则其思必有相当之价值,而又适合于其时代之要求者也。"②在留美风潮的洗礼下,这些负笈海外的学子中,涌现出相当数量的符合"其时代之要求"的风云人物,胡适和蒋梦麟便是其中的佼佼者。胡蒋二人在出国之前,都曾系统地接受了传统的儒家教育,回国之后,又都成为民国初年新文化运动的弄潮儿。本文将结合历史文化背景,着重探讨儒家教育是如何影响胡适与蒋梦麟那一代赴美学子的求学与成才之路的,尤其是儒学传统中的"经世致用"思想是如何塑造他们的理想、志趣以及事功的。

二、儒家经世致用思想的内涵与晚清留学教育

胡适和蒋梦麟二人皆生长于清朝末年。斯时,中国国势衰微,内乱频仍,外患迭起,昔日的天朝上国,在列强环伺之下,陷入了"数千年未有之大变局"的旋涡中。面对自1840年鸦片战争以来日趋糜烂的时局,清朝士大夫群体中开明务实的官僚,为了抵御外侮,祭起了儒家思想中经世致用传统的大旗。简言之,"经世致用"可谓儒家思想中极富实用主义气息的理念。该传统强调儒生参与政治和社会生活的重要性,以是否能有益于当世,为评价读书人所学所知的圭臬。因此,在儒家的开创者孔子看来,君子所学,应该以服务于政治和社会生活为首要目的。譬如,在《论语》中,孔子并非仅仅从提升人文艺术修养的角度去论诗教,除了"兴观群怨"之外,他尤其强调了诗歌的政治功用:"诵诗三百,授之以政,不达;使于四方,不能专对。虽多,亦奚以为?"③很明显,孔子笃信君子接受的教育应当具有鲜明的政治和社会导向,也即应蕴含经世致用的目的。

因此,在儒家的世界里,读书人的格物致知,修身齐家,诚意正心,皆为实现"致君尧舜"的人生理想做好道德与才能上的准备的。由此可见,儒家经世致用的传统彰显着极强的入世精神和社会关怀意识。在中国历史上,每当社稷危亡、时局艰困之际,这种以行动主义为取向的传统便成为激励儒生们走出书斋,发奋图强的

---

① 中国史学会.中国近代史资料丛刊 洋务运动(二)[M].上海:上海人民出版社,1961:165.
② 梁启超.中国近三百年学术史[M].北京:东方出版社,1996:11.
③ 杨伯峻.论语译注[M].北京:中华书局,1980:135.

文化和思想的力量源泉。此一现象在晚清时期的士大夫身上表现得尤为突出，从林则徐、魏源倡导的"师夷长技以制夷"，到曾国藩、左宗棠、李鸿章等人所致力的"自强求富"的事业，再到康有为与梁启超的变法维新，其间皆贯穿着强烈的忧患意识与经国济世的理想。

此外，受到经世致用思想感召和激励的儒生士大夫，在世乱时危之际，很自然地会将目光投向治国安邦的"有用"之学。所谓"有用"之学的范围是广大的，不仅仅包括那些有助于世道人心的经学，更涵盖了漕运、钱粮、军事、农业等"外王"事功之术。在儒家思想中，这些实用之学与"内圣"心性之学是截然不同的。后者为君子安身立命之"本"与立身行道之"体"，而前者则理应落入到"器"或"用"的层面。在时局清明的年代，读书人大可袖手言心性（体），可是天下汹汹之时，他们则往往诉诸那些平日被视作"器"和"用"的术，力图弭平乱世、重振乾纲。譬如，晚清时期以曾国藩为首的洋务派，大多属于虔诚的宋明理学信徒，在洞察到中西实力之悬殊后，则毅然决定"师夷长技"，破除重重阻力，大力引进西洋的军事与科学技术，徐图自强。

为了给洋务运动找到合乎儒家义理的借口，洋务派遂提出了"中学为体，西学为用"的文化和哲学纲领，巧妙地消弭了儒家哲学中"体"和"用"之间的张力，洋务派官僚们所秉持的"中体西用"理念，可谓儒家的经世思想与晚清历史背景互动的产物。在教育层面上，"中体西用"的纲领为清末赴美学子所研习的"西学西艺"厘清了概念。无论是容闳所带领的留美幼童，还是之后的庚款留学生，他们在赴美时期所选择的专业以实业相关的学科（以下简称实学）为主，涵盖了农、工、矿、商、铁路工程、制造、建筑等领域。①清政府意识到，要使中国转危为安、由弱变强，必须要造就和培养大量专精的实业和技术人才。因此，实施新政后，朝廷对恢复赴美留学一事极其重视，认为"遣派游学，非第酬答与国之情，实兼推广育才之计"②。清廷殷切希望这些留美学子，能在美利坚觅得"有用之学"，最终可使中国"庶几实业人才可以日出，而富强之效可睹矣"③。与那时成百上千的留美学人一样，胡适和蒋梦麟在赴美之时，皆受到了救亡图存的民族情绪的感染和"实业救国"理想的鼓舞。以下章节兹分别论述胡适和蒋梦麟在美国求学期间是如何思考并寻觅他们心目中的"有用"之学的。

三、胡适的由农学转哲学

身为庚款留美学生的一员，胡适在1910年甫到美国，并没有选择他自幼便感

---

① 谢长法.借鉴与融合：留美学生抗战前教育活动研究[M].石家庄：河北教育出版社，2001：9-11.
② 清华大学校史研究室编《清华大学史料选编》第一卷，第116页，转引自谢长法.借鉴与融合：留美学生抗战前教育活动研究[M].石家庄：河北教育出版社，2001：27.
③ 琚鑫圭等编《中国近代教育史资料汇编 实业教育师范教育》，第14-15页，转引自谢长法.中国留学教育史[M].太原：山西教育出版社，2006：79-80.

兴趣的文史哲专业，相反却入了康纳尔大学农学系就读。胡适于1958年在台湾大学法学院演讲时，和同学们分享了他当初之所以选择学农的心路历程。他说：

> 记得48年前，我考取了官费出洋，我的哥哥特地从东三省赶到上海为我送行，临行时对我说，我们家早已破坏中落，你出国要学些有用之学，帮助复兴家业，重振门楣。他要我学开矿或造铁路，因为这是比较容易找到工作的，千万不要学些没用的文学、哲学之类没饭吃的东西……在船上我就想，开矿没兴趣，造铁路也不感兴趣，于是只好采取调和折中的办法，要学有用之学，当时康奈尔大学有全美国最好的农学院，于是，就决定去学科学的农学，也许对国家社会会有点贡献吧！①

他当时自忖："……我国有80％的人是农民，将来学会了科学的农业，也许可以有益于国家。"②显然，胡适初到美国之时选学农学，除了家庭的缘由，更多的是从对国家是否有用的角度来思考的，这种想法和清末的实业救国思潮是相当吻合的。对他而言，农学既是实学，也是救国救民之术。如果结合胡适的留学日记来考察，我们会发现，在赴美后相当长的一段时间，他都在考虑如何才能真正地寻得让中国转危为安、化弱为强的知识和方法。譬如，在1914年1月25日，胡适于日记中写道："今日吾国之急需，不在新奇之学说，高深之哲理，而在所以求学、论事、观物、经国之术。以吾所见言之，有三术焉，皆起死之神丹也：一曰归纳的理论，二曰历史的眼光，三曰进化的观念。"③从这则史料中，我们可以了解到，负笈北美后，胡适一直从儒家经世致用的角度来思考学业问题。写这则日记的时候，胡适已经从康奈尔大学的农学系转入哲学系（1912年，胡适转入哲学系）。值得一提的是，他之所以决心转入哲学系，一方面固然是其兴趣使然，另一方面仍然是儒家经世的思想的影响。在农学系的两年中，胡适功课尚可，但甚苦于果园实习一科。他回忆道：

> ……桌上有各色各样的苹果三十个……要照着一本手册上的标准，去定每一个苹果的学名……弄了半个小时一个都弄不了，满头大汗……抬头一看，呀！不对头，那些美国同学都做完跑光了，把苹果拿回去吃了。他们不需剖开（苹果），因为他们比较熟悉，查查册子后面的普通名词就可以定学名……我只弄了一半，一半又是错的。回去就自己问自己学这个有什么用？……那些苹果在我国烟台没有，青岛也没有，安徽也没有……我认为科学的农学无用了，于是决定改行。④

---

① 胡适《大学的生活》，原载1958年6月19日台北《大学新闻》，转引自伍鸿宇. 大学国文[M]. 广州：广东高等教育出版社，2019：90.
② 胡适《大学的生活》，原载1958年6月19日台北《大学新闻》，转引自伍鸿宇. 大学国文[M]. 广州：广东高等教育出版社，2019：90.
③ 胡适. 胡适留学日记[M]. 北京：北京日报出版社（原同心出版社），2012：82.
④ 胡适《大学的生活》，原载1958年6月19日台北《大学新闻》，转引自伍鸿宇. 大学国文[M]. 广州：广东高等教育出版社，2019：90-91.

接下来,胡适特意强调:"那时正是民国元年,国内正是革命的时候,也许学别的东西更有好处。"①于是,胡适便换专业至康奈尔大学的哲学系。在哲学系期间,他拟定了今后需要关注的问题:"一、泰西之考据学;二、致用哲学;三、天赋人权说之沿革。"②胡适自幼年时期,便熟读儒学经典,且深深被儒家的入世理想吸引。1915年2月18日,恰逢新学期开学之际,胡适在当天的日记里写下了一段颇具儒生气息的自励之语:

> 曾子曰士不可不弘毅,任重而道远。仁以为己任,不亦重乎?死而后已,不亦远乎?此何等气象,何等魄力!任重道远,不可不早为之计划:第一,须有健全之身体;第二,须有不挠不屈之精神;第三,须有博大高深之学问。日月逝矣,三者一无所成,何以对日月?③

这段文字极鲜明地表明了儒学自强不息的理念对在美国求学时期的胡适的影响。在1915年5月28日,胡适更在日记里进一步表露了自己的求学志向:

> ……盖吾反观国势,每以为今日祖国事事需人,吾不可不周知博览,以为他日为国人导师之预备……吾之天职,吾对于社会之责任,惟在竭吾所能,为吾所能为。吾所不能,人其舍诸?自今以往,当屏绝万事,专治哲学,中西兼治,此吾所择业也。④

读胡适此则日记,不由使人想起了孟子所称道的"如治平天下,当今之世,舍我其谁也"的气概。从康奈尔大学毕业后,胡适在暑期发愤阅读了美国实用主义哲学大师约翰·杜威(John Dewey)的一些著作后,就赶赴纽约哥伦比亚大学哲学系,投入到杜门之下,去践行他"专治哲学,中西兼治"的人生理想了。⑤很明显,在胡适看来,杜威的学说才是他梦寐以求的致用之学,因为他的哲学包含了胡适所看重的"归纳的理论""历史的眼光"和"进化的观念"。在杜威的指导下,胡适在哥伦比亚大学完成了他的博士论文《先秦名学史》(*The Development of the Logical Method in Ancient China*)。该论文借鉴了实用主义重假设、重推理、重逻辑、重证据的思维方法,系统分析了先秦诸子的哲学思想(后以此论文为基础,胡适写就了影响深远的《中国哲学史大纲》)。

胡适于1917年回国后,便以极大热忱投入到了改造中国社会与思想的新文化运动中,成了杜威哲学在中国的代言人。尤其是,他将杜威实用主义哲学中的科学态度引入了白话文学的尝试中,获得了巨大的成功。受到包括胡适在内的中国先进知识分子与教育家团体的邀请,杜威遂于1919—1921年对中国展开为期两年的

---

① 胡适《大学的生活》,原载1958年6月19日台北《大学新闻》,转引自伍鸿宇.大学国文[M].广州:广东高等教育出版社,2019:90-91.
② 胡适.胡适留学日记[M].北京:北京日报出版社(原同心出版社),2012:82.
③ 胡适.胡适留学日记[M].北京:北京日报出版社(原同心出版社),2012:325.
④ 胡适.胡适留学日记[M].北京:北京日报出版社(原同心出版社),2012:381.
⑤ 胡适.胡适留学日记[M].北京:北京日报出版社(原同心出版社),2012:381.

学术访问。其间,胡适和杜威的其他中国学生,为传播杜威的实验主义教育思想,奔走呼号、不遗余力。杜威于1921年7月离开中国后,胡适兴奋地写下了《杜威先生与中国》一文。他写道:

> 杜威先生不曾给我们一些关于特别问题的特别主张,如共产主义、无政府主义、自由恋爱之类。他只给了我们一个哲学的方法,使我们用这个方法去解决我们自己的特别问题。他的哲学方法总名叫"实验主义"。①

此段文字正好呼应了以上笔者所引述的胡适在康奈尔大学时期所写的一则日记。彼时,胡适正苦苦思索如何才能找到"求学、论事、观物、经国之术",而今,当杜威离去的时候,胡适真诚地相信杜威的哲学正是中国所需要的"起死之神丹",他甚至预言:"现在的杜威,还只是一个盛名,十年、二十年后的杜威,变成了无数杜威式的试验学校,直接或间接影响全中国的教育……"②杜威离去之后的近三十年历史轨迹证明,胡适显然对于实用主义在中国的发展前景过于乐观了。但是,终其一生,胡适对实用主义抱有极其虔诚的信仰,以至于在晚年之时,他还不止一次地强调,杜威的哲学思想是让他毕生受益的为学与思考的"方法"。③

综上所述,无论是早年进入康奈尔大学农学系学习,还是随后转入该校哲学系学习,抑或前往哥伦比亚大学拜师于杜威的门下,再到回国后投入新文化运动,儒家经世致用的思想贯穿于胡适人生的各个阶段。求"有用"之学裨益于国家,可谓胡适钻研学问的动机之一。受到儒家经世传统的影响,胡适对于杜威的学说,倾向于以"工具主义"的态度加以简化和改造,使之能为中国的启蒙事业服务。相反,他对于杜威学说中与欧洲哲学体系息息相关的美学和形而上学的思辨部分,却有意无意地"忽略不计"。因此,无论是农学还是哲学,对于胡适而言,都是救国家的"器"或"工具",只是哲学是他更感兴趣的工具罢了。

四、蒋梦麟的由农学转教育

与胡适相似,蒋梦麟在早年时期,也深受中国儒家文化的熏陶。在他的自传中,蒋氏记载了儒家思想对少年时期的他所产生的强烈影响。他写道:

> 儒家说,正心诚意是修身的出发点。修身则是治国、平天下的根基。因此,我想,救国必先救己。于是决心努力读书、思考,努力锻炼身体,努力敦品励行。我想,这就是修身的正确途径了,有了良好的身心修养,将来才能为国服务。④

此处可见,在学习儒家经典的过程中,少时的蒋梦麟心里便萌生出了凡事要以

---

① 胡适《杜威先生与中国》,转引自单中惠.杜威传[M].合肥:安徽教育出版社,2009:378.
② 胡适《杜威先生与中国》,转引自单中惠.杜威传[M].合肥:安徽教育出版社,2009:378.
③ 唐德刚整理编辑,胡适口述.胡适口述自传[M].台北:远流出版社,2010:297.
④ 蒋梦麟.蒋梦麟自传:西潮·新潮[M].北京:华文出版社,2013:69.

国事为先、天下为重的价值观。也即,个人发展固然重要,但其最终目的仍是为国家服务。蒋梦麟的这种想法,明显带有"修身、齐家、治国、平天下"的儒家理想主义的痕迹,也显现出了强烈的经世色彩。

无独有偶,作为清末自费留美学生之一的蒋梦麟,初到美国加州大学伯克利分校本科部就读时,也与胡适一样,选择了农学专业。有趣的是,蒋氏当时选择读农科的原因也几乎与胡适如出一辙,他回忆道:

> 我转农科并非像有些青年学生听天由命那样的随便,而是经过深思熟虑才慎重决定的。我想,中国既然以农立国,那么只有改进农业,才能使最大多数的中国人得到幸福和温饱。同时我幼时在以耕作为主的乡村里生长,对花草树木和鸟兽虫鱼本来就有浓厚的兴趣。为国家,为私人,农业都似乎是最适合的学科。①

由此可见,当时学农科,对于众多的中国赴美学子而言,确是一股风气,而这股风气在很大程度上发源于广大中国留学生忧国忧民的情怀。与胡适的求学经历再度相似的是,经过一番思索后,蒋梦麟最终也放弃了农科,而选择了更"有用"的专业。在他的自传中,蒋氏对其专业抉择时的思绪变化有着极生动的描写:

> 在农学院读了半年后,一位朋友劝我放弃农科之类的实用科学……他认为农科固然重要,但是还有别的学科对中国更重要。他说,除了我们能参酌西方国家的近代发展来解决政治问题和社会问题,否则农业问题也就无法解决。……一天清早,我正预备到农场看挤牛奶的情形,路上碰到一群蹦蹦跳跳的小孩子去上学。我忽然想起:我在这里研究如何培育动物和植物,为什么不研究研究如何培育人才呢?……凝视着旭日照耀下的旧金山和金门港口的美景,脑子里思潮起伏,细数着中国历代兴衰的前因后果。忽然之间,眼前恍惚有一群天真烂漫的小孩,像凌波仙子一样从海湾的波涛中涌出,要求我给他们读书的学校。于是我毅然决定转到社会科学学院,选教育为主科。②

此段文字中的"细数着中国历代兴衰的前因后果"之语,足可表现蒋梦麟在美国选取教育为主修专业的思想及情感缘由。1912年,蒋梦麟于加州大学伯克利分校教育系获得了本科学位后,便往纽约哥伦比亚大学教育学院攻读博士学位,导师也是杜威(杜威当时在哥大哲学系和教育学院同时担任教授)。杜威的实用主义教育哲学,让蒋梦麟有醍醐灌顶的感觉,他欣喜地发现这位美国学者的教育思想,便是自己一直在找寻的,能使中国振衰起弊的良方。③

在杜威的指导下,蒋梦麟完成了他的博士论文《论中国教育学原理》(*A Study*

---

① 蒋梦麟.蒋梦麟自传:西潮·新潮[M].北京:华文出版社,2013:79.
② 蒋梦麟.蒋梦麟自传:西潮·新潮[M].北京:华文出版社,2013:81-82.
③ 陈雪.蒋梦麟评传[M].北京:中华工商联合出版社,2018:63-64.

in Chinese Principle of Education）。在论文的序言中，蒋梦麟写道："本论文之旨趣非为泥古而作，而是为了鉴古而知今。"① 可见，他的博士论文带有鲜明的经世之学的色彩。以写作博士论文来探求救国之道，这在当时赴美求学的学子中并不少见。另一位就读于哥伦比亚大学教育学院，先于蒋梦麟获取博士学位的教育家郭秉文，亦在其博士论文开篇阐明了教育救国的理想。②

除此之外，和胡适相仿，蒋梦麟在其论文中，也以杜威的哲学为理论框架，对中国历史上的重要教育思想进行了评判和分析，并研究如何结合国内的现状，将杜威的教育理论运用于中国的社会。尤其是，他在论文中强调了杜威所倡导的科学精神对中国教育改革的重要性。凡此种种，都彰显着蒋梦麟学以致用的态度。在其日后的著作里，蒋梦麟结合自身的经验，对"学以致用"的内涵做了简明扼要的归纳。他说：

> 我们说，学以致用，那末所谓'用'，又是什么呢？这里有两大原则：第一是有益于世道人心，第二是有益于国计民生。这是为世俗所熟知的，亦即《左传》里所说的：'正德利用厚生。'这两大原则是先贤圣哲几千年来训诲的总结……学者们从先贤学到这些原则，然后又把所学传播给老百姓。③

杜威的教育思想，于蒋梦麟而言，既能帮助中国改良文化风俗（世道人心），也可助力中国产生各行各业的人才（国计民生）。一言以蔽之，蒋梦麟认为，他的美国恩师杜威的学问是符合中国人"学以致用"的观念的。

1917 年获得博士学位后，蒋梦麟迫不及待地返回中国，以极大的热情投入到中国的教育改革事业中。在五四新文化运动潮流的推动下，他回国不久，便创办了《新教育》月刊，并亲自任主编。此月刊以"养成健全之个人，创造进化之风气"为宗旨，承载了蒋梦麟融会中西文明，以教育改良中国社会的理想。他回忆道：

> 《新教育》月刊……在教学法上主张自发自动，强调儿童需要，拥护杜威教授在他的《民主与教育》中所提出的主张。在中国的教育原理方面，《新教育》拥护孟子的性善主张，因此认为教育就是使儿童的本性得到正常的发展。④

以《新教育》为平台，蒋梦麟和志同道合的学者们，写了大量宣传杜威实用主义教育思想、民主与科学的教育理想的文章，在社会上引起了巨大反响，也为杜威 1919 年访华做了极好的舆论和文化上的铺垫。需留意的是，包括蒋梦麟在内的开

---

① Chiang Molin. A Study in Chinese Principle of Education[M]. Shanghai: The Commercial Press, Ltd, 1918: Preface.
② Guo Bingwen. Chinese System of Public Education[M]. New York: Teachers College Press of Columbia University, 1915: 1.
③ 蒋梦麟. 蒋梦麟自传: 西潮・新潮[M]. 北京: 华文出版社, 2013: 264.
④ 蒋梦麟. 蒋梦麟自传: 西潮・新潮[M]. 北京: 华文出版社, 2013: 122.

明知识分子群体,是以"经世"的情怀,极力促成杜威来华访问的。譬如,在得知昔日恩师在日本访问后,蒋梦麟的同窗好友陶行知,兴奋地写信给胡适:

> 适之吾兄……三个礼拜前听说杜威先生到了日本……叫我又惊又喜……继而又想到杜威先生既然到东方,必定能帮助东方的人建设新教育,而他的学说也必定能从此传得广些,且日本和中国相隔很近,或者暑假的时候可以请先生到中国来玩玩……①

同时,蒋梦麟也致书给胡适,建议除了要在上海为杜威举办演讲会,"还要邀他(杜威)到重要地方如天津、北京、广东、汉口去讲讲"②,以扩大杜威实用主义教育思想的影响。由于深受杜威渐进改良主义的影响,蒋梦麟在支持民主与科学的思想潮流的同时,对五四运动中学生的暴力行为和无休止的罢课抗议,持批评的态度。他在《新教育》上撰文呼吁广大青年学生以杜威的哲学作为手段和方法,锻炼自治自主的能力,养成和平理性的思维,以追求新知来改造中国社会。1920年,时已代理北大校长的蒋梦麟与胡适一起,在《新教育》上共同发表了《我们对于学生的希望》一文,再度呼吁广大学生要有追求高深知识与人类文明的勇气,以"学问的生活"代替街头的运动。蒋胡二人的观点,在很大程度上与杜威对五四运动的观察是吻合的。③

总之,蒋梦麟在赴美留学期间,从农学转入教育专业的驱动力,可说直接来源于儒家经世致用的思想。与胡适相似的是,蒋梦麟也将杜威的思想视作救国救民的工具。俟其学业有成后,当胡适身体力行于推动文学革命的事业时,蒋梦麟则以《新教育》为平台,向民初时期的知识界和教育界发出了自己的声音。无论是在清末"实业救国"的教育热潮中,还是民初波澜壮阔的新文化运动中,儒家教育中的经世致用传统对胡适和蒋梦麟那一代人产生了不可磨灭的影响。

五、结　论

自孔子之后,儒家思想大体可分为"内圣"与"外王"两条路径。"内圣"以修身为本,"外王"以事功为重。清人定鼎中原之后,朝廷素重程朱理学,因此内圣性理之学在相当长的一段时间里成为官方倚重的学术话语。然而自鸦片战争以来,在"数千年未有之大变局"的刺激下,儒家事功的理想却越来越为士林所倚重。由此,经世致用的传统也成为晚清有识之士向西方学习的文化和思想驱动力。洋务派所高扬的"中体西用"的旗帜,也是儒家经世致用思想的表现形式。随着时间的推移,

---

① 陶行知《就杜威来华访学之事致胡适》,转引自杜威.杜威传[M].单中惠,译.合肥:安徽教育出版社,2009:349.
② 蒋梦麟《致胡适》,转引自曲士培.蒋梦麟教育论著选[M].北京:人民教育出版社,1995:111.
③ Dewey J. Moral Education: The Social Aspect[M]. //*Lecture in China*: 1919-1920, trans and ed. Robert W Clopton and Ou Tsuin-chen, Honolulu: The University Press of Hawaii, 1973:301.

"西用"或"西学"的范围也不断扩大,从洋务运动初期的单一机械制造之学扩展到晚清新政时期包罗甚广的实用之学。其后,在赴美留学生中,甚至不乏违背"实业救国"之初衷,依照其意愿自行变更专业至文史和社科类者,如胡适和蒋梦麟二人。这表明了清末以来的"中体西用"的思想已无法束缚留美学生的专业选择了。有趣的是,即使胡适和蒋梦麟最终突破了"中体西用"的二元局限,放弃了农科,转而学习哲学和教育学,但是其选择新专业的思想渊数仍然系于儒家的经世致用传统。杜威的哲学对于胡蒋二人而言,很大程度上属于救国救民之"术"的范畴。行文至此,不禁想起蒋梦麟讲过的一段话:

> 我在美国时常常发现,如果有人拿东西给美国人看,他们多半会说:"这很有趣呀!"碰到同样的情形时,中国人的反应却多半是:"这有什么用处了?"这真是中国俗语所谓智者见智,仁者见仁。心理状态不同,所表现得兴趣也就不同了。我们中国对一种东西的用途,比对这种东西本身更感兴趣。①

这段话,大体可以概括胡适和蒋梦麟那一代留美学子的思维特点了。

---

① 蒋梦麟.蒋梦麟自传:西潮·新潮[M].北京:华文出版社,2013:256.

常用中成药和西药名称的语言学比较

宋云云[①]　张益鸣[②]

摘要：中成药和西药的名称体现了中西方语言文化的差异，可从语音、文字、词汇、语法、语用五个方面比较常见中成药和西药的名称。语音上，前者多为五音节和高声调，后者多为六音节和低声调；用字上，前者使用频率最高的数字是"五"，汉字是"清"，后者使用频率最高的数字是"二"，汉字是"酸"；用词上，前者多为"丸剂"，蕴含哲学思想，后者多为"片剂"，体现工具理性；语法上，前者的语法结构有主谓、动宾和偏正等，后者多为音译，结构单一；语用上，前者修辞手法包括比喻、夸张和借代，后者基本不采用修辞手法。

关键词：中成药；西药；名称比较

新冠肺炎疫情暴发和"抗疫"以来，一些中成药和西药名称常被提及，如板蓝根颗粒、连花清瘟胶囊和双黄连口服液等。比较中成药和西药（译名）名称，我们可以发现中西语言文化的差异。大多数研究者从语言学、翻译学以及文化的角度研究了中成药的名称，部分文章从翻译学角度研究了西药的译名命名问题，总体研究比较分散。本文结合2020年版《中国药典》目录，使用统计分析法和比较分析法，从语言学角度探究中成药和西药的命名规律及其体现的中西方文化差异。

一、语音比较

药物名称是语言艺术的结晶，是形式与内容的统一体。作为形式的语音充分

---

① 宋云云，湖北工业大学外国语学院汉语国际教育专业2018级本科生。
② 张益鸣，湖北中医药大学针灸骨伤学院针灸推拿专业2017级本科生。

利用音节和声调增加了药物名称的吸引力。

(一) 音节

1. 中成药

通过查阅2020年版《中国药典》一部目录中的1585种成方制剂和单味制剂,笔者得到了中成药名称的音节分布的统计数据,结果如表1:

表1 中成药名称的音节分布

音节数	数量	比例
二	2	0.13%
九	9	0.57%
八	21	1.32%
七	118	7.44%
三	221	13.94%
四	271	17.10%
六	303	19.12%
五	640	40.38%

根据表1可知,中成药的名称形式简短,最少的有两个音节,最多的也只有九个音节。其中,五音节形式最为常见,共有640个,占总数的40.38%。三、四、五、六音节的占绝大多数,占总数的90.54%。

若将中成药名称的音节的使用频率分为三个等级,则五音节的位于第一等级,是中成药名称最基本的形式;三、四、六音节的位于第二等级,是中成药名称采用较多的形式;二、七、八、九音节的位于第三等级,是中成药名称采用较少的形式。中成药名称的语音形式不能过于简单,也不能过于烦琐,可见五音节形式是人们在长期的命名实践中总结出来的最理想的音节构成形式。

2. 西药

通过查阅2020年版《中国药典》二部目录中第一部分的1172种带有剂型的西药,笔者得到了西药名称的音节分布的统计数据,结果如表2:

表2 西药名称的音节分布

音节数	数量	比例
十二	1	0.09%
十三	2	0.17%
三	10	0.85%
十一	12	1.02%
十	34	2.90%

续表

音节数	数量	比例
四	85	7.25%
九	87	7.42%
八	175	14.93%
七	245	20.90%
五	254	21.67%
六	267	22.78%

根据表2可知，西药的名称形式上比中成药的略长，最少的有三个音节，最多的有十三个音节。其中，五、六、七音节的形式最为常见，共有766个，占总数的65.35%；十二、十三音节的最少，一共有3个。

若将西药名称的音节的使用频率分为三个等级，则五、六、七音节的位于第一等级，是西药名称最基本的形式；四、八、九音节的位于第二等级，是西药名称采用较多的形式；三、十、十一、十二、十三音节的位于第三等级，是西药名称采用较少的形式。西药名称的语音形式受到药物本身的名称和翻译方式的影响，其中六音节形式是翻译中最理想的音节构成。

（二）声调

普通话有四个声调，即阴平、阳平、上声和去声。其中阴平和阳平的调值分别是55和35，都是以高音结尾，是高声调。高声调不仅响度高，而且抗干扰性也比低声调强。

中成药名称末尾字的声调中，阴平和阳平占50.75%，如果把上声也算作高声调，那么中成药名称最后一个字是高声调的就占54.98%，即中成药名称大多数读起来比较响亮，如"儿康宁糖浆""人参养荣丸""口腔溃疡散"等。

西药名称末尾字的声调中，阴平和阳平占29.89%，而去声占69.34%，即西药名称大多数读起来没有中成药响亮，如"牛磺酸滴眼液""头孢氨苄颗粒""茶碱缓释片"等。

二、用字比较

药物名称是药物信息的载体，其中的数字和高频字体现了药物的方剂组成和命名者的语义取向。

（一）数字

1. 中成药

通过查阅2020年版《中国药典》一部目录中的1585种成方制剂和单味制剂，

含有数字的中成药名称占总数的11.36%,说明数字在构成中成药名称中占据重要的位置。笔者得到了中成药名称中的数字分布的统计数据,结果如表3:

表3 中成药名称中的数字分布

数字	数量	比例
十二	1	0.56%
十三	1	0.56%
十五	1	0.56%
十六	1	0.56%
二十七	1	0.56%
二十五	3	1.67%
十一	4	2.22%
万	6	3.33%
十	7	3.89%
百	8	4.44%
千	8	4.44%
一	9	5.00%
二/两	10	5.56%
八	10	5.56%
六	13	7.22%
九	13	7.22%
四	17	9.44%
三	18	10.00%
七	24	13.33%
五	25	13.89%

根据表3可知,中成药名称中的数字从一到十六都有(十四没有),另外还有二十五、二十七、百、千、万,使用频率最高的数字是五,其次是七。其中,三、四、五、七最为常见,共有84个,占含有数字的中成药名称总数的46.66%。

2. 西药

通过查阅2020年版《中国药典》二部目录中第一部分的1172种带有剂型的西药,含有数字的西药名称占总数的2.39%,说明数字在构成西药名称中所起的作用不大。笔者得到了西药名称中的数字分布的统计数据,结果如表4:

表4 西药名称中的数字分布

数字	数量	比例
五	1	3.57%
六	2	7.14%

续表

数字	数量	比例
十一	2	7.14%
三	3	10.71%
四	4	14.29%
二	16	57.14%

根据表4可知,西药名称中的数字从二到六都有,另外还有十一,总体数量很少。使用频率最高的数字是二,占含有数字的中成药名称总数的57.14%,主要跟化学物质相关。

(二)高频字

1. 中成药

中成药名称中的高频字的统计数据,如表5:

表5 中成药名称中的高频字

字	数量	比例
舒	46	0.290‰
风	46	0.290‰
益	48	0.303‰
灵	51	0.322‰
咳	54	0.341‰
炎	56	0.353‰
味	58	0.366‰
金	59	0.372‰
香	60	0.379‰
康	62	0.391‰
胃	64	0.404‰
消	67	0.423‰
通	71	0.448‰
止	73	0.461‰
痛	73	0.461‰
宁	77	0.486‰
血	77	0.486‰
心	92	0.580‰
黄	97	0.612‰
清	121	0.763‰

中成药名称的用字较为集中,以上为除了剂型和重复词语外使用频率最高的20个字。可以看出,这些高频字在一定程度上表明了中成药名称的语义取向。其一为治疗方法,如"清、止、通、消、益、舒";其二为治疗效果,如"宁、康、灵";其三为疾病,如"血、痛、咳、炎、风";其四为主治身体器官,如"心、胃";其五为颜色,如"黄、金";其六与药方相关,如"味、香"。

2. 西药

西药名称中的高频字的统计数据,如表6:

表6 西药名称中的高频字

文字	数量	比例
芬	49	0.418‰
氨	49	0.418‰
美	52	0.444‰
地	52	0.444‰
硫	53	0.452‰
利	53	0.452‰
阿	54	0.461‰
林	58	0.495‰
洛	62	0.529‰
沙	63	0.538‰
西	67	0.572‰
酮	70	0.597‰
氯	73	0.623‰
甲	78	0.666‰
胺	79	0.674‰
霉	83	0.708‰
唑	109	0.930‰
素	110	0.939‰
盐	197	1.681‰
酸	473	4.036‰

西药名称的用字相对中成药来说稍微有些分散,以上为除了剂型外使用频率最高的20个字。可以看出,这些高频字在一定程度上表明了西药名称的语义取向。其一为组成药物的化学物质,如"酸、盐、素、唑、霉、胺、甲、氯、酮、硫、氨、氟、苯、乳";其二为音译常用字,如"西、沙、洛、林、阿、利、美、地、芬、拉、他"。

三、用词比较

药物的名称往往在一定程度上反映其命名规律,这种规律多从所用词汇上体现出来。简缩词体现药物的组成成分和功能效用,剂型体现药物的状态,词义体现本民族、本国的思想文化。

(一) 简缩词

1. 组成成分

中成药名称中以组成成分即中药材入药名的占总数的40.34%,大致以使用完整的中药材名和简缩词两种方式入药名,且名称中所使用的中药材名多为该药处方中的主药,如三七、人参、牛黄、川贝、益母草、芪参、杏苏、杞菊等。使用药材名简缩词的中成药名称占总数的13.88%,简缩方式有直接截取式(如"归脾丸")、截取后缩合式(如"芪参胶囊")。西药名称绝大多数直接使用药物组成成分的主要化学物质命名,如"复方氢氧化铝片""对乙酰氨基酚凝胶""头孢丙烯干混悬剂"等。

2. 功能效用

中成药名称中以功能效用入药名的占总数的68.7%,在另一个角度表明了中成药名称的语义倾向。使用功能效用简缩词的中成药名称占总数的9.58%,简缩方式有直接截取式(如"儿童清热导滞丸""九香止痛丸")、截取后缩合式(如"七叶神安片""人参养荣丸")。西药名称绝大多数直接使用作为药物组成成分的主要化学物质命名,也有少部分体现了药物的功能效用,如"吲哚美辛缓释胶囊""复方门冬维甘滴眼液"等。

(二) 剂型

1. 中成药

根据表7可知,中成药的常用剂型大概有八种,其中"丸"的使用频率最高,共有375个,占总数的24.40%。

表7 中成药的剂型

剂型	数量	比例
丹	3	0.20%
酒	6	0.39%
茶	7	0.46%
浆	30	1.95%
剂	45	2.93%
膏	58	3.77%

续表

剂型	数量	比例
散	59	3.84%
液	101	6.57%
颗粒	226	14.70%
胶囊	307	19.97%
片	320	20.82%
丸	375	24.40%

将剂型的使用频率分为三个等级:"丸"位于第一等级,是中成药剂型最基本的形式;"片、胶囊、颗粒"位于第二等级,是中成药剂型采用较多的形式;"液、散、膏"位于第三等级,是中成药名称采用较少的形式。可见丸剂和片剂是人们在长期实践中总结出来的最理想的中成药剂型。

2. 西药

根据表8可知,西药的常用剂型大概有六种,其中"片"的使用频率最高,共有624个,占总数的53.75%。

表8 西药的剂型

剂型	数量	比例
丹	1	0.09%
散	2	0.17%
膜	4	0.34%
浆	7	0.60%
丸	7	0.60%
粉	7	0.60%
剂	38	3.27%
颗粒	56	4.82%
膏	73	6.29%
液	87	7.49%
胶囊	255	21.96%
片	624	53.75%

将剂型的使用频率分为三个等级:"片"位于第一等级,是西药剂型最基本的形式;"胶囊"位于第二等级,是西药剂型采用较多的形式;"液、膏、颗粒"位于第三等级,是西药名称采用较少的形式。可见片剂在西药的研制中使用最为广泛。

（三）词义

1. 中成药名称蕴含的哲学思想

中国古代医学与哲学关系密切，药物名称中蕴含着丰富的哲学思想，中成药的名称也不例外。

（1）阴阳五行说

阴阳五行说是古人认识自然和解释自然的世界观和方法论，其认为物质世界是在阴阳二气的相互作用下孳生、发展和变化的，二者的关系是"阳根于阴，阴根于阳"。阳若生发，阴便滋长；阳要是衰微，阴也便消沉。从事物矛盾双方的对立斗争、相互依存、相互转化来说明事物的变化和发展。

中成药名称，如"阴虚胃痛颗粒""安阳虎骨药酒""安坤颗粒""安坤赞育丸""清金宁肺丸"等中的"阴、阳、坤、金"均源于阴阳五行学说。

（2）气化论

《说文解字》中说："气，云气也。"一些哲学家认为世界上有形的物质都是由无形的"气"变化而来的。中医的主要治疗方式是服药和针刺，那么药的作用是如何到达病变部位的？当时人们设想，在药和病之间，必然有一种东西在传递着相关作用，这种东西就叫作"气"。

"苏子降气丸""木香顺气丸""伸筋活络丸""大活络丹"等中成药名称中的"气、络"均源于中医学中的气化论。

（3）辨证思想

中成药名还体现了中医辨证治疗的思想，包括中医对致病因素的认识、治疗疾病的方法等。如"驱风液""定搐化风丸""祛风除湿酒""镇惊散"中的"驱风""化风""除湿""镇惊"体现了中医对致病因素的认识。

还有一些名称体现了中医施治的方法。"驱风液"的功用是"祛风祛湿、舒筋活络"，主治"久积风痛、风湿性关节炎等症"。"清暑益气丸"的功能是"祛暑利湿、补气生津"，是治疗"因暑湿伤气，神废脉虚"等症的。类似的还有"九龙化风丸""治湿平胃丸""功劳去火片"。

2. 西药名称体现的工具理性

西药的名称有一套系统的命名方法，酸类制剂的命名格式是：表示酸的种类形容词＋Acid，拉丁文的命名规则恰恰相反：Acidum＋表示酸的种类形容词。如 Acidum Nicotinicum 为烟酸，Amino Acid 为氨基酸。药物制剂的命名格式是：原料药名＋剂型名，拉丁文的命名则恰恰相反：剂型名＋原料药名。如 Injectio Glucosi 为葡萄糖注射液；Gentamycin Sulfate Injection 为硫酸庆大霉素注射液。这些命名原则充分体现了西方文化的工具理性。

四、语法比较

除了以剂型作修饰语,药物名称中的修饰语具有很多类型的语法结构,如主谓结构、动宾结构、偏正结构、并列结构和兼语结构等,丰富了语言的构词理论和词汇系统。

剂型作修饰语之外的西药名称多为音译,结构单一;而剂型作修饰语之外的中成药名称有以下五种常见结构。

(一)主谓结构

中成药名称中修饰语为主谓结构的占总数的20.79%,如"小儿咳喘颗粒""妇乐颗粒""肠炎宁片"等。

(二)动宾结构

中成药名称中修饰语为动宾结构的占总数的37.38%,如"克咳片""养心氏片""避瘟散""抗感颗粒"等。

(三)偏正结构

中成药名称中修饰语为偏正结构的占总数的3.07%,如"金莲花片""快胃片""青果丸"等。

(四)并列结构

中成药名称中修饰语为并列结构的占总数的2.98%,如"安神补心丸""和血明目片""养心定悸膏"等。

(五)兼语结构

中成药名称中修饰语为兼语结构的占总数的1.37%,如"抗骨增生丸"。

五、语用差异

药物名称不仅体现了药物的成分和功能,更体现了对美学的追求。剂型作修饰语之外的西药名称的修饰语几乎没有使用修辞手法,而中成药名称中的修饰语有的使用了比喻、夸张、借代等修辞手法。

(一)比喻

此种命名方式是指将药物比喻成美好的事物,如"甘露消毒丸"的功效是"消暑散热、行气消食",命名者把此药比作"甘露"。类似的还有"追风透骨丸""玉泉胶囊"等。

（二）夸张

此种命名方式是指夸大药物的功效,如"逍遥丸"的功效是"治肝胀烦闷等,服药病去,有逍遥之乐",类似的还有"中风回春丸""十香返生丸"等。

（三）借代

此种命名方式不直接说明药物的组成和功效,而借用该药物的部分成分或状态等指代它本身。如"全鹿丸"是以一种主要成分代替药物,"牛黄解毒片"是以一种成分加作用代替药物,"舒肝平胃丸"是以功效代替药物,"坎离砂"是借用炮制法代替药物。

需要注意的是,中成药只有一个名字,就是药物的通用名;而西药有两个名字,分别是药物的通用名和商品名。通用名是指这种药物的有效成分,只有一个;商品名是生产厂家为让人们更容易记住药物的名字而取的,且同一种药物由于有不同厂家生产,商品名不止一个。例如,常见的西药"布洛芬缓释胶囊",它的商品名有"芬必得""联邦缓士芬""润都奥芬""今来芬布得""得菲尔",等等,都是不同生产商取的名字。

参考文献

[1] 陈秀香,张曼,王雪,等.中成药通用名称分析[J].世界中医药,2019(2):292-296.
[2] 陈其,张雷,吴静,等.基于《中成药通用名称命名技术指导原则》分析我国已上市中成药命名存在的问题与改进建议[J].中国药房,2019(10):1302-1306.
[3] 陈秀利.中成药名的认知透视[J].常州工学院学报(社会科学版),2007(5):75-78.
[4] 杨立斌.中成药名的语言文字使用情况调查研究[D].沈阳:沈阳师范大学,2015.
[5] 朱建平.中成药通用名称命名之商榷[J].中国科技术语,2017(3):26-31.
[6] 谢芳.中医药材名称的语言文化考察[D].长沙:湖南师范大学,2009.
[7] 张碧华,邵晖,李怡,等.论中成药的命名与文化内涵[J].中华中医药杂志,2018(12):5317-5320.
[8] 莫耀文.西药英文名称的命名和翻译[J].承德医学院学报,2013(3):264-265.
[9] 陆建林.西药名称翻译规律的探讨促进学生中英文药名的记忆[J].广东职业技术教育与研究,2016(3):44-46.
[10] 涂雯,张晓枚,刘艾娟.中成药名英译基本问题及策略研究[J].世界中西医结合杂志,2017(9):1320-1325.
[11] 赵旭,王建武,李丹.顺应论视角下中成药名称英译研究[J].中医药导报,2018(23):128-130.
[12] 本刊编辑部.药品命名原则(西药部分)[N].医药导报.1992,11(2):1.

[13] 刘恩钊.常见病中西药用药指导[M].北京:人民卫生出版社,2015.
[14] 国家药监局,国家卫生健康委.关于发布2020年版《中华人民共和国药典》的公告[EB/OL].(2020-07-02).https://www.nmpa.gov.cn/xxgk/ggtg/qtggtg/20200702151301219.html.

第六章 文艺争鸣

张国光：论《长恨歌》对杨玉环的美化（节录）

陈志伟 陈晓玲：「母语高等教育」批判

论《长恨歌》对杨玉环的美化(节录)①

张国光②

一、《长恨歌》的疏漏和失误

其一,《长恨歌》与一般的根据民间传说写的叙事诗不同,它写的是历史上赫赫有名的大唐王朝近半个世纪的最高统治者和他宠幸16年之久的贵妃,他们的事迹是不能虚构的,至少在重大关节上必须符合历史真实。特别是诗中的主人公对国家人民的功罪,是客观存在,是不能也不应该由作家凭主观的好恶或仅仅为了创作的需要而任意抑扬、褒贬的。如果这样做,那就违背了历史题材作品的创作原则。宋人洪迈在《容斋诗话》中就称元稹的《连昌宫词》"殊得风人之旨,非《长恨》比云"。所谓"风人之旨",是说此诗在揭示安史之乱的根源方面比较深刻,也就是说诗人对杨玉环和唐玄宗所应负的历史责任,有所正视。后来李商隐的《行次西郊作一百韵》也吸取了这样的创作经验。而《长恨歌》却要"为尊者讳",它不仅美化杨玉环入宫之前"养在深闺人未识",而且对杨氏姊妹祸国乱政的种种罪责概不承认,好像杨玉环仅只是因为"天生丽质"而扮演了一个永远令人同情的悲剧角色,这就混淆了历史人物的功罪。这显然是对史实的歪曲,是不可取的。《长恨歌》所写李、杨之恨,是由安史之乱带来的,而安史之乱乃是对当时的唐帝国破坏性极大的一场暴乱和持久的战争。像在杜甫诗中写的"寂寞天宝后,园庐但蒿藜"(《无家别》),"积尸草木腥,流血川原丹"(《垂老别》),"遂令半秦民,残害为异物"(《北征》)这样令人伤

---

① 本文节录自张国光、祝敏彻主编《文学与语言论丛》,武汉出版社1993年出版,第138-144页。
② 张国光:湖北大学文学院已故教授。

心骇目的乱离景象，但在《长恨歌》中却完全见不到，似乎安史之乱只是惊破了李、杨的《霓裳羽衣曲》而已。这样的写法当然是任何历史家和正视现实的诗人所不能首肯的。

其二，《长恨歌》不仅为杨玉环的初嫁寿王，后又与安禄山私通的丑闻讳饰，而且掩盖了她在事实上充当了安禄山的保护人的罪证。所谓"禄山宫里养作儿"这样的丑史，更被抹掉了。这决不仅是一个私生活的问题，因为安禄山既然是一个大阴谋家、野心家和民族分裂分子，他要取得玄宗的宠信，必须要依靠杨玉环在玄宗身边为他制造良好的印象，这样她就成了安禄山最有力的保护人，实际上是充当了安禄山安插在宫廷的"内奸"。

我这样评历史上的杨玉环，也许难以为文学家所首肯，但请看日本文学家井上靖的《杨贵妃传》一书中如下几段描写："贵妃一向保持对政治事务不插言的态度，唯独对安禄山的问题，总是出言袒护。"她这样袒护安禄山，自然是导致唐玄宗养虎遗患的主因。该传又说：贵妃"对太子李亨，也不能像现在这样置之不理。为此，她过去才与安禄山保持牢固的合作关系。"原来她是为了维护杨氏反动集团的利益而主动勾结安禄山的。该传还说："贵妃对杨国忠已不能十分信任了，他奏称安禄山谋反，就是见识短浅的表现。"难怪杨国忠揭发安禄山时，唐玄宗硬是不相信了。不仅此也，甚至在安禄山已经发动叛乱之后，杨玉环还主张："与其兴师动众去征剿安禄山，不如设法消除安禄山的误解，使其幡然悔悟。"这不是一个十足的卖国内奸的口吻吗？在日本文学家笔下，杨玉环正是一个十足的卖国的内奸形象。

其三，《长恨歌》把本来虚情假意的杨玉环与李隆基的关系改写成男女双方情感真挚、至死不渝的爱情悲剧，借此获得人们廉价的同情，这也是对重大历史事件的歪曲。

杨玉环于开元二十三年（735年）17岁时嫁给寿王。五年之后，即她22岁时被年已56岁的唐玄宗召入宫，27岁时被封为贵妃，曾因"妒悍不逊"，触怒玄宗，致被送回杨家，这说明她和玄宗之间出现过"感情危机"。后来她竟收安禄山为"义子"，使他得以"出入宫掖不禁"，或"与贵妃对食，或通宵不出"，甚至以锦绣为大被裹禄山，演出"洗禄儿"的丑剧。

杨玉环之不忠于玄宗，还仅仅是一个生活作风问题。当安禄山攻陷东都时，玄宗曾拟令太子李亨监国，自己亲征。这是一个重要的战略措施，但杨国忠害怕太子得天下，不利于杨氏集团，于是就由杨玉环"衔土请命"，以自杀要挟玄宗，终于使这一重大决策搁置下来。以后的潼关丧师、西京沦陷、玄宗出奔，都肇因于此，这说明杨玉环处处为自己家族打算，她何尝考虑过唐玄宗的统治和唐帝国的安全？

其四，马嵬事变，杨玉环被缢死，固然出于形势所迫，但玄宗对她也并未尽保护责任。李商隐《马嵬》诗云："如何四纪为天子，不及卢家有莫愁"，隐然讽刺玄宗不能保护一个爱妃，非不能也，是不为也。按处置杨玉环，实出自玄宗的"宸衷独断"。《旧唐书·本纪第九·玄宗下》写道：

> 丙辰，次马嵬驿，诸卫顿军不进。龙武大将军陈玄礼奏曰："逆胡指阙，以诛国忠为名，然中外群情，不无嫌怨。今国步艰阻，乘舆震荡，陛下宜徇群情，为社稷大计，国忠之徒，可置于法。"……兵士围驿四合，乃诛杨国忠、魏方进一族，兵犹未解。上令高力士诘之，回奏曰："诸将既诛国忠，以贵妃在宫，人情恐惧。"上即命力士赐贵妃自尽。玄礼等见上请罪，命释之。

"上即命力士赐贵妃自尽"这一句，说明玄宗当时对杨玉环并未做回护，就很快地做了断然处置的决定。

《旧唐书·列传第五十六·杨国忠传》还写道：

> 诸军乃围驿擒国忠，斩首以徇。是日，贵妃既缢，韩国、虢国二夫人亦为乱兵所杀。……陈玄礼等见上谢罪曰："国忠挠败国经，构兴祸乱，使黎元涂炭，乘舆播越，此而不诛，患难未已！臣等为社稷大计，请矫制之罪。"帝曰："朕识之不明，任寄失所。近亦觉悟，审其诈佞，意欲到蜀，肆诸市朝。……"

这说明在血与火的教育下，唐玄宗已经清醒了，即使没有马嵬之变，他到蜀以后（如果他的皇权不为太子所夺的话）也是会诛杨氏家族以谢天下的。

《长恨歌》中有"六军不发无奈何，宛转蛾眉马前死"之句，谓当这位绝代佳人宛转死于尺组之下时，玄宗"君王掩面救不得，回看血泪相和流"云云，这固然写出玄宗的钟情，但并未见他采取积极的保护措施。这种写法影响了白朴的杂剧《梧桐雨》，该剧这样写道："〔正末云〕妃子，不济事了！六军心变，寡人不能自保。"这无异于承认，在马嵬兵变时，唐玄宗考虑的是自己的安全，而并不是杨玉环的性命。洪昇写《长生殿》时看出这样的写法不妥，特增添了杨玉环自己求死以安社稷的裂人肺腑的台词："只是望吾皇抛奴罢……！"而哭倒台前的玄宗却说："妃子说那里话！你若捐生，朕虽有九重之尊，四海之富，要他则甚！宁可国破家亡，决不肯抛舍你也！"这样写，就深化了玄宗对爱情的执着，不过这离史实更为遥远了。

其五，《长恨歌》把玄宗失去皇权，复被幽禁后，在政治上的孤独、失落感，都看成是对杨玉环的悼亡之情，这固然增强了此诗的悲剧气氛，却掩盖了玄宗与太子亨的巨大矛盾，更是违背历史真实的。《旧唐书·本纪第九·玄宗下》：

> 上皇谒庙请罪，遂幸兴庆宫。……乾元三年七月丁未，移幸西内之甘露殿。时阉宦李辅国离间肃宗，故移居西内。高力士、陈玄礼等迁谪，上皇寝不自怿。上元二年四月甲寅，崩于神龙殿，时年七十八。

这说明玄宗在返都以后初居兴庆宫而后又被迫迁往西内，已失去了人身自由，实际上已被软禁。《资治通鉴·唐纪》写玄宗迁至西内后，"日不怿，因不茹荤、辟谷，寝以成疾"，这就等于慢性自杀。白居易要"为尊者讳"，不写这些内容是不必苛责的，但他把玄宗的政治悲剧都说成是爱情悲剧，却无异于张冠李戴。

其六，《长恨歌》其他的疏误之处也不止一端。如沈括在《梦溪笔谈》中指出：

"峨眉山下少行人"句,就不合地理常识,因"峨眉在嘉州,与幸蜀之路并无关涉"也。又邵博《闻见后录》讥"孤灯挑尽未成眠"句云:"宁有兴庆宫中不烧蜡油而明皇自挑灯者乎?书生之见可笑耳!"又《长恨歌》结尾写李、杨七月七日夜半作"比翼""连理"之誓的长生殿,乃是斋宫,并非皇帝可以和后妃谈情说爱之处。且玄宗之移驻骊山行宫,不早于每年十月。七月七日正热之时,自无去华清池之必要。凡此种种疏误,陈寅恪先生在《元白诗笺证稿》已加以辨析,所可憾者,陈先生既是著名史家,他评论《长恨歌》时却徒着眼于它的一些小疵,而对于它歪曲历史的"大节"之处却置而不论,诚未免轻重倒置耳!

二、论借批判"女人亡国论"为杨玉环辩护之误

从 20 世纪 30 年代以来,一种所谓反对宣扬"女人亡国论"的观点,在评价杨玉环和《长恨歌》时占了主导地位,这是不合乎具体问题具体分析的原则的。因为批判杨玉环和以她为首的杨氏集团祸国殃民,与宣扬"女人亡国论"绝不是一回事。史称杨玉环得宠时,织绣之工供贵妃院者达七百人之多,"中外余献器服珍玩",贵妃三姊均封"国夫人",加上两个从兄,五家"势倾天下","四方赂遗,辐凑其门",竞开第舍,极其壮丽,一堂之费,动逾千万;杨玉环的从祖兄杨钊由玄宗赐名国忠,在奸相李林甫死后独揽大权,《资治通鉴》记载,"自侍御史至为相,凡领四十余使,台省官有才行时名,不为己用者,皆出之"。他"居要地,中外响遗辐凑,积缣至三千万匹"。杨国忠不仅大大败坏了吏治和财政,而且使唐在军事上遭到极大的损失,由于他任用非人,进兵南诏,"粮尽,士卒罹瘴疫及饥死十七八,全军皆没。杨国忠隐其败,更以捷闻,益发中国兵讨之,前后死者几二十万人"。而安禄山的叛乱也是他直接促成的。《资治通鉴》载:"安禄山专制三道,阴蓄异志,殆将十年,以上待之厚,欲使上晏驾然后作乱。会杨国忠与安禄山不相悦,屡言禄山且反,上不听;国忠数以事激之,欲其速反以取信于上。禄山由是决意遽反……"

又杜甫在《北征》中质问:"潼关百万师,往者散何卒?"按潼关之败其祸首也是杨国忠。《旧唐书》记载:

> 及哥舒翰守潼关,诸将以函关距京师三百里,利在宁险,不利出攻。国忠以翰持兵未决,虑反图己,欲其速战,自中督促之。翰不获已出关,及接战桃林,王师败奔,哥舒受擒,败国丧师,皆国忠之误惑也。

正因为杨国忠恶贯满盈,所以随玄宗西行的军士对其恨之入骨,他们不惜一死,也要诛此国贼。

杨国忠之罪,人所共愤,既诛杨国忠并及于杨氏姊妹,乃势所必至。这怎能说是把亡国责任仅推之于女人,甚至认为批判杨玉环祸国殃民就是宣扬"女人亡国论"呢?还要说明:反对"女人亡国论"论者并非自今日始,唐人已有为此说者,清本赵翼的《马嵬坡》一诗亦云:"宠极强藩已不臣,枉教红粉委荒尘。怜香不尽千词客,

治乱何关一美人?"然而杨玉环并不是一个仅因美色得宠但却未干预政治的后宫妃子,她其实是腐化反动的杨氏集团的总代表和靠山,杨国忠祸国殃民的种种罪行,都与杨玉环有重大关联。因此我认为她不能不和唐玄宗共同承担导致祸乱和使大唐帝国由盛变衰的历史责任。

白居易在写《长恨歌》不久以后创作的新乐府中也写道:

天宝季年时欲变,臣妾人人学圆转。中有太真外禄山,二人最道能胡旋。梨花园中册作妃,金鸡障下养为儿。禄山胡旋迷君眼,兵过黄河疑未反。贵妃胡旋惑君心,死弃马嵬念更深。(《胡旋女》)

狐假女妖害犹浅,一朝一夕迷人眼。女为狐媚害即深,日增月长溺人心。何况褒妲之色善蛊惑,能丧人家覆人国。(《古冢狐》)

诗人对杨玉环如此无情的鞭挞,也就是对唐玄宗的讽刺。而《长恨歌》只是为了使李、杨的爱情故事得以广泛流传而已,所以不能不把杨玉环写得那样纯洁美丽。在一个诗人笔下出现了两种不同的杨玉环的形象,这也正是《长恨歌》和《新乐府》主题迥异的明证。

"母语高等教育"批判

陈志伟[①] 陈晓玲[②]

摘要:"母语高等教育"在大学语文界被解读为与"大学语文"是同一概念,并试图以"母语高等教育"代替"大学语文",本文即对此提出质疑与批判。首先,简述"母语高等教育"这一概念在我国的起源与发展情况:2006年,"母语"在大学语文界成为重要话题,2007年,"母语高等教育"被正式提出;2007年以后,有关"母语高等教育"的论文及著作陆续出现。其次,对"母语高等教育"展开批判:①"母语"不等于"语文","母语高等教育"同样不能等于"大学语文"。②列举大学语文界存在的"去大学语文化"现象,说明将"大学语文"改称"母语高等教育"同样是自卑的表现。最后,指出大学语文教师要无惧竞争,致力于教材建设、教学方法及教学内容的改革创新,通过加强自身建设来拓宽生存空间。

关键词:母语;母语高等教育;语文;大学语文

2007年以来,大学语文界出现了一个新的词汇和概念——"母语高等教育",而且其使用频率与有关研究文献也逐渐增加,还出现了以"母语高等教育"等同、取代"大学语文"的说法。本文即对此提出质疑与辨析。

一、"母语高等教育"之起源及发展

将"母语"与"大学语文"联系起来,并最后形成"母语高等教育"的概念,其间有

[①] 陈志伟:吉林大学文学院副教授。
[②] 陈晓玲:吉林大学文学院硕士研究生。

一个发展过程,以下即略做寻绎与梳理。

(一) 起源

20世纪末,社会媒体聚焦中小学语文,对中小学语文教育进行批评与抨击。首先是《北京文学》1997年第11期,在"世纪观察"栏目以"忧思中国语文教育"为题,同时刊登了邹静之的《女儿的作业》、王丽的《中学语文教学手记》、薛毅的《文学教育的悲哀》三篇文章,批评中小学语文教育是"学生的桎梏","语文的扭曲","文学的悲哀","不止害一个人,而是害了一代人",从而引发了有关语文教育问题的大讨论。《中国教育报》《中国青年报》《光明日报》《文艺报》等多家报刊转载了这三篇文章,并就语文教育的话题刊发了大量文章,语文教育问题一时成为社会热点问题,受到了社会各界的普遍关注并吸引了广泛参与。中央电视台、中国教育电视台等还就这次讨论制作了专题节目。这次讨论的文章被汇集成书,即孔庆东等编著的《审视中学语文教育:世纪末的尴尬》。

进入21世纪,讨论的焦点过渡到大学语文。2004年2月,《光明日报》发表邢宇皓的文章《遭遇尴尬的大学语文》①;2004年5月,《中国教育报》发表黄蔚《大学语文:何时走出尴尬》②。这两篇文章都突显了高校外语教育挤压汉语教育的现象,引起了社会与媒体的注意。另外,"央视网"国际网站推出了专栏"中国语文观察——汉语的尊严和方向"③。2004年9月在北京召开的"2004年文化高峰论坛",以及媒体报道"王蒙呼吁展开汉语保卫战"④,从而使关于大学语文的讨论演变成了一场关于汉语的保卫战。这里要着重指出的是,与黄蔚文章同一天在《中国教育报》上发表的还有北京师范大学王宁的《高校人文素质教育的第一课——谈大学语文课程的定位与建设》,这篇文章随后在期刊重复发表,标题改为《高级母语教育与人文素质教育的第一课——谈大学语文课程的准确定位与教改实验》⑤。这是第一篇从题目上将"母语"与"大学语文"联系起来的文章,从此,"母语"一词开始逐渐走入大学语文人的视野。

2006年,"母语"已经成为大学语文界最重要的话题。同年8月,全国大学语文研究会第十一届年会论文集名为《大学母语教育的现状及其对策研究》。2007年1月,南开大学李瑞山在文章中首次正式使用"母语高等教育"⑥,"这一词语即刻被全体大学语文同行接受"⑦。

---

① 邢宇皓.遭遇尴尬的大学语文[N].光明日报,2004-02-13.
② 黄蔚.大学语文:何时走出尴尬[N].中国教育报,2004-05-14.
③ 央视网.http://www.cctv.com/culture/special/C12789/03/index.shtml.
④ 王蒙呼吁展开汉语保卫战指出外语伤害中华母语[N].京华时报,2004-09-04.
⑤ 王宁.高级母语教育与人文素质教育的第一课——谈大学语文课程的准确定位与教改实验[J].中国大学教学,2004(6):21-22.
⑥ 李瑞山.母语高等教育意义论要[J].南开学报(哲学社会科学版),2007(1):33-35.
⑦ 何二元,黄蔚.母语高等教育研究[M].杭州:浙江大学出版社,2013:6.

（二）发展

自2007年1月"母语高等教育"一词被提出与使用后，相关研究文献开始出现。检索中国知网，得到题名含"母语高等教育"的论文14篇（统计时间为2020年1月），统计情况见表1、表2。

表1 "母语高等教育"论文年度分布统计

年度	2007	2008	2009	2011	2014	2015	2016	2017	2019
篇数	1	1	1	3	1	1	1	4	1

表2 "母语高等教育"论文篇名统计

序号	作者	篇名	刊名	刊期
1	李瑞山	母语高等教育意义论要	南开学报（哲学社会科学版）	2007年1期
2	陈洪，李瑞山	母语高等教育：从危机到转机	中国高等教育	2008年2期
3	屠锦红等	母语高等教育调查研究——基于大学语文教学	黑龙江教育	2009年4期
4	祁峰	母语高等教育研究的多维视角——兼论母语高等教育与基础阶段语文教育的异同	长春师范学院学报（人文社会科学版）	2011年3期
5	李瑞山	略谈母语高等教育的意义	语文教学通讯	2011年4期
6	祁峰	母语高等教育中的核心问题与应对策略	理论界	2011年7期
7	文智辉	中国古代散文在母语高等教育中的作用	湖南科技学院学报	2014年12期
8	文智辉	母语高等教育中古代散文教学存在的问题和对策	当代教育实践与教学研究	2015年4期
9	许瑞芳	追溯传统文化教育之理论模式实现母语高等教育之中国梦想	佳木斯职业学院学报	2016年6期
10	潘晓娟	叶圣陶语文教育思想对母语高等教育的启示	开封教育学院学报	2017年3期
11	田红玉	读《母语高等教育研究》有感	汉字文化	2017年6期
12	朱德琳	我国与西方发达国家母语高等教育特点之比较	教育现代化	2017年8期
13	邹莉	大学语文向母语高等教育的转化探究	语文建设	2017年2期

续表

序号	作者	篇名	刊名	刊期
14	韩建立	潜心著述,壮心不已——何二元先生的母语高等教育研究	汉字文化	2019年2期

这14篇论文中,发表年度较集中的为2011年和2017年,分别为3篇和4篇。这些文章中,有的是从母语高等教育的高度来探讨大学语文教学的,也有的是假借母语高等教育之名而实谈大学语文的,更有直言"母语高等教育"就是"大学语文"的。如许瑞芳认为:"母语和语文、母语高等教育和大学语文,在某种意义上其实可以等同于一个概念。"①

在这些期刊论文以外,2013年,一部研究"母语高等教育"的专著出版,就是何二元、黄蔚的《母语高等教育研究》,这部著作在大学语文界流传较广,产生了重要影响。如韩建立说:"这本专著出版后,得到同行的一致赞许,一线教师从中得到了迷途的点拨、理论的滋养、目标的指引、方法的启迪。"②在书中,作者做了如下阐释:

> 母语与语文,母语高等教育与大学语文,基本上是同一概念。以前更多说语文和大学语文,现在开始说母语和母语高等教育,一个原因是社会上出现轻视语文教育的现象,我们需要用更具崇高意义的"母语"一词来强调语文教育的重要,而更深层的理由则是:大学语文需要凭借母语高等理论开展自己的学科定位与建设。③

完全将"母语"与"语文","母语高等教育"与"大学语文"等同,试图以"母语高等教育"取代"大学语文"。

上述检索统计结果虽然未见全面(如全国大学语文研究会论文集中的论文没有统计在内),统计中论文与著作的数量还属较少,但这些论著应该能代表其中之主要部分,且可以肯定的是"母语高等教育"一说已为大学语文界所接受。

二、"母语高等教育"批判

语言是人类交流的工具,词汇因各具含义方能实现交流的功能。将"母语"与"语文","母语高等教育"与"大学语文"看作是同一概念,并进行取代或替换是错误的;以"母语高等教育"之名行"大学语文"之研究同样是不可取的。

---

① 许瑞芳.追溯传统文化教育之理论模式,实现母语高等教育之中国梦想[J].佳木斯职业学院学报,2016(6):184-185.
② 韩建立.潜心著述,壮心不已——何二元先生的母语高等教育研究[J].汉字文化,2019(2):21-23,27.
③ 何二元,黄蔚.母语高等教育研究[M].杭州:浙江大学出版社,2013.1.

（一）以"母语高等教育"等同或取代"大学语文"之错误

1. "母语"与"语文"并不是同一概念

首先需要了解"母语"一词的含义，《现代汉语词典》与《辞海》分别做如下解释：

> 母语：①一个人最初学会的一种语言，在一般情况下是本民族的标准语或某一种方言。②有些语言是从一个语言演变出来的，那个共同的来源，就是这些语言的母语。①

> 母语：①在历史比较语言学中，指通过比较亲属语言而构拟出来的原始语（protolanguage）。②按一般用法，母语（mother tongue）指儿童习得的第一语言。多为本民族或本国语言。②

由此可见，"母语"是一种语言，一般来说是一个人最早学会的那种语言。每个民族都有自己的语言，自己的母语。"母语"并不等于"汉语"。在中国，汉族的母语是汉语，朝鲜族的母语是朝鲜语，藏族的母语是藏语；中国之外，日本人的母语是日语，英美人的母语是英语，等等。所以，母语为何种语言，关键看语境。在特定的语境中，"母语"可以指"汉语"，也可以指其他语言，如歌曲《父亲的草原母亲的河》中："虽然已经不能用母语来诉说"，这个"母语"就是指"蒙古语"。

而且，"母语"属于语言学上的术语，多在第二语言教学研究领域使用。何二元在中国知网用"母语"做关键词进行篇名检索，得到的前20篇都是外语教学领域的文章，与大学语文并无关系。

联合国教科文组织从2000年起把每年的2月21日定为"母语日"。这个"母语"，是每个民族都有的，并不等于汉语，也不等于语文，更不等于大学语文。"母语"并不是中国的专利，不是只有中国才能使用，而是一个世界通用的词汇。

再看"语文"一词，笔者找到的解释如下：

> 什么叫语文？平常说的话叫口头语言，写到纸面上叫书面语言。语就是口头语言，文就是书面语言。把口头语言和书面语言连在一起说，就叫语文。③

> 语文：①语言和文字：～程度（指阅读、写作等能力）。②语言和文学：中学～课本。④

叶圣陶对"语文"的定义还是广为语文界所接受的，然而叶圣陶的解释更侧重于解释"语文"一词的起源；"语文"一词在后来的发展使用中，更被人们掺入了文

---

① 中国社会科学院语言研究所词典编辑室.现代汉语词典(修订本)[M].3版.北京:商务印书馆,1996:901.
② 辞海编辑委员会.辞海(典藏本)[M].6版.上海:上海辞书出版社,2011:3170.
③ 叶圣陶.叶圣陶语文教育论集[M].北京:教育科学出版社,2015:102.
④ 中国社会科学院语言研究所词典编辑室.现代汉语词典(修订本)[M].3版.北京:商务印书馆,1996:1539.

字、文学、文化、写作、教育等含义。而且,"语文"这一概念主要是在中国语境范围内使用。而"母语"仅仅是指一种语言,是每个民族都具备的一种语言。"语文"是我国汉族母语课程的名称,"母语"与"语文"在概念上岂能画等号?

这里要特别指出的是,笔者查找"语文"词条的解释时,竟然发现《辞海》1999年版和2009第六版都没有收录"语文"这一词条。殊为不解,"语文"这么常用的词汇,这么重要的学科(中小学阶段),《辞海》怎么会、怎么能不收录呢?转而查找"数学""物理""化学"等词汇,《辞海》都有,唯独没有"语文"一词。《辞海》虽属综合性辞书,但更是语文学习的重要工具书,或者某种程度上可以说《辞海》就是语文学科的工具书。《辞海》不收"语文"一词,这个问题很严重。语文学科(主要是大学语文)不受重视,看来原因是多方面的。

2. "母语高等教育"同样不等于"大学语文"

"母语"既不等于"汉语",也不等于"语文",同样"母语高等教育"不能等于"大学语文"。下面引用两处对"母语高等教育"的概念解释:

> 所谓"母语高等教育",主要指高等学校中面向非中文专业学生的汉语文教育,亦即以"大学语文"课程及其他相关课程为主的教育教学活动。①

> 《中国语言生活状况报告(2007)》之《母语高等教育》说:"母语高等教育"特指高等学校中面对非中文专业学生的汉语文教育,亦即习称为"大学语文"的课程及其他相关课程为主的教育教学活动。②

以上引用的第一段文字出自李瑞山最早于2007年在《南开学报》发表的文章,将"母语高等教育"完全等同于大学语文;并且"大学语文"应该是规范、正式的称呼,怎能说是"习称"?正确的说法应该是:"在我国,母语高等教育主要是高等学校中面向非中文专业学生的汉语文教育,亦即以'大学语文'课程为主兼及其他相关课程的教育教学活动。"

第二段文字见于何二元《母语高等教育研究》,与前一概念文字稍有出入。作者何二元在这段文字中说的"母语高等教育"出自《中国语言生活状况报告(2007)》,然而笔者查考《中国语言生活状况报告(2007)》原文,并未见有"母语高等教育"的概念。以下所引的内容为原书相关陈述:

> 这里说的"高校母语教育",特指高等学校中面对非中文专业学生的汉语文教育,亦即习称以"大学语文"课程及其他相关课程为主的教育教学活动。使用"高校母语教育",旨在揭示其根本属性。③

又查何二元书中标注的引文出处为:"李瑞山、迟宝东:《母语高等教育状况报

---

① 李瑞山.母语高等教育意义论要[J].南开学报(哲学社会科学版),2007(1):33-35.
② 何二元,黄蔚.母语高等教育研究[M].杭州:浙江大学出版社,2013:1.
③ "中国语言生活状况报告"课题组.中国语言生活状况报告(2007)上编[M].北京:商务印书馆,2008:87.

告》,转见《母语·文章·教育——大学语文研究文集》,高等教育出版社2008年版,第37页。"笔者按图索骥,李瑞山、迟宝东的文章全名为《母语高等教育状况报告——〈中国语言生活状况报告(2007)〉之一节》。第二段文字里,何二元既言引自《中国语言生活状况报告(2007)》,但引文却又与原文不合。这里,何二元犯了两处错误。首先,引文标注错误。既然转引自李瑞山之文,在正文中就不该说引自"《中国语言生活状况报告(2007)》之《母语高等教育》"。其次,李瑞山文章副标题为"《中国语言生活状况报告(2007)》之一节",确实容易让人以为文章即摘自《中国语言生活状况报告(2007)》,何二元没有查考原文,径采此说,得出"《中国语言生活状况报告(2007)》之《母语高等教育》"之错误说法。李瑞山之文章虽来源于《中国语言生活状况报告(2007)》,但文字与内容皆有改动,自然不等于《报告》原文。同类错误,笔者于该书中还发现两处:

> 2008年11月,国家语委发布的《2007年中国语言生活状况报告》中,为大学语文专辟一章,题为《母语高等教育状况报告》。①[页下注释此条出处为:"李宇明:《中国语言生活状况报告》(2007),商务印书馆2008年版。"]
>
> 2007年教育部发布的《中国语言生活状况报告》中专辟一章《母语高等教育状况报告》。②

认真辨读,便可发现,这两段文字所引书名不同,责任者不同,发布者不同,发表时间不同,令人困惑难解。

"母语"既是语言学中一个国际通用概念,那么"母语高等教育"岂能专指"大学语文"? 那么其他国家的"母语高等教育"又该如何称呼? 在我国,"大学语文是母语高等教育",但是"母语高等教育"绝不单指"大学语文",因为世界各国都有自己的"母语高等教育"。"母语教育是终身教育。根据教育层次的不同,母语教育可分为母语初等教育、母语中等教育和母语高等教育。"③那么,按照"母语高等教育"取代"大学语文"的逻辑,小学和中学语文课岂不是也都应该改名为"母语初等教育""母语中等教育"?

"母语高等教育"的出现,让有的人感到"惊喜",他们认为,"我们需要用更具崇高意义的'母语'一词来强调语文教育的重要"④,"大学语文'遭遇尴尬',引起全国大学语文同行的思考,并最终定格成'母语高等教育'这样一个神圣命题"⑤,"当务之急是推动大学语文向母语高等教育的自觉转化。只有站在母语教育的高度,才

---

① 何二元,黄蔚.母语高等教育研究[M].杭州:浙江大学出版社,2013:15.
② 何二元,黄蔚.母语高等教育研究[M].杭州:浙江大学出版社,2013:86.
③ 邹莉.大学语文向母语高等教育的转化探究[J].语文建设,2017(2):78-80.
④ 何二元,黄蔚.母语高等教育研究[M].杭州:浙江大学出版社,2013:1.
⑤ 何二元,黄蔚.母语高等教育研究[M].杭州:浙江大学出版社,2013:4.

能重塑母语自信,巩固课程地位"①。将"语文"换成"母语","大学语文"改成"母语高等教育",就"崇高"了,就"神圣"了,就有自信了,就可以自欺欺人了?作为大学语文教师本来应该是最能熟练运用汉语言的,就是善于咬文嚼字的,琢磨话怎么说、词怎么用的。这样生搬硬套,指鹿为马,违背语言规则,似乎不妥。

无独有偶,在我国高校也有一个学科曾经有与大学语文相似的经历,那就是图书馆学。20世纪80年代,图书馆学曾经是一个热门学科,但进入20世纪90年代后,随着改革开放以来市场经济的全面深入发展,由于图书馆学的学科性质决定了其显然与急功近利的市场社会存在一定矛盾与疏离,图书馆学受到冷落,遭遇生存危机。于是各高校的图书馆学系也经历了一番改名过程,如改成"情报信息系""信息管理系"等。然而事实证明,靠改变学科名称是不能改变学科命运的。

(二)将"大学语文"改称"母语高等教育"正是自卑的表现

汉语是中华民族的母语,语文是基础教育阶段的重要学科,在小学、中学阶段,语文与数学同样重要。然而,进入高等教育,到了大学阶段,一旦把"语文"前面加上"大学"两字,变成"大学语文",其地位不但不"崇高"、不"神圣"了,反而骤然拉低了语文的地位与层次,变得尴尬起来。这种尴尬的地位与现状,使大学语文教师普遍有一种自卑心理,或者另一种说法是"缺乏学科自信"。

1. 大学语文界的"去大学语文化"

一个比较典型的表现就是大学语文界中存在的"去大学语文化",即在文章或著作中避免使用"大学语文"字样,此种现象在大学语文研究中比比皆是、不胜枚举。自1980年起,在苏步青、匡亚明、徐中玉的倡议下,中国高校开设"大学语文"课,"大学语文"遂成为正式的、通用的课程与学科名称。而大学语文日渐尴尬的地位却使大学语文人讳用这个名词,如王步高《试论当代国文教育的历史责任——国文教育散论之一》②一文,竟然全篇使用"国文"一词,以民国时期的"国文"称谓取代新中国成立后的"语文"教育,无异歪曲历史真实。王步高为大学语文界前辈名师,所编教材及所建网站都以"大学语文"为名,然而却也未能"免俗",此种做法实令人遗憾失望。

2006年,中共中央办公厅、国务院办公厅印发的《国家"十一五"时期文化发展规划纲要》要求,"高等学校要创造条件,面向全体大学生开设中国语文课"③。这里不说"大学语文"而说"中国语文",而且这个定语"中国"显然也无必要。2007年南开大学设置"语文高等教育"博士点,用"语文高等教育"作为学科名称,而没有使用通用的、更广为人知的"大学语文"。

---

① 邹莉.大学语文向母语高等教育的转化探究[J].语文建设,2017(2):78-80.
② 王步高.试论当代国文教育的历史责任——国文教育散论之一[G]//谭帆,杨建波.大学语文论坛(第1辑).上海:华东师范大学出版社,2017:24-28.
③ 何二元,黄蔚.母语高等教育研究[M].杭州:浙江大学出版社,2013:6.

一些大学语文教材也开始在名称上做文章。如夏中义主编的《大学新语文》（北京大学出版社2005年版），温儒敏主编的《高等语文》（江苏教育出版社2008年版），李瑞山主编的《语文素养高级读本》（高等教育出版社2006年版），贺阳主编的《大学汉语》（中国人民大学出版社2009年版），等等。这些教材的主编都是大学语文界的前辈、宗师、佼佼者，他们都如此"不待见""大学语文"，大学语文教师之缺乏学科自信已为一种普遍心理。

2. "母语高等教育"的提出与应用更多是源于自卑心理

如表2所统计的14篇论文中，真正研究母语高等教育的几乎没有。基本都是将"母语高等教育"与"大学语文"联系起来，在"母语高等教育"这一"崇高"命题下，讨论研究"大学语文"教育。如祁峰《母语高等教育中的核心问题与应对策略》一文探讨"在世界汉语热这一大背景下，母语高等教育如何在高校中通过以大学语文为代表课程来实现"[①]；文智辉《母语高等教育中古代散文教学存在的问题和对策》论及，"母语高等教育在我国主要是通过大学语文教学来实施的，古代散文是大学语文教学内容的重要组成部分"[②]。就是说，这14篇论文中所谓的"母语高等教育"概念，绝大多数是可以用"大学语文"一词来替换的。至于何二元的《母语高等教育研究》，则完全是一部"大学语文"教育研究著作。这些文章、著作除有故弄玄虚之嫌外，更多还是对"大学语文"信心不足的自卑心理所致。

当然，"母语"是语言学上原本就有的词汇，以往"母语"一词多出现于语言学研究领域，文章、著作中有"母语"字样本无可厚非，但必须名实相符。如中国知网所见第二语言教学所用的母语概念，再如洪宗礼等主编的《母语教材研究》（江苏教育出版社2007年版），就是探讨论述世界各国母语教育，而不是仅论汉语文的教材。

三、结　　语

"母语高等教育"概念的提出已有十余年，但遭到一些大学语文人的强行歪曲与借用。本文述及的一些浅显简明，无须辩驳的低级错误，竟然发生在以语言文字为长的大学语文界，竟然没有人对此提出质疑，反而会被大学语文界广为接受，不能不说这是一件非常让人遗憾的事。

进入21世纪以来，大学语文的地位确实越来越尴尬，尤其是近十年来，大学语文更出现了生存危机。大学语文在高校中是选修课，课时少，地位不高；尤其是高校推行的通识教育给大学语文更带来了直接冲击，因为这些课程往往在内容上和大学语文有重复之处，而比大学语文更加专业、精深。但是打铁还要自身硬，面对

---

① 祁峰.母语高等教育中的核心问题与应对策略[J].理论界，2011(7):197-198,106.
② 文智辉.母语高等教育中古代散文教学存在的问题和对策[J].当代教育实践与教学研究，2015(4):184-185.

这种危机,大学语文教师需要做的是兢兢业业、脚踏实地,把精力放在教材建设、教学方法及教学内容的改革创新上。大学语文教师应以自身的实力、魅力来吸引学生,通过加强自身建设来拓宽生存空间,而不是在更改学科名称等形式问题上动脑筋、费工夫,何况这种更改还是错误的。大浪淘沙,优胜劣汰,适者生存,"沧海横流,方显英雄本色"。大学语文无惧竞争,大学语文教师必须通过不断学习与钻研,努力充实与提高自己,才能完成自己的责任与使命,迎接时代的挑战。

第七章 佳作咀华

李凤兰：池莉长篇小说《所以》的女性主义解读

窦旭峰：品味《水浒传》中的「浪子」形象

池莉长篇小说《所以》的女性主义解读

李凤兰①

摘要：池莉长篇小说《所以》以强烈的女性意识和浓郁的抒情笔调探寻和追问了现代女性的生存困境、文化处境、人生价值，审视了女性自身的世俗根性，完成了一次女性由外到内的心路探寻旅程。

关键词：女性；价值；审视；寻找

池莉一贯被称为"新写实"小说的代表作家，作为女性写作者，她也常被界定为以中性写作姿态写作的小说家。她的作品也诚如大多数评论者所认定的那样：透过凝重的写实风格，呈现生存的艰难和生命的卑微，淡化诗意，强调真实，回避极其个人化的情感流露，揭示普泛意义上人的生存际遇。虽然如此，但池莉的小说并不缺乏女性意识和对女性命运的深切关注，只是她不愿意以极端的女性姿态去表达。长篇小说《所以》一改过去的写作姿态和写作风格，以强烈的女性意识和浓郁的抒情笔调，向我们讲述了一个叫叶紫的知识女性四十年的人生遭遇。小说触及女性心灵最痛楚、最隐秘的部分，关注女性的个体内涵、人生价值、文化修养、社会处境、权益得失等诸多方面，充满了对女性命运的追问和探寻。池莉说："这是一部追寻答案的书，'所以'背后大有深意……所以是一种结果，也是一种态度，更是一种立场，还是一种无奈。"②《所以》一开篇就说："请相信，作为女孩，我特别想做一个好女孩。作为女人，我也特别想做一个好女人。"③然而叶紫四十年的奋斗结果并不

---

① 李凤兰：武汉纺织大学传媒学院教授。
② 陈熙涵.作家池莉谈新作《所以》[N].文艺报,2007-03-09.
③ 池莉.所以[M].北京：人民文学出版社.2007:1.

美妙,那么,是什么阻碍叶紫成为好女孩、好女人?好女孩、好女人的标准是什么?女性的成长要遭遇怎样的人生困境?女人真正的幸福是什么?……许许多多的追问要我们去探寻叶紫成长背后的隐痛,"所以"背后的深意。

一、母性与母权的审视

有评论者认为,《所以》表现的是女性在婚恋途上的无奈与挣扎、困惑与救赎,其实池莉表达的要比人们解读的更为丰富,否则池莉不会用浓笔重墨去写叶紫的童年,叶紫的童年是文本一个重要的部分,具有重要的象征意义,池莉试图在这个文本里去探寻和女性生命成长有关的一切个体内涵和文化处境。

叶紫的出生是父母的一个意外,所以她来到这个世界,恰如女性主义者所说,是一个"他者",一个不被认可的存在,父母连给她取名的愿望都没有,以致她的名字都是管户籍的民警急中生智取的。这个在困难时期出生的皱巴巴的发育并不好的婴儿却如小草一样存活了下来,在邻人的眼里,她省心得似乎一夜之间自己就长大了。然而只有幼小的叶紫知道自己是多么漂泊无依,叶紫整个童年,她的心和她的身体都在彭刘杨路漂泊。母亲的家没有她的位置,没有她存在的价值,那个家里只有母亲对她的责骂、羞辱,还有所有的家务。童年的她听得最多的一句话就是:"叶紫,把耳朵送过来。"然后,母亲揪住她的耳朵,讨债似地诉说自己对她的养育之恩,痛陈如何在困难时期省下自己嘴里的鸡蛋喂养这个讨债鬼。此种场景,我们会在传统文本里经常见到,但那是恶婆婆、恶地主、恶后母的形象,然而这样的场景就在池莉的笔下,就发生在文本中叶紫的亲生母亲身上。所有传统意义上的母性与母爱轰然坍塌。这个在家里不受父母待见的女孩于是一心向外去寻求温暖与认同,她用格外的乖巧对待街坊邻居,领受着他们对她的热情与赞美,她尽可能地逃离那个家。资本家出身的自视清高的母亲,对于她的这种小市民习气更是气急败坏,也就用更多的责骂和羞辱来对待她。六岁那年,叶紫自己跑到学校报名上学,她以自己的勇敢、聪敏让老师破格留下她。叶紫漂泊无依的心在学校得到了安顿,放学了,她会在彭刘杨路街坊邻居那儿寻找安稳,尽可能地延迟回家的时间。卖冰棍的刘太婆的冰棍箱子就是她的书桌,她在那安心写作业,"梧桐树的冠盖慢慢变得浓重,阴影倾覆在彭刘杨路上,行人的面目模糊了,路灯亮了,夜来了,我这才举步回家"[①]。池莉温情的文字一改她惯常客观冷峻的零度写作姿态,读者的怜悯和同情之心被激发。然而值得我们欣慰的是,这个饱受父母漠视、羞辱的女孩并没有自怨自艾,或是自闭懦弱,而是自尊自强,怡然自得。她努力在学校、在街坊邻居那儿做好学生、好女孩,广受除父母之外的他人的赞美与爱护。池莉用大段的抒情文字描述了叶紫对学校的喜爱、对彭刘杨路街坊邻居的喜爱,在文字的描述之间,我

---

① 池莉.所以[M].北京:人民文学出版社.2007:13.

们既为叶紫的早慧、开朗而欣慰,同时又隐隐对缺失亲情的叶紫抱有一丝心酸。小小的叶紫身上也一如池莉所认同的小人物一样,具有一种韧性的品质,正是这种韧性的品质让童年的叶紫在坎坷中能够快乐地成长。

池莉用叶紫的童年去审视母性,审视母性也是对女性自我进行审视,池莉不以男权文化对女性的桎梏为出发点,而是直指女性灵魂深处,质问女性自身的劣根性。池莉让我们深思:母性是与生俱来的吗?母性真如传统文本所言的伟大与无私吗?在池莉的笔下,叶紫的母亲就是一个自私、自我、冷酷、专制、自怜、自恋、虚荣的母亲。在对叶紫的养育中,她的母亲没有一丝的温情与慈爱,对小女儿叶爱红的爱也充满着自我陶醉、自怜自爱与虚荣的成分,因为漂亮如洋娃娃一样的叶爱红显示了她的血统,她的美貌与遗传,看见叶爱红就好像看见了自己,因此她容忍叶爱红的懒惰、虚荣与自私,甚至叶爱红长大后做了别人的二奶,她也佯装不知情,还极力赞美女儿的能干和聪敏,在女儿和那个男人的房子里连声赞叹、自我陶醉。池莉曾说:"女人原本是不认识女人的,认识自己最不容易。"

池莉用叶紫的母亲去拆解了母性神话,去审视了女性自我,去看到了女性生命中的世俗根性。专制冷酷的母亲在叶紫的童年留下了挥之不去的印记,也让叶紫获得审视和警醒自己的能力,成人以后成为人母的叶紫经常告诫自己:千万不要像自己的母亲,一定要做一个温和开明的好母亲。在叶紫后来的人生中无论命运多么坎坷,无论生活多么艰难,我们都看到一个在儿子面前坚强、勇敢、乐观的母亲,一个能给儿子带来温暖和安全感的母亲。这是我们在叶紫身上看到的女性的可贵品质,也是池莉要表达的女性应有的人生态度。

池莉不仅在叶紫的童年中审视了母性,还在世俗层面上,将女性和男性放在一个参照系中进行对比剖析,完成了对女性自我的认识过程。小说中的男性世界充满了荒唐和卑劣,欲望与背叛,男性中心社会被改写。《所以》中的父亲是一个符号的能指,是在位的缺席,他始终存在于这个家庭,却终其一生,经常都是一副茫然的神情。这副神情让人不能对他有什么期待和要求,似乎他总是不在场,又似乎他总是靠不住。他是母亲的代言人和某些行动的执行者,全无自我的意志和思想,而母亲才是这个家庭的核心和支柱,这样的情形同样出现在文本中的另一家庭——关淳的家之中。池莉在文本中昭示了传统父权的衰落,与此同时,池莉也让我们深思:家庭政治中的母权专制就是女性权益的保障吗?母权应当是男性专制专权的翻版吗?获得独立和家庭权利的女人该如何和男性相处?池莉以她惯常的冷静、深刻还原生活本相,在消解了男性中心的虚妄,颠覆了男性霸权之后,池莉更多关注的是男女两性的相处之道。

二、自我的寻找

叶紫自我寻找的一生便是池莉关于女性诸多问题的寻找与答案。小说中自我空间的寻找贯穿叶紫一生,叶紫在母亲的家里是没有自我空间的。童年和少年时期,她在学校和邻居那儿获得了安稳和安心,叶紫在她如鱼得水的学校里生活了十几年,在老师和同学的眼里,她一直是一个好学生、好女孩。虽然她的母亲总是对她不屑一顾,除了得知考上武汉大学的那几天,母亲的虚荣心得到满足时对她有几分热度,其余的时候仍是以小女儿为荣耀的,但是无论如何,叶紫长大成人了,当大学即将毕业的时候,叶紫感到一种深深的恐惧:她又必须回到父母的家,重新失去自己的空间。叶紫异常紧迫地感到要为自己再找一个"房间",一间"自己的屋子"。于是叶紫开始了她生命中三段凄婉而悲怆的寻找之旅。

几千年的文化浸染,使得长大成人的叶紫惯性地想在婚姻中去寻找那一间属于自己和丈夫共同拥有的屋子。第一次和关淳两个月的短暂婚姻,是叶紫在面临毕业即将失去学校宿舍这个独立的自我空间时做出的草率决定。因为"在他的家,有他一个单独的房间",而"我在关淳的房间里会很自在,我要求做自己的一些事情,关淳当然连忙答应,我可以让这间房的房门始终关着"①。然而她的单纯被无情地利用和欺骗了,他们的婚姻成为学地质勘探专业的关淳留城的借口和工具,叶紫则被分到孝感县城文化馆。叶紫关于王子和公主幸福地生活在一起的梦幻破灭了,短暂的纸上婚约以隐秘开始,也以隐秘结束。

叶紫不再相信爱情,她决定靠自己,靠自己的才华,靠自己的事业为自己打出一片回汉的天地,于是她努力地用她的才情写出一个又一个好剧本,小小的县城轰动了,她工作的小小的文化馆也出了名,省局的领导也来考察了,叶紫以为回汉指日可待,然而叶紫的单纯再一次被利用。文化馆馆长利用叶紫的谦虚,把叶紫的成果据为己有,他则升迁晋职到省里了。命运再次的打击让叶紫妥协了,向现实世俗妥协,她听从哥嫂的安排,接受军官禹宏宽的婚约以便回到武汉,以便在武汉有一间自己的屋子。然而叶紫毕竟是一个知识女性,除了渴求物质现实中自己的空间,叶紫还一心期盼理想中的精神空间,"有一点,我很清楚。即便我再渴望逃离父母,回一个别人的家,我也需要带上梦想,有情有爱"②。这是叶紫内心最深处的渴望,一个有爱的自己的空间。正是这个理由,使她一再拖延和禹宏宽的婚期,尽管禹宏宽准备的婚房很大很敞亮,电器家具应有尽有。当她调回武汉,遇到了导演华林,从华林那里感受到一点点稀薄的爱情时,她便义无反顾地选择了华林,以惨烈的方式结束了还没开始的第二段婚姻,奋不顾身地投入到第三段婚姻。

华林因破坏军婚入狱,当他从监狱里放出来后,叶紫撬开家里的门窗,叛逃的女孩在深夜,冒着纷飞的大雪,从武昌徒步跑到汉口,来到华林被前妻洗劫一空的十八平米的房子,勇敢的以为找到真爱的叶紫没有失望和恐惧,她郑重地嫁给了华林。在这个新婚之夜,在这个对于他们来说悲壮的新婚之夜,华林,这个再婚的三

---

① 池莉.所以[M].北京:人民文学出版社,2007:45.
② 池莉.所以[M].北京:人民文学出版社,2007:50.

十五岁的男人"却立刻就依偎在我的怀里睡着了,而我,一个二十七岁的女人,久久不能入眠。我像母亲一样,怀抱着自己的男人……打量着这个十八平米的空房间"①,设计着未来的生活。接下来十三年的婚姻生活正如这新婚之夜一样,男人心安理得地享受温情与照顾,女人奋不顾身、含辛茹苦地营造家园。以为找到了幸福的叶紫再一次发现自己错了,而且错得更加严重,在痛苦中花费的时间更长,损失惨重,丧失了整个青年时光。她不顾一切追求的爱情,倾尽全力去呵护的丈夫竟无耻而卑劣地背叛了她。

至此,池莉完成了叶紫的向外寻找之旅,也完成了对爱情的诠释,爱情犹如挂在天边的一道彩虹,色彩炫目,美丽诱人,然而却是可望而不可即,现实里是难以找到的,要么掺杂了更多的现实因素,比如地位、金钱,甚至阴谋,一如叶紫和关淳;要么根本没有,却还要谈婚论嫁,一如叶紫和禹宏宽;要么就是你以为存在着,并不懈地去追求它,却在日日相伴的生活里,失去光泽和意义,甚至遭遇背叛和欺骗,一如叶紫和华林。什么海枯石烂,什么地久天长,都是女人一厢情愿的幻想而已。池莉曾说:"女性总是这么单纯和轻信,总是这么感性和认真,太容易受到伤害了。女性永远都在寻找真爱,而真爱实在过于稀少,这是生活本身所存在的沉重主题。这个主题的永恒性与无解性,注定了它的心酸与凄美。"②知识女性一般都富有浪漫的气质,尤其在感情方面,女人内心深处所仰望的男人是带有神性的男人,他和世俗中的男人落差巨大,这个落差在现实中不断地被修正着,现实摧毁女人的梦幻,使她屈服,有的女人甚至在孤独与分裂里度过一生,这是女性生存上最根本的困境。

池莉不仅以叶紫的三次婚姻讲述了女人的生存困境,而且还书写了女人由外到内寻找自我的心路历程。既然爱情和婚姻如此脆弱,既然和男人共同拥有的那间屋子也是不安全的,那么女人可以有一间自己独立的屋子,正如伍尔夫所说,女人的独立,就是从一间属于自己的房间开始的。所以,遭遇背叛的叶紫,勇敢地选择了离婚之后,她说:"一个全新的家,真好!一个光明正大没有偷情的家,真是干净堂皇。"③在卸下了给她无穷无尽的灾难和痛苦的婚姻之后,叶紫彻悟了,她重新认识了自己,认识了家的意义。她突然明白家不是男人也不是别的什么人给予的,家在自己的心中,家是自己给予自己的。只要自己足够自信与独立,自己和儿子就可以建立一个温馨的家。叶紫在爱情的破灭、事业的挫折、婚姻的折磨、生存的压力、丈夫的背叛等一系列的打击下成长、成熟,并且明白自己需要什么,也明白自己应该做些什么,她明白女人的幸福不是附丽在某个男人身上,而是有自己独立的精神世界。她要重新活过,所以她说"离婚是我的再生之日"。在小说的最后,从离婚伤痛中复原的叶紫说:"作为女人,我完全有权利有资格开始新的生活。我不能被

---

① 池莉.所以[M].北京:人民文学出版社,2007:191.
② 金涛.池莉谈新作《所以》[N].中国艺术报,2007-04-01.
③ 池莉.所以[M].北京:人民文学出版社,2007:263.

一个无耻小人毁掉终身。我得尽快重整河山,尽快。""一个女人有两条命,一条死于离婚,一条生于离婚。"①在故事的结尾,叶紫站在黑夜的高楼上,虽然泪水滂沱,但是看着万家灯火一盏盏熄灭,仍有"暗号照旧的感觉",她仍会寻找,她仍会努力,去寻找生命中真正的"接头人"。虽然她生命中一再找错了"接头人",一生充满了否定、疑问和矛盾,但叶紫的一生都在努力证明,努力寻找自我的存在价值。

叶紫由外求到内实的认识过程,让我们看到了新世纪女性的自我意识进一步觉醒,看到了女性的逐渐成熟与独立,但女性的生存困境并未真正解决:没有爱情的叶紫能真正幸福吗?一个人撑起的家一定是温暖与快乐的吗?池莉以叶紫爱情婚姻的不美好,召唤人们去思考女性的情感与人生:明知爱情婚姻难以完满,但内心却还要渴求;明知事业成功要付出比男性更高的代价(很多时候是以家庭安稳幸福为代价),却还要奋勇进取。启发人们深思:为什么独立与幸福仍是现代女性的二律背反?为什么她们仍旧格外的不幸?池莉在解释《所以》书名时表示,人生充满了不确定性,生活里有太多的"因为",也有了太多的"所以",生活往往不是一些简单的等式,也往往不是一些个"因为……所以……"的纯粹因果关系,生活往往是一团乱麻。爱情作为生活的重要元素之一,更是毫无逻辑可言。于是她感叹:我实在无法想到,生活里会有这么多"因为"。但是小说中的叶紫回头审视自己的道路时,她坚定地告诉自己:"不过,我不会轻易承认这些结果。我坚信,只要我生命不息,所有的结果都是过程。我会不屈不挠的。"②这也正是池莉一贯要表达的生存哲学,不屈不挠的生存韧劲,池莉常常把它赋予书中的女性,池莉同样把它赋予了叶紫,叶紫的人生在穿越了四十年的否定之后,以她的坚韧不屈进入了人生新的境界。叶紫的人生也为女性建立独立的文化价值体系,在社会、家庭中寻找自己的存在价值,认识自我提供了有益的借鉴。

参考文献

[1] 陈熙涵.作家池莉谈新作《所以》[N].文艺报,2007-03-09.
[2] 陈志红.反抗与困境——女性主义文学批评在中国[M].杭州:中国美术学院出版社,2002.
[3] 池莉.池莉文集[M].南京:江苏文艺出版社,1995.
[4] 金涛.池莉谈新作《所以》[N].中国艺术报,2007-04-01.
[5] 池莉.所以[M].北京:人民文学出版社,2007.

---

① 池莉.所以[M].北京:人民文学出版社,2007:257.
② 池莉.所以[M].北京:人民文学出版社,2007:1.

品味《水浒传》中的"浪子"形象[①]

窦旭峰[②]

摘要：燕青是《水浒传》中少有的可亲可敬可爱的完人形象，居处恭，与人忠，执事敬，尤其面对李师师的诱惑，仍然坚定不移，为梁山大军招安立下了汗马功劳，是大圣人、真丈夫。

关键词：《水浒传》；燕青；形象解读

燕青，《水浒传》一百零八将中的天巧星，北京人，父母双亡，孤儿，卢俊义将他收养大，因"一身雪练也似白肉"，"卢俊义叫一个高手匠人与他刺了这一身遍体花绣，却似玉亭柱上铺着软翠"，"他虽是三十六星之末，果然机巧心灵，多见广识，了身达命，都强似那三十五个"，多才多艺，被唤作浪子燕青。明代文学家陈忱评价他："燕青忠其主，敏于事，绝其技，全于害，似有大学问、大经济，堪作救时宰相，非梁山泊人物可以比拟也。"[③]所言正是。

一、"居处恭，执事敬"

燕青是卢俊义心腹，自然对卢俊义诸事上心。卢俊义去泰安州东岳泰山烧香消灾，燕青力劝主人未果，便请求"伏侍主人走一遭"。当卢俊义把家事托付给燕青

[①] 本文系2020年甘肃省教育科学"十三五"规划课题"课程思政背景下地域文化融入大学语文教育研究"项目（编号 GS[2020]GHB4786）、甘肃省高校创新基金项目"乡村振兴战略背景下陇南民歌中农谚整理与研究"（编号 2020B-366）成果之一。

[②] 窦旭峰：陇南师范高等专科学校副教授。

[③] 马蹄疾.水浒资料汇编[M].北京：中华书局，1977：266.

时,燕青"主人如此出行,怎敢怠慢"的表态足以让人放心。后来,燕青被李固驱逐,在北京城没有落脚的地方,求乞度日,在庵内安身,抢在卢俊义进北京城之前的第一时间里,把家中变故告知卢俊义,也是对卢俊义将家事托付给自己的一个交代。取道去梁山泊报信的路上,燕青打倒石秀,却被杨雄一棒打翻在地。燕青面对石秀劈面而来的腰刀,"我死不妨,着谁上梁山泊报信",生死关头,竟然不忘自己的使命。燕青后来亲手捉住李固,也算是冤有头,债有主。"柴进簪花入禁院",燕青的"点头会意",对柴进"不必分付,自有道理支吾",办事机灵,显露无余。宋江想见李师师,暗里取事。燕青便让宋江遂心如愿。尤其是"燕青月夜遇道君",李师师嘲惹撩拨,燕青"怕误了哥哥大事",心生一计,拜李师师为姐姐,"中间里好干大事"。自古"英雄难过美人关",燕青面对色诱,不乱方寸,表现出超乎想象的定力,为完成梁山起义大军的招安大计立下了汗马功劳,连作者都发出了"因此上单显燕青心如铁石,端的是好男子"的感叹。"谋大事,必须一等极伶俐人,又须一等有主意人,若燕小乙为李师师所引动,如何成得招安一事。"①燕青视梁山泊的集体利益高于一切,"遇艳色而不动心"②,不愧"是大圣人"③。

二、"与人忠"

燕青虽是卢俊义的仆人,为报收养之恩,燕青视卢俊义为再生父母。卢俊义受吴用蛊惑,欲去东南方的东岳泰山烧香消灾,为防不测,燕青不畏艰难险阻甚至生命危险,第一个提出"小人伏侍主人走一遭"。卢俊义留他守家,走时"燕青流泪拜别"。卢俊义从梁山泊回家,在离北京城一里多路时,被"头巾破碎,衣衫褴褛,看着卢俊义纳头便拜"的燕青接住。身无分文的燕青要在北京城外,第一时间截住卢俊义,告知家中变故,为防主人遇害,他付出的艰辛,常人难以想象。而这一切换来的却是卢俊义的喝骂、误解:"燕青痛哭,爬倒在地,拖住员外衣服。卢俊义一脚踢倒燕青"。即便如此,卢俊义入狱,燕青手提饭罐,满面挂泪,"眼泪如抛珠撒豆",跪求蔡福,去牢里送饭。卢俊义发配沙门岛,燕青一路暗中跟随,在大树林里救得卢俊义一命,"就树边抱住卢员外放声大哭",并背着主人十数里,寻找到村店安顿歇息。因出门找"虫蚁"下饭,免遭一劫,燕青连夜取路直奔梁山泊寻找救主良策。在去梁山泊的路上,打劫杨雄、石秀不成,在生死关头,置自己生死于不顾,把报信救主看得比生命更重要。"燕青救主,已自难得……真卓老所愿百拜为师者也。"④宋江灭方腊后,率残部离了杭州赴京师朝京之时,燕青感恩卢俊义,"欲同主人纳还原受官诰,私去隐迹埋名,寻个僻净去处,以终天年",但"正要衣锦还乡,图个封妻荫子"的

---

① 马蹄疾.水浒资料汇编[M].北京:中华书局,1977:122.
② 马蹄疾.水浒资料汇编[M].北京:中华书局,1977:266.
③ 朱一玄,刘毓忱.水浒传资料汇编[M].天津:百花文艺出版社,1981:205.
④ 马蹄疾.水浒资料汇编[M].北京:中华书局,1977:102.

卢俊义哪里听劝,"燕青纳头拜了八拜",分道扬镳,"径不知投何处去了"。自始至终,燕青如影随形,成了卢俊义的守护神,对卢俊义的忠诚一以贯之,没有因时间的推移和主人的贫富而变色变味。这种懂得感恩的忠诚之士实属凤毛麟角,难能可贵,"是主仆而骨肉者也"①。

三、弩箭技艺绝伦

燕青,"更且一身本事,无人比的。拿着一张川弩,只用三枝短箭,郊外落生,并不放空,箭到物落,晚间入城,少杀也有百十个虫蚁。若赛锦标社,那里利物管取都是他的"。"放冷箭燕青救主""端的是百发百中",第一次印证了"箭到物落",只是这"物"是"两个公人"而不是"虫蚁"。"燕青两弩,都是义气"。② 第二次,燕青去寻下饭的"虫蚁",箭射喜鹊,鬼使神差,巧遇杨雄、石秀,完成通风报信、搬救兵的使命。没羽箭张清连打梁山泊一十五员大将的情况下,燕青一箭正中丁得孙马蹄,"可谓差强人意"③,但为活捉丁得孙立下了汗马功劳,一扫梁山泊出师不利的阴霾。"梁山泊双献头",燕青和李逵在月夜寻找假宋江的过程中,燕青"只一箭,正中那汉的右腿,扑地倒了"。"卢俊义大战玉田县",燕青将耶律宗云一箭射落马下,"俊义单骑力敌四将,燕青一弩房退五里,技勇绝伦,有是主,方有是仆"④,这是主仆二人在战场上同一时段里的一次完美走秀。"双林渡燕青射雁",燕青初学弓箭,却箭箭不空,虽受宋江责备,但也说明"青则多技能,尤善伏弩"⑤。

四、小厮扑天下第一

所谓"小厮扑天下第一",一是燕青第一次出手,一拳就打倒拼命三郎石秀。二是李逵都怕燕青。梁山泊好汉去京师看灯,宋江安排燕青专和李逵做伴,李逵若不听使唤,便"被燕青抱住腰胯,只一跤,撷个脚稍天"。三是"燕青智扑擎天柱",一出场,"则见庙里的看官,如搅海翻江相似,迭头价喝彩。任原看了他这花绣急健身材,心里倒有五分怯他"。燕青以静制动,用鹁鸽旋,"把任原头在下,脚在上,直蹲下献台来","数万香客看了,齐声喝彩","若赛锦标社,那里利物管取都是他的"一点都不假。四是燕青用守命扑,把自称相扑"天下无对"的高太尉"只一跤,撷翻在地褥上做一块,半晌挣不起","及捉得高俅,只用燕青一扑以慑其心,不识仍将歌儿

---

① 朱一玄,刘毓忱.水浒传资料汇编[M].天津:百花文艺出版社,1981:573.
② 马蹄疾.水浒资料汇编[M].北京:中华书局,1977:118.
③ 马蹄疾.水浒资料汇编[M].北京:中华书局,1977:120.
④ 马蹄疾.水浒资料汇编[M].北京:中华书局,1977:122.
⑤ 朱一玄,刘毓忱.水浒传资料汇编[M].天津:百花文艺出版社,1981:619.

舞女奏凯旋否？"①燕青厮扑不愧为梁山泊五绝之一，"燕青相扑，已属趣事，然犹有所为而为也"②。

五、公关超人

卢俊义上山，宋江"有三件不如员外处"，一再谦让寨主之位，卢俊义坚决拜辞不受。卢俊义心里清楚，自己坐第二把交椅，其实也是势孤力单。燕青"仪表天然磊落"，上山不久，便成了人见人爱的万人迷，上下相孚，不仅自己深得宋江等人的喜爱，无形中也给卢俊义拓展了生存空间。"燕青智扑擎天柱"时，一下献台，泰安州太守就"心中大喜"。在李师师家，全家大小"无一个不喜欢"的；甚至"官家看了燕青一表人物，先自大喜"。很快，燕青就成为宋江政治集团中能干机密、专一护持中军的人物：宋江五路人去京师看灯有他，入城探路有他；梁山泊军中传令有他；他只身一人让李师师和想"暗里取事"的宋江两次相见；"燕青月夜遇道君"，把自己"枕头上关节最快，亦是容易"的公关理论在实践中得到了完美的运用；当街跪驾宿太尉，圆满完成梁山泊招安大事。燕青和戴宗"定计赚萧让"，后又一同探听虚实。梁山泊接受招安时，忠义堂"右边立着裴宣、燕青。卢俊义等都跪在堂前"，燕青地位之高，已非他人可比。随后，燕青和戴宗奔走于宋江军营和宿太尉间，通风报信，成为外交使臣。后来，宋江只带燕青去宿太尉府中请缨征剿方腊，已成为宋江的左膀右臂。征讨方腊时，燕青假扮吕师囊帐前的叶虞候，与解珍、解宝一同混入扬州城外定浦村，杀死勾结叛军的陈观父子。燕青和柴进到方腊巢窝里面去做细作，杀了方杰，招引大军直捣帮源洞。燕青真的是"百伶百俐""资禀聪明"。

六、"全于害"

燕青一出场，语出惊人，劝卢俊义"休信夜来那个算命的胡讲"，一语道破天机，假如吴用、李逵当场听得如此明断，只怕魂飞天外，"吴用"真就变成"无用"了。燕青果然"道头知尾"。卢俊义从梁山泊星夜奔波，赶到北京城，燕青在城外等卢俊义，细诉家中遭变情形，同时劝卢俊义再回梁山泊，别做商议。明确地告诉卢俊义："主人若去，必遭毒手。"卢俊义不听，回家后，果然遭遇毒手，若不是燕青暗中保护，必死无疑。四柳村狄太公庄上，李逵海吃海喝，"燕青冷笑，那里肯来吃"，他知道，饭不是白吃的，肯定在想"鬼"的蹊跷和捉鬼救人的妙法。好在当夜李逵"捉鬼"，了却此事。离荆门镇不远的刘太公庄上，刘太公的女儿被"宋江"抢走，李逵信以为真，燕青劝李逵"大哥莫要造次，定没这事"。李逵不听，到忠义堂要杀宋江。又是

---

① 马蹄疾.水浒资料汇编[M].北京:中华书局,1977:122.
② 朱一玄,刘毓忱.水浒传资料汇编[M].天津:百花文艺出版社,1981:204.

燕青道明事情备细,并陪李逵去刘太公庄弄清事件的真相。事后,燕青让无计可施的李逵负荆请罪,宋江便派燕青陪李逵捉拿假宋江,获得"梁山泊双献头"的圆满结局。

"燕青智扑擎天柱",临行前,对宋江说:"这日必然有一场好闹,哥哥却使人接应。"到达目的地后,对随行李逵做了周密的安排,对任原和献台周围的环境布置做了详细的考察,突出了燕青的"智"。宋江征方腊取胜,离了杭州,班师回朝时,卢俊义想衣锦还乡,封妻荫子。燕青以韩信、彭越为例,劝卢俊义隐迹埋名,以终天年。卢俊义不听,"燕青涕拜而辞主"①。卢俊义后被朝廷奸臣用水银毒死,最后一次印证了燕青"了身达命"的英明。燕青真是"智足以辨奸料敌",知进退存亡之机,对未来准确的研判和把控能力,非常人可比。"辞荣禄而甘隐遁,是伟男子。"②

七、杰出的民间艺术大师

梁山泊重阳节菊花之会,马麟品箫唱曲,燕青弹筝,初露艺术锋芒。燕青要去泰安州东岳庙献台,扮作山东货郎,宋江置酒送行,"燕青一手拈串鼓,一手打板,唱出货郎太平歌,与山东人不差分毫来去",又一次展示艺术才华。在东京上厅行首李师师家,燕青吹箫,赢得李师师"不住声喝彩";然后"顿开喉咽便唱,端的是声清韵美,字正腔真"。进驻李师师家,为道君皇帝顿开歌喉,一曲《渔家傲》,"天子甚喜,命叫再唱"。第二首《减字木兰花》,直唱得"天子失惊",燕青十分机灵,紧抓机遇,哭拜于地,不仅获得皇帝的赦书护身符,而且将梁山泊一应备细奏明天子,为梁山泊招安开辟了通天之路。正所谓"更兼吹的,弹的,唱的,舞的,拆白道字,顶真续麻,无有不能,无有不会"。

不仅如此,燕青更"说的诸路乡谈,省的诸行百艺的市语"。燕青是"北京土居人氏",在岱岳庙,燕青打着乡谈跟店小二说话,应该说的是山东话,可以说难度不大,都是北方语系。燕青来到东京,在城门边,打着乡谈,接受把门军汉的盘诘,这回说的是河南话,语言难度明显增加。"宋江智取润州城"时,燕青扮作叶虞候,出扬州城,取路投定浦村,到陈将士庄,和陈将士与庄客改作浙人乡谈,这回是北京人说南方话,居然没有露出半点差错。"乡音无改鬓毛衰"道出了语言的稳固性,其难度之大,无法想象。其"灵机应变,看景生情"的能力着实让人叹服。尤其是柴进"今愿深入方腊贼巢,去做细作",深入虎穴,点将燕青为伴,也是看好"此人晓得诸路乡谈,更兼见机而作"。随后两人"出言不俗,知书通理"而一路高歌,深得方腊喜爱信任,柴进竟然做了东床驸马,封官主爵都督,燕青因改名而被称为云奉尉。这

---

① 朱一玄,刘毓忱.水浒传资料汇编[M].天津:百花文艺出版社,1981:192.
② 马蹄疾.水浒资料汇编[M].北京:中华书局,1977:266.

些"是赞他心地聪明,口舌利便耳"①。

  影视剧中的燕青经改编后,可视性更强,观众喜爱度更高。但对小说的改编,应该在尊重原作的基础上,全面把握人物的精神实质,挖掘人物性格的闪光点,释放正能量,古为今用,让历史人物放射出新时代的光芒,成为社会主义优秀文化的有机组成部分。燕青一表人物,心明机巧,身怀绝技,急流勇退;吹拉弹唱,诸路乡谈,无所不精;"居处恭,执事敬,与人忠"②,勇于担当,是"不忘初心,牢记使命"的艺术范型,"浪子"不"浪"真丈夫。"人但知鲁智深成佛,李俊为王,都是顶天立地汉子,不知燕青更不可及。"③

---

① 朱一玄,刘毓忱.水浒传资料汇编[M].天津:百花文艺出版社,1981:575.
② 四书五经[M].北京:北京出版社,1995:94.
③ 马蹄疾.水浒资料汇编[M].北京:中华书局,1977:109.

第八章　微型论坛

曾凡云：找准「痛点」，提高大学语文的教学效能

赵淑莲：爱是通往教育成功的桥梁——简析电影《芬芳》中蕴含的教育理念

周治南：实现大学语文与人文通识教育的无缝连接——在《大学语文论丛》首发式上的发言

郭素媛：完美武将赵子龙

何立明：波德莱尔为什么会「把穷人打昏」

赖若良：第八届全国高校大学语文、写作与通识教育高级研讨会发言集萃

找准"痛点",提高大学语文的教学效能

曾凡云[①]

需求是商业发展的原动力,满足消费者需求是商业发展的目标和核心,也是商业发展的"痛点"。要让大学语文课程提升存在感,并使大学语文教学及研究得到大力发展,就需要大学语文的研究者和施教者找准"痛点"。那么大学语文的"痛点"是什么?大学语文的"痛点"是学生能力发展的需求,社会各方对大学毕业生读写能力的需求。找准"痛点",大学语文教学研究和改革才有着力点。

第一,通过调查研究、精准查找"痛点"。调查研究主要从三个方面进行:

一是从社会用人单位的角度入手,找准市场"痛点"。各用人单位对大学生的口头和书面表达能力究竟有哪些需求,有哪种层次的需求?需求的紧迫性有多高,用人单位对此有何建议?从人才培养的角度来说,学校能否培养出满足社会需求的人才,进而促进学生就业率的提高?这是大学管理者不得不考虑的问题。来自用人单位的反馈信息,从某种意义上说,更能得到管理者的重视。

二是从学校管理的角度入手,找准管理"痛点"。学校管理者也意识到学生沟通表达能力的缺陷。但人才培养方案中学制的限制、理论课时的限制,迫使他们在课程开设过程中考量权衡——开设大学语文课程,是否能使学生沟通表达能力达到应有的高度。从其他学科教师的角度来看,大学语文教学结束后,在需要完成相应的口头及书面表达,尤其是书面表达时,学生能否提供基本达标的文本,促进本课程的教学。

三是从学生的角度入手,找准学生"痛点"。进入大学,学生的年龄大都在十七

[①] 曾凡云:湖北生态工程职业技术学院副教授。

岁以上,对于大多数学生来说,他们必须直面就业。自1998年大学扩招以来,大学新生入学人数逐年攀升,与改革开放以前甚至是改革开放初期不同,进入大学后,他们面对的是一个不可知的就业前景,对未来的期望和对未知的恐惧成了他们的最大压力。尤其近几年世界经济下滑、疫情影响,失业率上升。据最近较为权威的报道,2020年,大学生失业率达9%~12%。"佛系""躺平""内卷"等词语的流行,从某种意义上反映了学生面对的压力及其心理状态。对于大多数学生而言,他们也渴望"任性""世界那么大,我想去看看",但在面包未到手之前,他们只能抑制对诗和远方的需求,毕竟面包能够填饱肚子。

第二,根据课程特点,注重"痛点"的变化和差异化。在教学过程中,每一门课程都有其特定的课程目标,有对学生独特的素质、能力培养目标,有其内在的知识结构。现在入学的大学生和民国初期、改革开放初期的大学生相比,语文学习的背景和条件都产生了巨大变化,大学生语文能力和水平发展的差异明显,大学语文授课教师有必要对学生的学情进行系统而全面的了解。针对存在的问题和差异,提出不同层次的学习目标,提出有差异的要求,使学生能在大学语文课程学习过程中,产生成就感和获得感。如学生毕业后要面对可能直接影响学生的利益和发展的各式合同,对阅读有困难的学生,我们可建议他们养成十分钟集中精力阅读的习惯。一段时间后,可逐步增加阅读时间,克服对阅读的畏难情绪;对于阅读能力较强的,可以通过句式变换或同义词、近义词的调换,揣摩其表达效果的差异。通过引导,学生不仅能得到短期的、现实性需求的满足,而且能得到方向和方法技巧,适应长远的、终身发展的需求。注重"痛点"的变化和差异化,有利于学生的个性化发展,进而促进整体素质的发展和提高。

第三,丰富教学手段和教学方法,激活学生的表达欲望。随着互联网技术的进一步发展,手机的普及,学生获取知识的渠道更方便、快捷、丰富,他们要想学习某种知识或理论,既可以通过百度、谷歌等了解,也可以通过慕课、小视频等途径获得。知识获取的便利,从积极的角度来说,是对教师的解放,有利于教师将教学重点转移到发现问题、分析问题,进而解决问题之上,把课堂的主动权让给学生。通过音频、视频、文字、动画等多样化的媒介形式,问答、讨论、演讲、表演、游戏等教学方法,提高学生课堂教学的参与度,激活学生表达欲望,提高表达技巧及沟通的水平,最终达到提高大学语文教学效力的终极目的。

直面学生"痛点"的大学语文课程教学,会使学生到课率、抬头率和获得感有明显提高;学校管理层及其他课程教师也会对大学语文课程的满意度大大提高;也契合了用人单位的需求,学生的适岗性和竞争力,以及就业率都会随之提高。"痛点"思维在大学语文教学和研究中的有效运用,必定会增加学生学习的内驱力,大学语文的教学效能也必然得到提高。

总之,社会经济文化的发展,学生所面临的环境的改变,多媒体甚至是融媒体的应用,给新时期大学语文教学和研究带来巨大挑战。这种挑战是多层次、多角度的。既有教学目标、教学内容方面的,也有授课形式、授课方法层面的。针对这些挑战,我们不妨借用商业思维,从服务对象的角度出发,从发现"痛点"开始,通过对"痛点"的精准把握,与时俱进。以成就人、发展人为教学目标;改进教学内容,改善课堂组织形式,丰富教学方法;增加教学中学生的参与度,激发学生表达欲望,进而提高学生表达能力;契合包括用人单位、学校教学管理者及其他课程对大学语文教学的要求。

爱是通往教育成功的桥梁[①]
——简析电影《芬芳》中蕴含的教育理念

赵淑莲[②]

电影《芬芳》由赵哲恩导演，甘肃省委宣传部、省教育厅等单位联合摄制，甘肃润田创意文化影视传媒有限公司出品。2019年9月上映以来，得到了社会各界的广泛好评，获得"第九届北京国际电影节优秀制作中项目奖""中国教育部第35个教师节优秀观影影片"。

观看《芬芳》这部电影，在同情少年们的遭遇之时，更让观众百感交集的是德艺双馨的江老师和周老师，两位老师手持爱的火炬，秉承教育的真谛，用爱和智慧带领那些戴着心灵枷锁的自闭孩子走出痛苦和绝望的深渊，故事感人肺腑，动人心弦。

一、"以爱育爱"——让枯萎的花重新绽放

影片中，班主任江雨涵和心理医生周瑞如何用内心深处的爱打开四个孩子沉重的心灵枷锁的？第一个少年多吉，他不能释怀妹妹和父母的离世，把自己封闭在只有黑暗和无望的世界里，不与别人交流，以浴室自杀的举动表示了对世界的绝望，是周老师和江老师带他解开心结，使他终能勇敢地代替父母和妹妹继续活着。

[①] 本文系甘肃省教育科学"十三五"规划课题"课程思政背景下地域文化融入大学语文教育研究"[GS(2020)GHB4786]、陇南师专校级教学改革项目"课程思政背景下《大学语文》教学模式研究与实践"(JXGG2021017)成果。

[②] 赵淑莲：陇南师范高等专科学校文学与传媒学院讲师。

第二个少年井晓晓,因为没能在危难的时候抓住妈妈的手,自责地认为是自己害死了妈妈,爸爸的关心缺失让她内心更是恐惧。在周老师反复的劝说下,井晓晓与父亲相拥而泣。第三个少年苗郎,常年与爷爷相依为命,他难以接受爷爷的离世。当同学和老师为他还原了爷爷的搅团车时,他终于也放下了心中的执念,真正去面对爷爷去世的事实。第四个少年云草,灾难给她的心里敷上了冰霜,身体没有任何问题却站不起来。为了让她重新站起来,周老师费尽心思。终于,在自己搭档的鼓舞和引领下,她从轮椅上站起来了。四个少年,在他们最害怕、最无助的时候,两个手持爱心火炬的老师,点燃了他们内心希望的火苗,让他们能勇敢地面对现实生活,面对未来。

二、"破茧成蝶"——与坚强同行

影片告诉人们,灾难虽然摧毁了人们的家园,但人们要有向厄运宣战的勇气。面对苦难和挫折,必须学会坚强和勇敢。电影《芬芳》将启迪孩子不惧挫折,一路向着梦想迈进,昂首走出阴霾,勇敢面对生活,坚守理想,不负时代!

这些重生的孩子们"破茧化蝶",以优异的成绩读完高中。大学毕业后,他们在各个行业知恩图报,无私奉献。愿所有孩子在良师益友的教诲中,不仅低头见鞋面,也敢抬头看天空,不惧任何挫折,愈战愈勇,活出精彩人生!

三、"大爱无疆"——让生命散发芬芳

有国就有家,有国就有爱。党中央的深切关怀,让人间大爱浸润。重建的博飞中学,成了缺父少母的孩子们生活成长的"新港湾";以爱育爱的老师们,成了他们终生难忘的亲人。在这个群体中,凝聚着各界的关爱。

苦难让人唏嘘、让人叹惋,但苦难过后是痛定思痛,把重头戏放在"赈灾救人,教育救心"的深远主题上,让集聚着大爱和智慧的教育,结出希望之果,使芬芳永续!

人生并不是一条笔直的路,有逆风,也有急转。《芬芳》结尾处的天问,既是女主角对遇难同胞在天之灵的告慰;又是对难舍难分的同事周瑞情切切、意绵绵地寻找;更是坚守初心、为理想而战的宣告,剧有终而意无穷。《芬芳》启迪每一个备受心理疾病和痛苦折磨的青少年懂得珍惜生命;启迪经历自然灾害仍心有余悸的父老乡亲看到阳光与美好;启迪青年们不负韶华和时代,用理想和智慧再谱新时代的青春之歌。

四、"感恩生命"——拥抱春天

世界因生命而精彩。珍爱生命的人,无论何时何地,无论遇到多大的挫折,都不会轻易放弃生的希望。当你的生命为他人开放一朵花,灿烂一片地,增添一份温暖,你生命的芳香就会沁人心脾。一声关切的问候,一句温馨的祝福,一次跌倒后的搀扶,一次碰撞后的微笑……当这一切在你的心田荡漾着涟漪的时候,你一定会感受到一种温情、关爱的芳香。当你凝视那些普通的生命,你会发现他们的生命正在静悄悄地开放,把芳香留给了世界。冰心写过这样一首富有哲理的小诗:"成功的花,人们只惊慕她现实的明艳!然而当初她的芽儿,浸透了奋斗的泪泉,洒遍了牺牲的血雨。"成功的花朵,只有在汗水的浇灌下,才会更加明艳!

"习近平总书记说:'爱国,是人世间最深层、最持久的情感,是一个人立德之源、立功之本。'思政课应引导学生丰盈爱国情、激发强国志、深化报国行。"影片将启迪人们感谢党,在党中央的亲切关怀下,国家为他们重建了学校,这里成了这些流离失所、失去亲人的孩子们的"新家"。影片启迪人们要感谢在灾难来临时伸出援助之手的支持者,在无数社会人士的大力支持下,群众重建了新家园、学生有了新校园,也开始了新的读书生活,他们学有所成,最后选择回报社会。

五、"教育救心"——新时代的教育主题

电影一开始,映入观众眼帘的是一片绿色,紧接着,一场突如其来的暴雨,打破了本来的安宁。一夜间,一切都毁了。泥石流不仅卷走了少年们亲人的生命,同时也带走了少年对世界的憧憬。他们眼里无泪,也无光,只剩下忧郁和无尽的悲伤。无情的泥石流,淹没这片绿色的各个角落,当救援人员背后写着:"不放过一条生命"时,观众已经泪眼盈眶,被这句话深深感动……

"电影讲述了因一场特大泥石流给学生造成巨大心理创伤后,党和政府立即安排心理医生和教师,对学生积极展开安抚'救心'的故事。从思政视角赏析该剧,贯穿其始终的'救心'思想,是铸魂育人这一时代教育主题在艺术上的一个反映。"电影最动人心弦的是赈灾救人,教育救心的主题。"低着头只能看到脚面,抬起头可以看见这个世界""赈灾救人、教育救心""人生并不是一条笔直的路,有逆风,也有急转"这是《芬芳》中的金句,也是新时代的教育主题,它道出了教育与生存的实质。老师们大爱的教育方式令人感动。师德、师魂、师表跃然荧屏,也深入人心。

六、"坚守初心"——做一盏暖心的灯

爱是最好的教育,坚守初心,关心学生,是老师走进学生心灵的金钥匙。影片

中周老师和江老师用爱的钥匙,为多吉打开了沉重的心灵枷锁,让他自己释怀,代替父母和妹妹继续好好地活着。是老师们用爱的钥匙解开了井晓晓的心结,也解开了晓晓与父亲间的心结。爱是最好的教育,是人类的灵魂,是人与人沟通的桥梁。是同学们和老师用爱帮苗郎还原了爷爷的搅团车,使他终于放下了心中的执念,真正面对爷爷去世的事实,并且原谅了父母,得到了内心的救赎。爱是最好的教育,爱能点燃学生心灵的火花。老师们费尽心思,用爱和智慧鼓舞云草,引领她从轮椅上站了起来。老师们把全部的爱都倾注在学生身上,才使得这些遭受重创的"花朵"重新沐浴阳光雨露。

电影《芬芳》告诉人们:爱是战胜苦难和挫折的桥梁,爱会使人们在苦难和挫折面前变得坚强和勇敢;爱是通往成功教育的桥梁,聚集着大爱和智慧的教育,必将培育满园芬芳。爱让枯萎的花朵重新绽放,芬芳永续。2020年初,在举国上下争分夺秒防控疫情时,一个个从四面八方驰援武汉的"逆行者",把自己的安危抛在身后,果断坚定地奔赴武汉防疫最前线。人间沧桑,大爱无疆,爱在,春天会来,樱花会开,希望常在,一路芬芳。影片向人们传递着一种文化精神力量,人世间曲折坎坷的不是故事,而是精神。正是这种感恩生命的精神,让中华民族世代传承,生生不息。

参考文献

[1] 王苹.守好思政主阵地 厚植学生爱国情[J].北京教育(普教版),2020(10):1-5.
[2] 马兰酶,豆恩民.铸魂育人:新时代的教育主题——思政视域下电影《芬芳》的"救心"寓意[J].中学政治教学参考,2020(39):56-58.

实现大学语文与人文通识教育的无缝连接
——在《大学语文论丛》首发式上的发言

周治南[①]

由湖北大学文学院主办,华中科技大学出版社出版发行,杨建波教授主编的《大学语文论丛》第一辑已经付梓成书。这是大学语文教学研究领域里的一件大事,也是一件大好事!《大学语文论丛》的问世,有利于大学语文教学研究的深化,有利于加强大学语文学科教育,有利于推动人文通识教育渗透教学。

一、有利于大学语文教学研究的深化

在众多大学学科教育中,大学语文遭受冷遇,不受重视,有点像弃儿。我们感谢湖北大学领导义无反顾地收养了这个孤立无援的弃儿,为湖北省暨武汉地区大学语文研究会创造了优厚的成长条件。特别是湖北大学文学院,他们呕心沥血,甘当保姆,呵护备至。湖北大学文学院为我们配备了强大的学术带头人。先有张国光、胡忆肖教授披荆斩棘,后有杨建波教授劈波斩浪,再有石锓教授继往开来,湖北大学语文研究会才有今日骄人的成就,成为全国大学语文研究界一支学术能力强盛、教研成果厚实的劲旅!我们衷心感谢湖北大学、湖北大学文学院的无私奉献!

改革开放初期,为了早出人才、快出人才,我国高等教育有一种重理轻文的倾向。华中科技大学的前身是一所纯粹的工科大学,前领导杨叔子先生是国内大学人文教育的积极倡导者和践行者,这使我想起了人民日报记者龚达发同志采访撰

---

① 周治南:武汉船舶职业技术学院教授。

写的一篇题为《人文之光照耀科学摇篮》的专题报道,在国内高等教育界影响深刻。时至今日,大学人文通识教育已蔚然成风,华中科技大学是我国大学人文素质教育、通识教育的主要策源地。大学语文是人文通识教育中得天独厚的教学资源,开发前景极为广阔。现在,华中科技大学出版社独具慧眼,与湖北大学语文研究会联手创办人文教育基地,共同推出了《大学语文论丛》教研文集,在大学人文通识教育领域,算得上强强联手,在改善大学人文通识教育方面独树一帜,可谓出手不凡。

当前,大学语文教育仍然存在不少问题,大学语文教育研究亟待深入。《大学语文论丛》为我们的研究与教学活动开创了不可多得的有利条件。

唐代教育家韩愈有一个"小学而大遗"的说法。旧社会的儒家教育,只有读经教育,歧视语文知识与能力教育,视语文知识与能力为"小学",把"修齐治平"列为"大务",这其实仅属于思想政治课和历史文化课,不是语文课,读书人语文能力的养成是思政教育的副产品。不管是读圣经、佛经、四书五经或者其他什么经,单纯的读经教育都是最传统的,也是最落后的教育形式。这种教学模式不接地气,不切合语用实际,培养的大多是一些只会咬文嚼字、做新老八股文章的老古董,西方称其为"原教旨主义"。语文学科教育的本质是培养学生的语文应用能力,这是学生走向社会所必须具备的自立能力。语文教材选文浸透人文精神,具有精神成人的教育优势。语文教学在发展学生语文能力的同时,利用学科渗透原理,恰到好处地兼顾了人文通识教育。当大学人文通识教育呼声高涨的时候,当语文教育成为通识教育最佳载体的时候,现代语文教育本身有可能进入一个新的误区。处理好语文学科和语文教学的关系至关重要,语文教育和通识教育血肉相连、相辅相成,不能厚此薄彼,要用大学语文教育带动人文通识教育,不要用人文通识教育取代大学语文教育。提倡阅读红色经典、阅读优秀传统文化经典没有错,是大学语文的应尽义务,但不是主责,不能因此喧宾夺主、唱衰语文!

语文学科的教育目标是帮助学生提升语言文字运用技能,我们不能舍本求末,更不能本末倒置。比如,把"大学语文"更名为"思政语文""人文语文""国学读本""大学国文"的提法就不够妥帖,值得商榷。如果把大学语文课程和思想政治课程、历史文化课程等同,大学语文就失去了自己的专门性和独特性,等于是把大学语文进一步边缘化。应该把语文和思想政治课程、历史文化课程、文化比较课程严格地区别开来,把作为必修课的大学语文和相关的文化素质教育选修课区别开来。

语文技能主要指文字、词汇、语法、修辞、逻辑、阅读和写作能力。大学语文应与中小学基础语文教育相区别,应把教学的侧重点放在语用实践方面,包括生活语用和职业语用,书面表达和口语表达,建立语体语用感受,追求语言运用的合理性、合规性、准确性(甚至是精确性)、生动性和深刻性。

目前,语言文字运用的情况乱象丛生,包括:不良或不规范的网络语言泛滥成灾;电子输入胡乱通假(手写输入形近字相混,拼音输入同音字相混,语音输入方言与普通话相混);受民粹主义影响,语言文字返祖现象突出(繁体字、文言格式有所抬头);生搬硬套外来语汇(如"内卷"一词的引进)、逻辑性语病严重;中西文混排格式的规范化跟不上形势的发展。一些知名大学领导发言也错漏百出,何况学生。学生语言文字能力和修养亟待提升,语文教学研究亟待深化。

大学语文应该在语文学科教学与人文通识教育渗透教学方面双管齐下,一箭多雕,一举数得。

二、有利于加强大学语文学科教育

大学语文学科虽然至今没有教育名分,但其教育目标的定位是明确的、可操作的、被长期的教学实践所证实了的,大学语文教育的主要目的是在基础语文学科教育之上进一步提升学生的语言文字运用能力。语文学科教育所依托的教学手段主要包括阅读教学、写作教学和口语运用能力培养三个方面。语文以学习语言为本,不能舍本求末,本末倒置。强调通识教育没错,但不能因此挤压语文学科教育的空间。

1. 阅读教学

阅读教学的中心任务是培养阅读能力。阅读能力是人们获取新知、不断自我完善的重要能力。阅读是精神的源泉,是创造的源泉,是提高生活和工作质量的重要途径。阅读能力的形成是不断加强阅读实践的结果。将学生领进阅读之门,是语文教师的首要职责。

2. 写作教学

写作是人类思想活动的外现,是人类社会精神家园的建筑材料,是社会传递信息、交流思想、传播知识、创造财富、实现管理的重要手段。随着信息化社会的开启和提速,写作能力已然成为现代人一项不可或缺的技能,是语文教育的一个不可旁落的教学目标。

3. 口语运用能力培养

叶圣陶解释"语文",认为"口头为'语',书面为'文',文本于语,不可偏指,故合言之"。口语是日常生活中的主要交流方式,口语也是工作环境中频繁应用的交际语言与工作语言,包括使用普通话、口头汇报与工作报告,讨论、洽谈与辩论,专业语汇、交际辞令和礼貌用语等,成熟的口语表达是书面语言的基础。口语教育也是大学语文教学不可忽略的一个方面。

三、有利于推动人文通识教育渗透教学

渗透教学是指利用学科之间的交叉关系,彼此兼顾的教学方法,也称学科融合。语文的外延与生活的外延相等,语文和生活具有重合性。语文教学因此具有

多向度特征,开展大语文教学实践,大学语文老师要当好"全科教师""全厨料理",实现多学科渗透,以此帮助学生建立健全人生信念、道德观念、价值体系、形成世界观,积累人文常识、科技常识和生活常识,教导学生了解社会、认识社会、走进社会、融入社会,语文教育与通识教育浑然一体,在语文教学中兼顾通识教育是语文教学的一种境界,一种责任,责无旁贷。

多学科渗透是语文教学的基本特征。利用大语文教学特性可以互为推动、实现一箭多雕的教学效果,说话和写作是经验的体现、是思想的外显,知识面越宽、经验越丰富,学习语文就会水到渠成,效果最佳,即所谓"读书破万卷,下笔如有神"。语文学习从来都是和个人的成长相结合的,个人的成长经历可以加速语文的学习效率,语文的学习可以促进个人的成长进度。语文说到底就是在打造个人的学习能力,适应学习型的社会。

大学语文课程中的渗透教学主要包括:

(1) 社会生活教育渗透。其一是思政教育,帮助学生拥护党的领导,热爱社会主义制度,建立文化自信、制度自信、理论自信;其二是道德教育,即价值观、人生观、世界观三观教育。帮助学生适应社会生活,面对各种复杂的社会环境具有正确的应对能力,为社会的文明进步添砖加瓦,做出个人应有的贡献。

(2) 人文素质教育渗透。包括中华民族优秀文化传统教育(通过国学经典阅读,领略中华民族传统美德之精髓,激发爱国主义情感),国际理解教育(利用外国文化、文学作品的阅读教学,增进不同文化背景、不同种族、不同宗教信仰和不同区域、国家、地区之间的人们相互了解、相互包容,促进和平,加强合作),审美教育(含理解与欣赏人性美、社会美、自然美、语言美,以及文学、音乐、舞蹈、绘画、雕塑、建筑、服饰、书法等其他形式美的教育),等等。

(3) 科技常识教育渗透。很多人爱把人文和科技对立起来,就像把文科和理科决然对立起来一样,这是错误的,是一种偏科误导,不利于人的全面发展。科技教育其实是人文教育的一个方面。科技是第一生产力,科技是人类认识自然的积极成果,科技文明带动着人类社会文明发展的方方面面,这些方方面面的文化积淀就是我们所说的人文知识。人文学者绝对不能是科盲,科学家也应有丰厚的人文修养与建树。"两耳不闻窗外事,一心只读圣贤书"的"书呆子"式学习方法不可取,许多科学家同时也是思想家、教育家或者艺术家。

人的全面发展是我们教育的宗旨,大学语文是人的全面发展不可多得的教学资源。充分挖掘、利用这些资源,促进人的全面发展,是我们大学语文教学研究的根本任务。包括语文素质与能力在内,要平衡发展,不能偏重一面,赶时髦,图表现,以致误导学生的发展。

这些话题是我个人的见解,有待进一步深入探讨。可喜的是,《大学语文论丛》面世了,这将为大学语文教学的深化发展发挥不可低估的作用。《国家"十一五"时期文化发展规划纲要》提出"各高校要开设面向所有学生的大学语文课",十多年来,大学语文仍然处于"失落"的地位,老师们左冲右突,其实是抱团取暖,相互安慰。这下好了,《大学语文论丛》给予我们大学语文教师一个发言的平台,众人拾柴火焰高,众手浇开幸福花,《大学语文论丛》吹响了冲锋号,就让我们依托这个平台,走进新时代,开掘新文科,轰轰烈烈地做出一番成果!让大学语文课程不断升温,完成从"冷门"向"热门"的转化。

完美武将赵子龙

郭素媛[①]

对于"三国"人物,我们都很难给出明确评价,这些人物或罪大恶极或瑕不掩瑜,但每个人身上都或多或少有缺憾。唯独"常山赵子龙",这个一直以来没有获得过多关注的低调武将形象,反而在今天受到越来越多的关注和赞赏。赵云不仅"一身是胆"、英勇善战,而且具有深明大义、公正无私的优秀品格,是民众心中完美的武将。

一、历史人物赵云

历史上对赵云的记载,主要存在于《三国志》和裴松之注中。《三国演义》中的赵云作为蜀汉两朝元老,追随先主刘备,并两救后主刘禅,是一名不可多得的将才。

历史上的赵云并没有显赫战功。《三国志·蜀书·关张马黄赵传》对于赵云的记载颇为简略,仅有四百余字。检点赵云生平大事,一为当阳长坂坡救主,一为箕谷失利。不仅平淡无奇,而且箕谷失利后还被降职。与"五虎将"中的其他四位相比,赵云也迟迟未能拜将封侯,可以说是最没有存在感的人之一。

二、宋元时期民间的赵云形象

一直到唐代,有关赵云的文学作品和民间传说都极少。现在仅有的记载出自位于韩国忠清南道扶余郡定林寺五层石塔底层的《大唐平百济国碑铭》碑文。碑文

[①] 郭素媛:文学博士,山东青年政治学院教授。

中有一句话"赵云一身之胆,勇冠三军",与"关羽万人之敌,声雄百代"并举。直到宋元时期,经过讲史艺人、元杂剧作者的加工创作,赵云形象才逐渐丰满起来。

元代讲史话本《三国志平话》中,通过对"长坂救主"等情节的夸张、渲染,对赵云形象进行了富于浪漫主义色彩的塑造。在《三国志平话》中,赵云登场时为袁绍之将,当时刘备失了徐州,与关张相失,欲向袁谭借兵以讨曹操,袁谭久不能决,因此刘备晚上归馆之后,乘酒短歌一首,歌曰:

> 天下大乱兮,黄巾遍地;四海皇皇兮,贼若蚁。曹操无端兮,有意为君;献帝无力兮,全无靠倚。我合有志兮,复兴刘氏。袁谭无仁兮,叹息不已!

此时,西廊下有一将听得玄德此歌,应声而和曰:

> 我有长剑,则空挥叹息。朝内不正,则贼若蛟虬。壮士潜隐,则风雷未遂。欲兴干戈,则朝廷有倚。英雄相遇,则扶持刘邦。斩除曹贼,与君一体!

此即赵云赵子龙也。后来赵云便以刘备为仁德之人,舍了袁绍跟随刘备。长坂坡一役,赵云单枪匹马入曹军,于百万军中与主公救阿斗,至刘备平定益州,恩封五虎将军,赵云被封为立国侯。上述记载中,可以明显看出赵云在民间传说中形象的提升。

元杂剧中,三国戏数量众多,因跟随刘关张等,赵云出场率颇高,但多是配角。以赵云作为主角的杂剧有《赵子龙大闹泥塔镇》,但已失传。总的来说,这一时期赵云形象相对比较单薄,"勇"和"忠"是其主要的形象特征。

三、《三国演义》塑造的赵云形象

直到罗贯中创作《三国演义》,经过增饰、加工,最终将赵云塑造为一位近乎完美的武将。比如"长坂坡救主"一段,《三国志》及"裴注"中仅有百余字的记载,而在《三国演义》中扩展为将近四千字,即第四十一回《刘玄德携民渡江　赵子龙单骑救主》。

赵云"单骑救主"的英勇行为被曹操惊叹为"世之虎将也",赵云"忠以卫上""勇冠三军"的壮举使他成功跻身三国一流战将行列。为塑造赵云的完美武将形象,弥补历史上赵云"战功不著"的缺憾以及文学形象的单薄,罗贯中还虚构了许多赵云的故事,如"磐河救公孙瓒""北海救孔融""卧牛山投刘备""穰山斩高览""保诸葛亮,过江吊丧""迎接张松""推荐李恢,说降马超""败徐晃,降王平""斩金环三结,一擒孟获""凤鸣关力斩五将""天水关战姜维""箕谷道断后"等。①

赵云在《三国演义》中,出现的回目很多,而且经常作为关键人物出现。"长坂坡救主""截江夺阿斗"自不必多说。七星坛祭风后,诸葛亮离开七星坛,是赵云奉命接应;刘备为娶孙权之妹而有东吴之行,其间一直是赵云护送;诸葛亮去东吴吊丧,只带赵云随行,周瑜部将虽然想对诸葛亮下杀手,无奈惮于赵云在而终未成。

---

① 王威.赵云形象史研究[D].杭州:浙江大学,2011.

四、赵云形象寄托了作者对武将的审美理想

赵云能够成为《三国演义》中颇具传奇色彩的一位战将，并不是一个巧合。这首先要得益于赵云当阳救主的传奇经历。陈寿《三国志》对于赵云的记载，主要停留在当阳救主和箕谷失利两件事上。长坂坡失利是刘备一生中最为惨痛的一次失败，在这次逃难中，刘备抛妻弃子落荒而逃，但是赵云却在这一次失败当中脱颖而出，救下后主与甘夫人。如果不是赵云，刘备这次难免陷入家破人亡的境地。而正史对于这件事情的记载又比较简略，这就为后世小说家的发挥留下了极大的余地。可以说，长坂坡一战是《三国演义》全书的一个高潮，而赵云则又是这一情节中最主要的一个人物。他不仅神勇无比，而且还赢得了敌人的钦佩，连自许甚高的曹操都夸赞他"真虎将也"。

《三国演义》中的赵云不仅武艺高强、英勇善战，而且品貌出众。他具有深明大义、公正无私的高尚品德。第八十一回《急兄仇张飞遇害 雪弟恨先主兴兵》，刘备为报关羽之仇，欲起兵伐吴，被赵云劝道："汉贼之仇，公也；兄弟之仇，私也。愿以天下为重。"毛评曰："先君臣之公义，而后兄弟之私仇，子龙独见其大"，"子龙见识有大臣、谏臣之风，不当以战将目之。"[①] 第五十二回《诸葛亮智辞鲁肃 赵子龙计取桂阳》中，赵范想把美貌的寡嫂嫁给赵云，被赵云义正辞严地拒绝了。有意思的是，赵范的这位寡嫂改嫁的条件是"第一要文武双全，名闻天下；第二要相貌堂堂，威仪出众；第三要与家兄同姓"。赵范的这位寡嫂提出这样的条件，不能说自视不高，然而她肯与赵云见面，说明赵云在当时是符合条件的。这从侧面反映了赵云文武双全、相貌出众的完美形象。

赵云对刘备父子的追随、扶持，表现了他义重如山、沉稳内敛的典范形象。赵云和刘备、刘禅两代君主的关系也非同一般。他在早年即追随刘备，刘备把他视作心腹，乃至"同床卧眠"（《三国志》裴松之注）。他除了长坂坡一战舍身护主之外，还曾经截江夺阿斗，先后两度救下后主。这样的功劳，在封建社会足以成为巨大的政治资本。然而他并没有居功自傲，一直是谦虚谨慎的，这与五虎将中的其他四位形成了鲜明对比。

总体来说，《三国演义》中的赵云武艺高强，又谨慎低调，居功不自傲，且品德高尚，意志坚定。他不似关羽骄傲，不似张飞莽撞，身上更富有儒雅平和的中庸之气。小说作者对于文臣形象的塑造，于诸葛亮着力最多；而对于武将形象的塑造，无疑在赵云的形象上下了很大功夫。虽然赵云不如关羽、张飞夺目，然而其低调中却寄托了小说作者的审美理想。可以说，赵云这一人物形象就是小说作者的武将审美理想的具体体现。在作者眼中，赵云要比关羽、张飞更加接近于"完人"。

---

① 陈曦钟等辑校.三国演义会评本（下）[M].北京：北京大学出版社，1986：984.

波德莱尔为什么会"把穷人打昏"

何立明①

早些年,我读巴金翻译的波德莱尔散文集《巴黎的忧郁》,有两篇印象很深,一篇名叫《绳子——给爱德华·马奈》,另一篇名字是《把穷人打昏吧》。之所以印象深刻主要是对文中描述的感觉很不舒服。前者恶心,写众人在一家吊死了孩子的屋门口排队,乞领屋梁上一截剩下的绳头;后者血腥,写一个富人见了路边乞丐不但不怜悯,反而上前一顿暴殴,乞丐肋骨断裂、面孔流血。问题是,波德莱尔行文如此有违"文明",但此文集却被一代代读者和批评家予以肯定,这是为什么呢?

后些年,我渐渐对波德莱尔笔下"反文明""反审美"的文风有了一定的理解。一是文学上的理解,二是文化上的理解。这里以《把穷人打昏吧》为例,与大家讨论分享。

先说说文学上的理解。一般都知道,波德莱尔的创作属于"恶之花"写作。"恶之花"的写作是后现代性写作,是对现代性的批判。"现代性"这套话语,在《把穷人打昏吧》之中被形容为是一本"当时最时髦的书"。这本书讲世界,用两个"神话"讲了一个"大写的人"的故事。什么是"大写的人"?如"用特殊材料制成的人"就曾是"大写的人"的一个时髦表达;在《把穷人打昏吧》中,"大写的人"则为"(穷人)是被废黜的王子",即将一个可怜的人(或穷人)定义为有"王子"资质的人。这个"大写的人"背后由两个现代性"神话"做支撑:一个是人的本质论,另一个是历史目的论。说世上可怜的人(或穷人)本质是血脉高贵的"王子",当下可怜人或穷人不过是"王子"冠冕暂时"被废黜"了。贫穷不要紧,时间是进步的,历史会前进,终将有一个

---

① 何立明:武汉城市职业学院教授,成都东软学院聘任教授,全国大学语文研究会理事。

"好"的故事来临。这好比"英特纳雄耐尔一定会实现",可怜人或穷人只需等待。

然而,波德莱尔却不以为然,他看穿了这些随古希腊理性而来的"苏格拉底的精灵"——抽象概念——的虚无。他举笔为旗,在《巴黎的忧郁》中剁烂"概念"的美好,搭建一座破碎斑斓的"恶之花"城市。《把穷人打昏吧》就是"恶之花"城市中一个"剁烂"的故事。这天,"我"在街上走,不期遇到"一个乞丐把帽子伸了过来"。这天,"我"脑子在"善天使"的冲动下,突破了"苏格拉底的精灵"阻扰。这天,听到"它和我说:'谁能感到平等,谁才能和别人平等;谁知道争取自由,谁才配得上有自由'"。这天,"我"意识到平等是在场建构的结果。随即,立刻,马上——

> 我冲着乞丐奔去。一拳打在他一只眼上,那只马上肿得像个皮球那么大。我在敲碎了他两颗牙齿时把指甲弄折了。由于我生来瘦弱,又没有好好地练过拳击,为了尽快地把他打昏,我一只手揪住他的领子,另一只手去掐他的脖子。接着,又拼命地往墙上撞他的脑袋。……接着,我用足了劲向他后背踢了一脚,把他的肩胛骨踢断了。于是,这个六十多岁的老头子便倒了下去,我就抬起地上的一根粗树枝,狠命地抽打他。我不停地打,就像厨师要剁烂牛排一样。

早些年,每每看到这里很不舒服。为什么一个人这么凶残地殴打一个六十多岁的乞讨者?古人云:人皆有不残人之心。而文中的"我"毫无怜悯、恻隐、辞让和是非这"四端"之心,面对一个"穷人",就像"剁烂牛排一样"。不理解的是,作者波德莱尔竟然站在暴力一边。更不能理解是这样残暴文字,居然在近现代文学中得到一片喝彩。波德莱尔何来权能?

后几年我再读《把穷人打昏吧》,知道了波德莱尔是拥有上述权能的。这权能就是现代进程中的文化逻辑。第一是褒贬标明了文风。此文的暴力是借"后学"武器与"规整"的现代性斗争的一个标志。"我"的原始力敲打了被标签固化的"乞丐"(可怜人或穷人),也是冲击读者脑子里"被废黜的王子"的固化概念。此举是在"当时最时髦的书"中插入了"反"时髦的风向标。第二是文体标志了意图。这则反讽寓言,讽刺了现代性对文学创作活动"类似催眠术"的负功能。第三是情节标识了理路。开篇说自己一直以来读了满满当当"当时最时髦的书",被书本告知做人"处处顺别人的意志"是一条幸福之途,催眠"我进入一种昏头昏脑、半呆半痴"的享受中。接下来在生活现场中,击垮了"我"的(不如说更吸引"我"的)却是一个乞丐的眼光——"能使皇冠落地"的眼光——激活身体中的"善天使",冲脱了"苏格拉底的精灵"封锁;继之一场暴力,"剁烂"了"被废黜的王子"的空壳:一个乞丐形象变换成一个"重新获得了生命和骄傲"的新形象:"先生,您和我平等了!"

到此,文学上的理解(合理性)说完了,再说说文化上的理解。这里再次提出这样一个问题:早些年,为什么读到"不停地打"那眼睛、牙齿和肩胛骨,它们"剁烂牛排一样"粘在乞丐身上,会感到呼吸急促、满满的悲悯?而波德莱尔对这般暴殴"穷人"为什么毫不心虚?那个乞丐为什么反而对打人者发出感激:"他发誓说,他完全明白了我的学说,并听从我的劝告。"

到后来,我读到一篇署名为傅有德的文章《希伯来先知与儒家圣人比较研究》,很受启发。此文使人意识到:作为中国读者的我与作为西方作者的波德莱尔之间,存在着追随东方圣人与西方先知两种传统的文化差异。傅有德说,"举凡一种宗教或文化传统,大都同时倡导仁爱与公正。"但不同的是,西方宗教育出先知,中国儒教养出圣人。先知意味着公正,圣人象征着仁爱。

西方先知也讲仁爱,但在仁爱与公正之间偏重公正。如《圣经》讲爱,首先是爱神,其次才爱人,爱人也是缘于爱神。爱就是履行上帝的律法,就是讲公正(公平、正义),讲赏罚分明。上帝是超越的,上帝的律法也是超越庸常情感的,上帝的赏罚不会顾忌人间感受。由此影响到西方先知,有一个突出的精神表现,就是社会批评大勇无畏。细言之,波德莱尔是基督徒,信上帝,其文学中的真善美及其表现,亦浸于先知文化之中;不偏好人伦、注重德行,只注重神启、专攻真理。由之,要理解波德莱尔《把穷人打昏吧》一文的美学精神,先要认识超越性、绝对性的先知文化。

多说一句,儒家也有公正的思想,但在圣人那里,公正是从属的,仁爱则处于核心位置。由之,中国文学讲人间情怀,长于仁爱,多是怜悯。总之,一个是公正胜过仁爱,一个是仁爱压倒公正。作为中国读者,我们自小受圣人文化熏陶,早年初读波德莱尔《把穷人打昏吧》,第一自动反应无逃于"安得广厦千万间"的悲悯情怀,这是自然的。

第八届全国高校大学语文、写作与通识教育高级研讨会发言集萃

赖若良[①]

摘要：2021年5月，由全国大学语文研究会、中国写作学会指导，高等教育出版社主办的"第八届全国高校大学语文、写作与通识教育高级研讨会"在浙江绍兴召开，以促进全国各民族共同发展和共同繁荣，实现中华民族伟大复兴为目的，培养具有健全的人格、人文精神和综合素质的人才，深化大学生对中国特色社会主义的政治认同和思想认同，关注大学生的人生规划、人文素质、人际沟通和人格的塑造，启智、立德、创新，为铸牢中华民族共同体意识提供了文学和写作层面的重要观照。

关键词：大学语文；写作；人格；综合素质；人才

为响应《新文科建设宣言》，进一步加强"通专结合"的教学研究及改革的实践探索，推动大学语文、写作与通识教育领域的学术交流与教学经验分享，由全国大学语文研究会、中国写作学会指导，高等教育出版社主办，浙江省大学语文研究会协办，高等教育出版社上海出版事业部承办的"第八届全国高校大学语文、写作与通识教育高级研讨会（2021）"在浙江绍兴召开。[②] 此次会议进一步明确了大学语文的学科定位，提出了符合新文科"新思想新目标、传承创新、跨学科融合"的教学目标和要求。

---

① 赖若良：昆明理工大学津桥学院教授。
② 第八届全国高校大学语文/写作与通识教育高级研讨会（2021）召开[EB/OL].（2021-05-19）. http://www.eyjx.com/view.asp? id=8626.

我们生活在一个日新月异的信息时代,知识爆炸与网络技术似乎让人们把重要的东西淡忘了。作为一门传承和弘扬中华优秀传统文化、提高学生语用素养、提升审美能力、培养人文精神的重要课程,胡伟认为,大学语文应以经典为镜,引导大学生自我塑造,多为国家培养一些具有较高人文素质的劳动者。① 随着市场经济和大众传媒的深入发展,大学校园也不免受到消费主义、娱乐主义的侵染,人文素质教育面临着前所未有的挑战,部分学生道德信念缺失,思想观念、理想信念、人生观和价值观不够成熟。大学生,尤其是边疆地区院校大学生的价值观也受到经济市场化、思想多元化、表达网络化等因素的冲击。姜春认为,高校审美教育不足或缺失造成学生心态功利化、势利化;审美情趣庸俗化、低俗化;人格心理不健康、不健全;精神滑坡,道德沦丧,狭隘自私,唯利是图等问题。② 在塑造学生健康人格的过程中,写作教学尤为重要。2021年5月,笔者参加了"第八届全国高校大学语文、写作与通识教育高级研讨会",感受颇深,既有效地拓展了自己的教学理念、学术视野和专业知识,也加深了本人对新时代立德树人的要求、新文科建设中大学语文写作教育意义的认识,对自己所处边疆院校的大学语文、写作教育、素质教育以及通识教育有了进一步的体会和把握,以包容性、开放性、公共性的心态重新理解了大学语文这门学科,试图将大学语文与现代教育技术、自然科学、语言学、历史、哲学、艺术审美结合,力求做到线上线下积极互动,培养学生树立正确的价值观,陶冶高尚的情操,满怀丰富的人文情怀,激发学生对生活的爱与对美的寻求。

一、大学语文和写作教育是素质教育,同时涵盖了通识教育,二者密不可分

北京理工大学庞海勺教授认为:通识教育,就是通过对知识的融会贯通,使受教育者具备"择其善而识之"的能力,成为人格健全、视野开阔、和谐发展的完整之人。素质教育是先天的禀赋和生理基础加之后天教育和社会环境影响,内化而形成的稳定的身心品质和综合素质,涵盖通识教育。

匡亚明先生认为,作为人类灵魂的工程师,语文教师的任务不仅仅在于传授语文知识。中华民族文化的精华表现在语文材料中,数量最多、最集中,通过语文教学,教师应进一步把我国的优秀文化传统和民族精神传授给学生。所以,会上,南京大学文学院院长徐兴无教授也提出,大学语文必须开展语文技能训练,主要是写作训练,要让写作成为生活方式之一。写作包括文章写作和创意写作。文章写作,就是实用写作和文学创作;创意写作,是广义的写作,指任何形式的写作,虚构、非虚构写作,以文学或艺术的方式表达思想情感,是富于自由和个性的写作。随着中

---

① 胡伟.大学语文教学应立足于提高大学生的人文素质[J].教育理论与实践,2021(6):52.
② 姜春.大学生审美教育的重要性与路径探析[J].淮阴师范学院学报(自然科学版),2020,19(4):364.

国文化创意产业和公共文化事业的发展,创意写作已被定义为文化创意产业、公共文化事业的基础性和原创性的技能,与创意、文创、传媒出版等产业密切结合。

二、新文科建设应与创意写作、非虚构写作融合,引进自然科学和其他学科知识,培养创造性思维

教育部高等教育司司长吴岩提出,新文科教育必须加快创新发展。针对这一要求,培养知中国、爱中国、堪当民族复兴大任的文科人才,推动模式创新、打造质量文化,综合体现学术、思政、文化、美育等价值是新文科建设的需要。

武汉大学文学院教授、中国写作学会会长方长安认为,新文科是一种国家战略,与新工科、新医科、新农科等一同被提出来,是国家基于国际国内人才需求和目前文科教育、人才培养现状而提出的一种新的教育理念。新文科突出的是一个"新"字,要赋予既有文科一种新质,使其升级。升级的重要途径就是走学科交叉融合之路。Liberal Arts(文科),包括自然科学内容;Liberal Arts College(文理学院)下设自然科学、社会科学和人文科学三大部。新文科,强调学科交叉融合,文史哲打通、人文学科与社会学科以及理工学科打通,但根底仍然还是文科。"文"的核心含义是文化、礼仪,主张以文化人,即是说在科技发展、人工智能的时代,刷新、升级后的新文科不能忘了"文"的本质属性,要守住以德润身、以文化人的目的,培养具有现代人文精神、价值理念的文科人才。

创意写作应作为一门课程纳入新文科人才培养方案中,无论什么专业,都应该开设创意写作这门课程。北京大学新闻与传播学院研究员、博士生导师张慧瑜教授则认为,创意写作课程可以让普通人掌握写作技巧,变成业余或专业作家(如工农兵文艺作家)。而非虚构写作则具有文学性、纪实性(如新闻)、调查性、社会性,具有跨学科性,所有人都有必要学会。实现民主化、去职业化、去精英化写作,所有人都可以写公共的、私人的、历史的主题,可以写记忆深处的、见证过的、亲历的事情等。不管将来做记者、作家、社会学家、人类学家、历史学家还是普通人,都要学会写游记、散文、日记、调研报告等非虚构作品。

三、新文科背景下大学语文和写作教育的新发展

大学语文研究会副会长、杭州师范大学何二元副教授认为,大学语文是新文科建设的一个早期样本。西南大学董小玉教授认为,人文教育的目标在于,通过阅读经典与写作训练,学生可以具备独立思考、自我判断、与他人对话和协作的能力,并能就社会现状与问题进行理性思考。湖北工业大学周金声教授提出,以"阅读与写作"为主导的大学语文课程应建设为理想的且具有可行性的模式,包括一个学期的"大学语文"课程,其定位是:阅读与基础性写作,以经典研读为主导,引入创意写

作,加强语用修辞能力培养,助力提高精确而优雅地表达思想情感的能力。一个学期的"沟通与写作"课程,其定位是:以沟通引领说写能力训练,立足沟通礼仪的培养,以培养书面表达能力为主,兼顾锻炼口才,加强实用性文体写作训练。对大学生心理健康、价值观念、法治观念、理想信念和部分少数民族学生因地缘性、宗教敏感性、民族差异性等而产生的对价值观的影响,以及在文化交融方面产生的障碍进行调查分析,就大学语文写作教学提出合理化的对策和建议。

四、大学语文和创意写作课程的教学方法和手段

教无定法。浙江大学文学院的陶然教授认为线上线下结合的模式较为理想,他通过以下手段,达到了较好的效果。他在陕西师范大学的大学语文课突出了两个点:其一是中国文化原典,更好地了解古圣先贤的思想与主张,解读民族文化精神,继承传统文化的优秀品质。其二是以史为纲,突出经典。由中学阶段的基础性、孤立性、片段性上升至整体性、系统性、理论性,使秦汉散文、唐诗、宋词、元明清戏曲与小说成为课程的主导内容。在知识学习之外,他还把语文课外实践工作作为教学改革的一项重要内容:开设文学名著欣赏讲座、读书沙龙等;通过大学语文课程平台组织"中华经典唱诵""汉服礼仪团"等活动,唱诵中华经典,弘扬中华传统文化;组织小品、话剧等文艺汇演,汉字成语听写大会以及诗词大会。教师应该将家国情怀(责任与担当)、个人品质(如何做人)、科学观(如何做事)融入专业教学之中;将"思政"与"课程"的关系处理为"如春在花、如盐化水",而非"眼中金屑、米中掺沙",从而达到以美育美,以美育德的效果。不足之处是大学语文课程中,平时成绩才占20%,偏低,不足以调动学生的积极性,如果占到40%~60%,可能更为理想。而"创意写作课第一课"则是搭建师生对话的平台,认为写作是一门艺术,教学是一门技术。

五、工科院校怎样上好大学语文与写作课

大学语文属于必修课程。针对新时代高校育人目标,即培养什么人、怎样培养人、为谁培养人,大学语文教学应该关注的是学生能够学到什么,指导教师应该怎样培养人,合理安排教学过程,帮助学生提高人文素养,培养学生的世界眼光和国际视野,并且"讲好中国故事,传播好中国声音"。作为以工科为主,经、管、文、法、理多学科协同发展的全日制本科院校,应始终以"立德树人、服务社会、务实创新、追求卓越"为办学宗旨,以人才培养为核心,发展经、管、文、法、理多科性的专业特色,培养"一专多能、一专多路"的应用型多样性人才。合肥理工大学陆琳教授认为,大学语文、中国传统文化和应用文写作在通识教育中是一个整体,应针对大一、大二、大三的学生在不同阶段开设,并且结合"第二课堂"和学生"三下乡"社会实践

活动,在活动中让学生传承优秀文化,助力乡村振兴,并在实践中写作通讯、新闻报道、调研报告等相关应用文。

由于工科院校普遍存在着课时有限,大学生受外力渗透的影响造成的价值观念错位等问题,教师应在备课过程中融入课程思政,培养学生良好的品格及适应社会、与人沟通交流的能力,突出传统文化教学,注重文学经典的阅读,抓住文本解读的三组关键词:形象、主旨、情感,以提升人文内涵。在阅读与写作中引导学生海纳百川、博采众长、融会贯通,增加创意写作、培养沟通与交流能力的相关教学内容,力求满足学生对将来工作的需求,完善大学语文写作教学理论的结构体系,注重层次性、全面性,提高实效性。教师应把社会主义核心价值观融入和贯穿到文章的主题中,因材施教,引导大学生在文学鉴赏和写作中真正发挥价值观的引导和规范作用,将大学语文写作教学与思政联系,继承中国传统文化,拓展大学生们认识生活的广度和深度,把大学语文写作课学到的理论转化为实践,激发学生责任感、使命感,提升其文学鉴赏水平。

六、小　　结

总之,大学语文和写作教学对大学生人际沟通能力的提升和良好人格的塑造具有一定的现实意义。大学语文和写作教学,对提高大学生的审美能力、写作技能、人文素养,对相应的理论价值建构有启发意义。只有深化大学生对中国特色社会主义的政治认同和思想认同,融合社会主义核心价值观,探究系统化的大学语文和写作教学与树立正确世界观、人生观、价值观的关系,丰富大学生的心灵层次,才能启智、立德、创新,推动和谐社会的创建,实现各民族平等、团结、互助和共同繁荣,将视角延伸至对中华民族共同体、人类命运共同体的关注,为实现中华民族复兴的中国梦,铸牢中华民族共同体意识提供文学层面的重要观照。

交稿规范

真诚欢迎广大大学语文教师以及研究者们赐稿！来稿请遵循以下格式规范。

1. 作者简介

主要包括作者姓名、工作单位、职称、联系方式、通信地址等。

2. 内容提要

在 300 字以内，以第三人称概述论文所探讨的问题、所用的方法和所得的结论。不举例证、不叙述研究过程，不做自我评价。

3. 关键词

主要罗列用来检索文献的主题词，3~5 个为宜。微型论坛不需要提供内容提要与关键词。

4. 注释

文中出现的注释一般是解释性说明文字，一般是在正文中标序，以页下注的形式出现在页面底端。

5. 参考文献

参考文献是文章所参考的书目，在文中不标序，直接放在文章末尾，具体格式见下。

- 普通图书的著录格式举例如下。

[1] 杨叔子,杨克冲,吴波,等.机械工程控制基础[M].5 版.武汉:华中科技大学出版社,2005:110-121.

- 期刊的著录格式举例如下。

[1] 陶积仁.密码学与数学[J].自然杂志,1984,7 (3):73-75.

- 论文集的著录格式举例如下。

[1] 中国力学学会.第 3 届全国实验流体力学学术会议论文集[C]//天津:[出版者不详],1990.

- 学位论文的著录格式举例如下。

[1] 张志祥.间断动力系统的随机扰动及其在守恒律方程中的应用[D].北京:北京大学,1998.

- 报纸的著录格式举例如下。

[1] 丁文祥. 数字革命与竞争国际化[N]. 中国青年报, 2000-11-20(15).

- 电子资源(不包括电子专著、电子连续出版物、电子学位论文、电子专利)的著录格式如下。

[1] 江向东. 互联网环境下的信息处理与图书管理系统解决方案[EB/OL]. (1999-10-15)[2000-01-18]. http//www. chinainfo. gov. cn/periodical/qbxb/qbxb99/qbxb990203.

征稿启事

在国家全面启动"新文科"的背景下,《大学语文论丛》应运而生了,这无疑是全国大学语文教师乐见的一件盛事。

《大学语文论丛》是由湖北大学文学院主办、湖北省大学语文研究会组编,华中科技大学出版社出版的有关大学语文的学科研究、课程研究和教学研究的系列丛书。

希望《大学语文论丛》能成为一个展示全国大学语文教师学术成果与教学成就的窗口,成为一个囊括东西南北中同仁们智慧、思想、资源的聚宝盆,成为一个任有心人采撷的文学、语言、历史、哲学、教育乃至科技的新文科百花园。期盼《大学语文论丛》能为建立我们民族自己的高等母语教育体系做出为人称道的贡献。

《大学语文论丛》拟设"课程与教学""教材与教法""教师与学生""学术集萃""文化撷英""佳作咀华""微型论坛"等栏目。还可以依来稿适当增减栏目。每年出版两辑。真诚欢迎广大大学语文教师以及研究者们赐稿!来稿请发送至1844049229@qq.com 邮箱。